Magnus Magnusson
Die Wikinger

Magnus Magnusson

Die Wikinger

Geschichte und Legende

Aus dem Englischen von
Harald Ehrhardt

Artemis & Winkler

Titel der englischen Originalausgabe: *The Vikings,* Tempus Publishing Ltd,
The Mill, Brimscombe Port, Stroud, Gloucestershire GL5 2QG
© Magnus Magnusson 1980 und 2000

Bibliografische Information Der Deutschen Bibliothek
Die Deutsche Bibliothek verzeichnet diese Publikation
in der Deutschen Nationalbibliografie;
detaillierte bibliografische Daten sind im Internet unter
http://dnb.ddb.de abrufbar.

© der deutschen Übersetzung 2003 Patmos Verlag GmbH & Co. KG
Artemis & Winkler Verlag, Düsseldorf und Zürich
Alle Rechte vorbehalten.
Satz: Fotosatz Moers, Mönchengladbach
Druck und Verarbeitung: Clausen & Bosse, Leck
ISBN 3-538-071512-7
www.patmos.de

INHALT

5

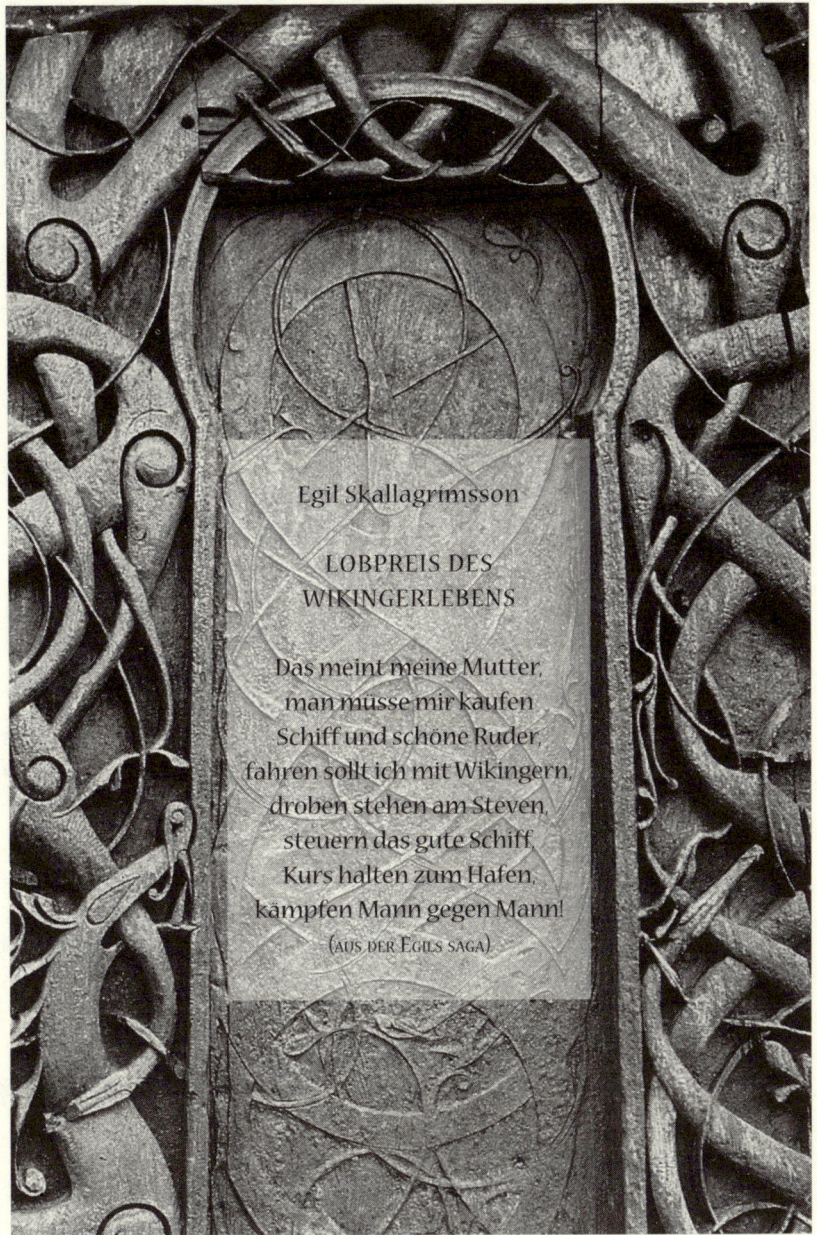

Egil Skallagrimsson

LOBPREIS DES
WIKINGERLEBENS

Das meint meine Mutter,
man müsse mir kaufen
Schiff und schöne Ruder,
fahren sollt ich mit Wikingern,
droben stehen am Steven,
steuern das gute Schiff,
Kurs halten zum Hafen,
kämpfen Mann gegen Mann!

(AUS DER EGILS SAGA)

ERSTES KAPITEL

THORS HAMMER UND ODINS RABE

Die Wikinger in Mythologie,
Literatur und Geschichte

Wikingerzeit

Die so genannte »Wikingerzeit« begann um etwa 800 n. Chr. und erstreckte sich über einen Zeitraum von fast dreihundert Jahren. In den Büchern der Geschichte präsentiert sie sich als hochdramatische Epoche, mit einem theatralischen Auftakt, einem langen Mittelteil ständig wachsender Macht und Angriffslust und schließlich dem spektakulären Finale auf einem Schlachtfeld in England. Auch die Eckdaten stehen fest: 793 (der Überfall auf Lindisfarne) und 1066 (Hastings, die sicher folgenreichste Schlacht des Mittelalters). Und in dieser ganzen Zeit spitzten die »Kriegsberichterstatter« in Gestalt gelehrter Mönche und Kleriker ihre Federkiele voll Angst und Schrecken, färbten ihre glänzende Tinte mit heller Empörung. Die Wikinger, die auf ihren wendigen Langschiffen blitzartig an den Küsten Europas auftauchten, bekamen die Rolle des Antichrist zugewiesen – erbarmungslose Barbaren, die sich sengend und plündernd ihren Weg durch die damals bekannte Welt bahnten, ohne Rücksicht auf ihr eigenes Leben oder gar das Leben anderer, nur Zerstörung und Raub im Sinn. Ihre Feldzeichen waren Thors Hammer und Odins Rabe – Symbole für die Gewalttätigkeit ihrer heidnischen Götter.

Selten ging es so einseitig zu wie in diesen Darstellungen – überhaupt verläuft Historie niemals einseitig und klischeehaft. Aber die Taten und Untaten der Wikinger zu erzählen war damals eine gute Geschichte und ist es auch noch heute noch, wie zahllose Abenteuerromane und Fantasyfilme zum Thema Wikinger beweisen. Bei alledem besitzen wir inzwischen ein vollständigeres und runderes Bild der Wikinger und ihrer Kultur, vor allem dank der modernen Archäologie, aber auch infolge der Beiträge von Naturwissenschaftlern und Literaturhistorikern; sie lassen die vermeintlichen Raufbolde in einem nicht ganz so finsteren Licht erscheinen. Letztendlich handelt es sich hierbei um eine Frage der Gewichtung: Wenn ich von den Wikingern erzähle, leugne ich keineswegs ihre Raubzüge und Mordtaten, würdige aber auch ihre Handelsfahrten; den Zerstörungen der Wikinger stelle ich ihre Dichtkunst und Kunstfertigkeit gegenüber; ihren Gewalttaten setze ich die technischen Leistungen dieser dynamischen Menschen aus Dänemark, Norwegen und Schweden entgegen und vernachlässige nicht die positiven Spuren, die sie in mehreren Ländern Europas hinterlassen haben.

Ihr Einfluss war weitaus tiefgreifender, als man gewöhnlich zugibt. Für lange Zeit beherrschten sie weite Teile Nordeuropas. Auf die Britischen Inseln brachten sie tüchtige Siedler und verbreiteten kraftvolle neue Kunstformen; sie gründeten reiche Handelsplätze und führten neue Formen der Verwaltung und des Rechtswesens ein, die bis heute ihre Spuren hinterlassen haben. (Als ein in Island geborener Nachfahre der Wikinger versage ich mir niemals, meinen skeptischen Freunden vor Augen zu halten, dass es diese gnadenlosen Wilden waren, die das grundlegende Wort *law* zur englischen Sprache beisteuerten!) Sie durchstreiften riesige Gebiete in ihren offenen Schiffen und erweiterten die Grenzen der damals bekannten Welt: Sie fuhren weiter nach Norden und Westen als je ein anderer Europäer zuvor; sie gründeten dauerhafte Siedlungen auf den Färöern und auf Island, wo sie eine »Bauernrepublik« schufen; sie entdeckten und erkundeten Grönland, bauten Siedlungen in dieser unwirtlichen Polarregion auf – und sie kamen erstmals bis Nordamerika. Sie drangen tief nach Russland ein, gründeten zusammen mit einheimischen slavischen Bevölkerungsgruppen mächtige Stadtstaaten wie Novgorod und Kiev, bahnten neue Handelsrouten entlang solch gewaltiger Flüsse wie Wolga oder Dnjepr, öffneten den Weg nach Asien, zu den exotischen Märkten der Seidenstraße in Persien und China. Wikinger dienten als handverlesene Krieger in der berühmten Warägertruppe, der Leibgarde der byzantinischen Kaiser in Konstantinopel. Sie gingen überall dorthin, wo sich ihnen ein Weg eröffnete, sie wagten, was zu wagen war – und sie taten es mit einem robusten Selbstbewusstsein und einer Kühnheit, die selbst bei denen eine zähneknirschende Bewunderung hervorruft, die sonst ihre Raubzüge beklagen.

Indessen, die Wikinger erschienen nicht plötzlich und unvermittelt auf der Bildfläche. Vor den Wikingerzügen lagen Jahrhunderte skandinavischer Geschichte, die die Archäologie ans Tageslicht gefördert hat – eine Geschichte technischer Entwicklungen und Expansionen, die erklärt, warum es überhaupt zu einem Zeitalter der Wikinger kommen konnte.

Das Wort »Viking« (altnord. *vikingr*) selbst gibt einige Rätsel auf. Es kann mit dem altnordischen Wort *vík* »Bucht«, »kleine Bucht« zusammenhängen; danach wäre ein »Viking« jemand, der sein Schiff in einer Bucht liegen lässt, entweder, um Handel zu treiben oder zu rauben. Andere halten das Wort für eine Ableitung vom altenglischen Wort *wic* (eine Entlehnung aus dem lateinischen *vicus*), »Lager« oder »Handelsplatz«. So kann also »Viking« Krieger bzw. Seeräuber oder Händler bedeuten – oder beides zugleich, im Sinne des berühmten Goethe-Zitats aus dem »Faust«: »Krieg, Handel und Piraterie, dreieinig sind sie, nicht zu trennen.«

Für die Menschen der Zeit bezog sich »Viking« noch auf andere Dinge. Für die Christen Westeuropas war »Viking« ein Synonym für das Heidentum der Barbaren. Für die Bewohner Skandinaviens indessen, insbesondere für die Dichter der isländischen Sagas des 13. Jahrhunderts, repräsentierte der Viking (»Wikinger« in der nicht korrekten, aber eingebürgerten deutschen Form) ein Idealbild für Heldenmut und Tapferkeit: Junge Männer gingen auf Wikingfahrt, um ihren Mut zu beweisen. Das Wikingerleben galt wohl als eine Freiluftschule für männliche Tugenden, nach denen jeder junge Mann streben sollte.

In der Welt der Sagas

Zu den mittelalterlichen isländischen Sagas – groß angelegten Prosaromanen mit eingestreuten Strophen – gehört die *Egils saga,* aus der wir eingangs des Buches eine berühmte Strophe zitiert haben; die *Egils saga* ist sicher eine der bedeutendsten Werke der gesamten Sagaliteratur. Es ist die Geschichte des berühmten Wikingers und Dichters (»Skalden«) Egil Skallagrímsson (vgl. Kap. 6); die genannte Strophe soll er im frühen 10. Jahrhundert in Island gedichtet haben. Man nimmt an, dass die Saga tatsächlich aber erst im 13. Jahrhundert verfasst wurde und von Snorri Sturluson stammt, der in seinen Werken vieles aus der Geschichte und der Mythologie der Wikingerzeit berichtet und mit dem wir uns daher etwas näher befassen werden, um die Welt der Wikinger besser zu verstehen.

Die lange Zeit nach den berichteten Ereignissen geschriebenen isländischen Sagas waren für Jahrhunderte die wichtigsten Quelle für die Geschichte der Wikinger. Sie gehören zu den farbigsten Werken der mittelalterlichen europäischen Literatur, nehmen es aber mit den historischen Tatsachen nicht allzu genau. Snorri Sturluson (1179–1241), einer der wenigen Sagaautoren, deren Namen wir kennen, war der größte skandinavische Gelehrte und Dichter seiner Zeit. Als führender isländischer Politiker kämpfte Snorri, der aus einer der mächtigsten großbäuerlichen Familien der Insel stammte, leidenschaftlich für die Unabhängigkeit seiner Heimat vom norwegischen Königreich, weshalb ihn der machtbewusste König Hákon IV. Hákonarson 1241 heimtückisch ermorden ließ. Snorri zeigte sich fasziniert von den Ereignissen, den Mythen und Menschen der vergangenen Wikingerzeit. Als gelehrter Christ, der aber nicht der Geistlichkeit angehörte, hatte er großes Interesse an der heidnischen Mythologie seiner Vorfahren und stand ihr recht vorurteilsfrei gegenüber. In seinen Werken bewahrte und erklärte er einige der ältesten germanischen Mythen und Heldensagen. Snorri gründete seine Werke auf ältere schriftliche Quellen, mündliche Überlieferung und die tradierten Dichtungen der Skalden, der Dichter an den nordischen Königshöfen. Man rühmt ihn, ein in sich geschlossenes Rahmensystem für das Verständnis und die Erhellung der zurückliegenden Wikingerzeit geschaffen zu haben.

Auf seinem Hof Reykholt schrieb Snorri Sturluson einige seiner Meisterwerke: Die so genannte *Prosa-Edda* oder auch *Snorra Edda* liefert eine systematische Darstellung der altnordischen Mythologie. Außerdem verfasste Snorri die monumentale *Geschichte der norwegischen Könige*, die als *Heimskringla* (»Weltkreis«) bekannt ist; der Titel stammt von den Eingangsworten: »*Kringla heimsins, sú er mannfólkit byggir…*« – »Der Weltenkreis, den das Menschenvolk bewohnt…«

Welch gigantisches Projekt! Als weit im Osten der Mongolenherrscher Dschingis Khan versuchte, die Welt mit dem Schwert zu unterwerfen, setzte im fernen Norden ein Geschichtsschreiber alles daran, die gesamte Welt zu schildern und sie gleichsam der Macht seiner Feder untertan zu machen:

Der Weltenkreis, den das Menschenvolk bewohnt, ist durch Meeresbuchten mannigfach gegliedert. Große Meere schneiden vom Ozean in die Länder ein. Bekanntlich erstreckt sich vom Nörvalsund (der Straße von Gibraltar) ein Meer bis zum Heiligen Lande. Von diesem Meer geht eine lange Bucht hin nach Nordosten. Diese heißt das Schwarze Meer, und sie scheidet zwei Erdteile. Der östliche heißt Asien, den westlichen nennt man bald Europa, bald Enea. Aber nördlich vom Schwarzen Meer erstreckt sich Großschweden oder Kaltschweden.

Aus dem äußersten Norden aber, von den Bergen, die jenseits jeden bewohnten Landes liegen, ergießt sich ein Strom über Schweden hin, dessen rechter Name Tanais (Don) ist. Der strömt zum Ozean durch das Schwarze Meer. Das Land in Asien östlich des Tanais nannte man Asenland oder Asenheim, und die Hauptstadt des Landes hieß Asgard. In der Burg aber lebte ein Häuptling namens Odin. Dort war eine große Opferstätte.

HEIMSKRINGLA, YNGLINGA SAGA, KAPITEL I

Auf diese Weise versuchte Snorri Sturluson, den Ursprung der nordischen Götter, der Asen, und ihrer Himmelssitze in Asgard rational zu erklären und ihre Herkunft aus dem Osten zu untermauern. Nach Snorri waren die Asen ein asiatischer Volksstamm, der vor langer Zeit unter seinem Anführer Odin nach Skandinavien ausgewandert war. Dort wurde dann Odin als »Allvater Odin« zum Hauptgott des skandinavisch-wikingischen Pantheon.

Odin, Thor und Freyr – die Götter des Nordens

Der Odin-Kult, ohne den die Kultur der Wikinger unverständlich bleibt, war ein düsterer, archaischer Opferkult. Ganze Heerscharen und einzelne Feinde konnten Odin geopfert werden. Odin ist der allwissende Gott des Okkulten, der Zukunftsdeutung und des Krieges – ein Gott des Schamanismus, wenn man diesen Begriff auf die alte skandinavische Welt anwenden will. Von seinem Thron in Asgard kann Odin die ganze Welt überblicken. Auf seinen Schultern sitzen seine beiden ständigen Begleiter, die Raben Huginn und Muninn (»Gedanke« und »Erinnerung«), die ihm alle Geschehnisse berichten; sie sind Aasvögel, Leichenfresser auf dem Schlachtfeld. In Asgard residiert Odin in seinem Palast Valhöll (»Walhall«; im Deutschen fälschlich mit dem Genitiv Plural »Walhalla« wiedergegeben), in dem die im Kampf gefallenen Krieger ein jenseitiges, mit Gelagen und Kämpfen angefülltes Leben führen. So bereiten sie sich auf die Letzte Schlacht vor dem Untergang der Götter (*Ragnarök*, »Endschicksal der Götter«, im Deutschen fälschlich mit »Götterdämmerung« übersetzt) vor.

Odin war vor allem der Gott der im Kampf Erschlagenen, der Gott der Könige und Häuptlinge, er war aber auch Gott der Dichtkunst und der Weisheit. Er opferte eines seiner Augen in seiner beständigen Suche nach Wissen; meist wird er deshalb als einäugig dargestellt. Man schreibt ihm auch die Entdeckung der Runen zu, jener halbmagischen Schriftzeichen, welche die Skandinavier vor der Einführung des lateinischen Alphabets in Knochen, Holz und Stein einritzten. Das Runenalphabet bestand ursprünglich aus sechzehn zweigförmigen Buchstaben und wird nach den ersten sechs Zeichen des Alphabets auch als *futhark* bezeichnet; das vollständige Alphabet ist auf einem Rippenknochen überliefert, der sich jetzt im Kulturhistorischen Museum in Lund, Schweden, befindet. Die Runen wurden meist für Inschriften zum Gedenken an Tote verwendet, aber auch im Zusammenhang mit Zauber- und Fluchformeln. Ihre Verbindung zum Magischen geht auf einen rätselhaften Mythos über ihre Entdeckung durch Odin zurück, nach dem sich der Gott rituell erhängt und durchbohrt haben soll:

Ich weiß, dass ich hing
am windigen Baum
neun lange Nächte,
vom Speer verwundet,
dem Odin geweiht,
mir selber ich selbst,

Der Reiterstein aus Hornhausen. Darstellung Wotans (Odins) als Lanzenreiter. Landesmuseum für Vorgeschichte, Halle an der Saale.

an jenem Baum,
da jedem fremd,
aus welcher Wurzel er spross.

Sie boten mir
nicht Brot noch Trank
nieder neigt ich mich,
nahm auf die Runen,
nahm sie schreiend auf;
fiel nieder zur Erde.

HÁVAMÁL

Die nordische Götterwelt wurde von einer Göttertrias beherrscht. Odin war nominell der oberste Gott, Allvater. Ein anderer wichtiger Gott war Thor, der Donnerer, der möglicherweise von allen Göttern der Wikingerzeit am meisten verehrt wurde. Während Odin wohl eher als Gott einer kriegerisch-aristokratischen Oberschicht fungierte, trat Thor als Schutzherr der Seeleute und Bauern auf. Er war von großer, derber Gestalt, mit roten Haaren, rotem Bart und roten Augen. Er war der Gott des Himmels, Herrscher der Winde und Stürme, der Blitzeschleuderer. Er fuhr über die Himmel mit einem Wagen, der von zwei heiligen Böcken gezogen wurde, bei seiner Fahrt rollten die Donner, die Erde erbebte und Blitze zuckten. Er war der Beschützer des Universums und verteidigte die Erde mit seinem Hammer Mjöllnir gegen die Riesen, die gleich hinter den Grenzen der bewohnten Welt lauerten. Thors Hammer war jedoch mehr als nur ein Symbol für übernatürliche Kraft und Stärke, er galt auch als Fruchtbarkeitssymbol; man benutzte sein Abbild zur Weihe einer Vermählung und zum Schutz des Hauses, ganz so, wie man heutzutage Hufeisen verwendet. Man hat zahlreiche Thorshämmer in Form von Amuletten und Schutzzeichen gefunden und sogar die entsprechenden Gussformen.

Der dritte dieser Göttertrias war der Fruchtbarkeitsgott Freyr. Er genoss in Schweden die höchste Verehrung und galt als Stammvater der Königsdynastie von Uppsala (vgl. Kap. 4). Meist wird dieser Gott mit einem gewaltigen Phallus dargestellt – dem Symbol für die Kraft der Zeugung, der Fruchtbarkeit und des Wachstums. Snorri Sturluson schrieb über ihn: »Freyr ist der trefflichste unter den Asen. Er herrscht über Regen und Sonnenschein und das Wachstum der Erde und ihn soll man anrufen um Fruchtbarkeit und Frieden. Er herrscht auch über den Reichtum der Menschen.« Seine Zwillingsschwester Freyja ist das

Spiegelbild Freyrs im Weiblichen, sie ist die schönste und lüsternste der Göttinnen, unersättlich in ihrer Wollust und von unendlicher Fruchtbarkeit.

Die von Snorri geschilderten Gottheiten waren in der Wikingerzeit offenbar allgegenwärtig. In den nordeuropäischen Museen haben sich zahlreiche Funde erhalten, von denen man annimmt, dass sie diese Gottheiten darstellen oder zumindest auf sie anspielen: Aus dem 10. Jahrhundert existiert eine kleine Bronzefigur des Gottes Thor, der seinen Bart und seinen Hammer mit seinen Händen ergreift, gefunden in Nordisland; aus dem 11. Jahrhundert eine bronzene, kauernde Freyr-Statuette, gefunden im schwedischen Rällinge; zahlreiche Darstellungen eines einäugigen Mannes umgeben von Vogelmotiven weisen auf Odin hin. Aber nur in den Dichtungen der *Edda* (zur Unterscheidung von Snorris *Prosa-Edda,* auch *Lieder-Edda* oder *Ältere Edda* genannt) werden die alten Götter und Helden lebendig.

Die Steine von Gotland

Die Dichtungen der Edda werden ergänzt durch einzigartige Denkmäler: die Bildsteine der vor der schwedischen Küste gelegenen großen Ostseeinsel Gotland (vgl. Kap. 4). Fast vierhundert dieser in Relieftechnik bearbeiteten Bildsteine wurden auf Gotland gefunden; sie decken einen Zeitraum von der Völkerwanderungszeit (5. Jahrhundert) bis ins 11. Jahrhundert ab und liefern anschauliches Material über die Vorstellungen von Leben, Tod und jenseitigem Leben, wie sie die Menschen vor und während der Wikingerzeit hatten.

Ein Exemplar, der ins 8. Jahrhundert datierte Hunninge-Stein von Klinte auf Gotland, erzählt die gesamte Lebensgeschichte eines Menschen der Wikingerzeit. Der Stein ist etwa drei Meter hoch und ist, neben anderen Bildsteinen, im Gotländischen Historischen Museum (*Fornsalen*) in Visby, der Inselhauptstadt, ausgestellt. Im unteren Teil des Steins sehen wir den Wikinger als Bauer, der sich um Ackerland, Hof und Vieh kümmert. Im Mittelteil befindet er sich auf einem Langschiff, das über die kräuselnden Wellen des »Wal-Weges« dahingleitet und mit dessen Hilfe er auf einer Wikingfahrt seine Einkünfte zu erhöhen trachtet – nach mittelalterlicher Sicht das negativste und am wenigsten ehrenvolle Gesicht des Wikingertums. Auf der abgerundeten Spitze des Steines sehen wir, wie er seinen Einzug in die jenseitige Welt hält, freundlich begrüßt von den Walküren, die ihm das stets mit Bier gefüllte Trinkhorn darreichen. Er kämpft in Walhall in einer ewigen und freundschaftlichen Schlacht, nach der am Abend die Toten und Verwundeten auf wunderbare Weise gesund und munter wieder auferstehen.

Die Walküren waren die »Erwählerinnen der Gefallenen«. In späteren Mythen erscheinen sie etwas romantischer als »Mädchen« oder »Wunschmädchen Odins«, und als solche treten sie in Richard Wagners »Ring des Nibelungen« auf. Ursprünglich aber waren sie Totendämonen, welche die Toten auf dem Schlachtfeld als Wölfe und Raben verschlangen; darin ähneln sie den griechischen Furien mit ihrem manischen Hunger nach Vergeltung und Blutrache. Anlässlich der Niederlage eines Wikingerheeres in der Schlacht von Clontarf in Irland 1014 (vgl. Kap. 6) schildert sie ein isländischer Dichter in ihrer ursprünglichen Form, als blutrünstige Weberinnen des Kriegsgeschicks. Das als *Darraðarljóð* bekannte Gedicht ist in der *Njáls Saga* Kapitel 157 überliefert (vgl. Kap. 7):

Ein weites Gewebe
soll gewirkt werden.
Der Krieger Tod
kündigt es an.
Es regnet Blut.
Aufgerichtet ist
das große Gewebe,
grau von Geren.
Die Frauen des Kampfes (= die Walküren)
füllen es mit rotem Einschlag.

Därme von Männern
dienen als Fäden,
Häupter von Männern
halten das Gewebe straff.
Blutige Spieße

Gotländischer Bildstein aus Ardre, Gotland (8./9. Jh.). Statens Historiska Museet, Stockholm.

bilden die Schäfte;
eisenverstärkt ist der Stab;
Pfeile ordnen das Garn.
Schlagen wir das Schlachtgewebe
mit Schwertern.

...
Schrecklich ist es,
zu schaun ringsum,
wo Wolken fliehen am Himmel
in der Farbe des Blutes.
Die Luft ist erfüllt
von der Gefallenen Blut.
Die Mädchen des Kampfes
vermögen ihren Sang zu singen.

So sah der Hintergrund von Glaubensvorstellungen und menschlichem Verhalten in der Wikingerzeit und in den Jahrhunderten davor aus. Er prägte die geistige Welt, die die Realität des täglichen Lebens in der Wikingerzeit bestimmte. Und diese Realität bezog sich anerkanntermaßen auf dieselben Betätigungen, die letztlich auch die Realität des 20. Jahrhunderts betreffen: technologische Entwicklung, wirtschaftlicher Wettbewerb, ökonomische Expansion – kurz das Überleben.

Die Wege des Handels

Schon Jahrhunderte vor Beginn der Wikingerzeit hatte der Norden Handelsbeziehungen zum Süden, zum Westen und zum Osten. Der früheste bekannte skandinavische Handelsplatz befand sich auf Helgö, einer Inselsiedlung im schwedischen Mälarsee. Er wurde im 5. Jahrhundert, vielleicht auch früher, gegründet. Ausgrabungen haben Hausplätze und Werkstätten zu Tage gefördert sowie eine Vielzahl importierter Waren aus West- und Osteuropa und sogar noch aus weiter entfernten Regionen, wie ein kleiner indischer Bronzebuddha aus dem 6. oder 7. Jahrhundert nahe legt. Helgö war die Vorgängersiedlung der großen Handelsstadt Birka, einige Kilometer westlich von Helgö ebenfalls auf einer Insel im Mälarsee gelegen. Birka entstand gerade zu Beginn der Wikingerzeit im 9. Jahrhundert (vgl. Kap. 4).

Zu Beginn der Wikingerzeit wuchs die Bedeutung des Handels im damaligen Skandinavien. Pelze aus dem Norden und den Ländern östlich der Ostsee standen bei Königshöfen und beim Adel Kontinentaleuropas in hohem Ansehen, insbesondere Marder-, Biber- und Eichhörnchenfelle. Es bestand auch große Nachfrage nach Walrosszähnen für Schnitzereien und Ornamentschmuck und als kostbarer Holzersatz bei der Herstellung von Kästchen und Reliquienschreinen. Bernstein von den Küsten der Ostsee war ein anderes Luxusprodukt, das man zu Schmuckstücken und Amuletten verarbeitete. Falken aus dem Norden schätzte man wegen ihrer Schnelligkeit und ihrer Greifeigenschaften bei der Jagd. Und es gab immer einen aufnahmebereiten Markt für eine besonders vergängliche aber unerschöpfliche Ware – Menschen, die man als Sklaven verkaufte.

Die germanische Gesellschaft war auf dem Prinzip der Gegenseitigkeit aufgebaut, und Freundschaften wurden mit dem beständigen Austausch von wertvollen Geschenken gefestigt. Die loyale Bindung an einen Gefolgsherren verstärkte man durch die Verteilung von Gold und Silber, und die Dichter besangen das Lob der freigebigen »Gold-Spender« und »Ring-Geber«. Wertvolle und schöne Gegenstände galten damals, wie auch heute noch, als Statussymbole; augenfälliger Reichtum und offenkundige Freigebigkeit betrachtete man als Tugenden.

Die zunehmende Bedeutung des Handels war ohne Zweifel ein bedeutender Faktor für die Entwicklung des Königtums. Handel stellte eine wichtige, beständige Einnahmequelle für diejenigen dar, die ihn kontrollieren und für ihre Zwecke nutzen konnten, und Händler brauchten Schutz, den nur Könige gewähren konnten. Zölle und Steuern auf Transithandel durch das Territorium eines Königs brachten Einnahmen zur Finanzierung von Kriegern, Gefolgschaftsmännern, mit deren Hilfe ein König den geforderten Schutz bereitstellen konnte.

Zunehmende Handelsaktivitäten erforderten auch verbesserte Transportmöglichkeiten. In der Frühzeit des Handels verliefen die meisten Handelsrouten über Land, und hier hatten die schwedischen Handelsplätze wie Helgö und Birka mit ihrem Zugang zur Ostsee über den Mälaren einen immensen natürlichen Vorteil. Im Winter nämlich, der Hauptsaison für den Pelzhandel, wurden diese Inselhäfen zu Orten mit direkter Landanbindung, denn die viele hundert Kilometer langen Wasserwege waren dann mit einer festen Eisschicht bedeckt und konnten als leicht gangbare Bahnen für Schlittentransporte dienen. Die Skandinavier waren Pioniere beim Einsatz von Skiern und Schlittschuhen. Schlittschuhe aus den Knochen von Pferden, Rindern und Rotwild hat man in zahlreichen skandinavischen Ausgrabungsstätten gefunden, genauso wie in der Wikingerstadt York in England (vgl. Kap. 5). Das altnordische Wort für Schlittschuh, *ísleggr*, heißt wörtlich übersetzt »Eis-Schenkelknochen«; der Tierknochen wurde einfach auf der Unterseite abgeflacht und auf Fußgröße zugeschnitten. Die Befestigung am Fuß erfolgte über Fersen- und Zehenriemen, und man stieß sich mit zugespitzten Stöcken ab, ohne die Füße vom Eis zu heben. Das klingt etwas umständlich, aber ich habe es selbst auf einem zugefrorenen See in Norwegen ausprobiert: Es ging alles sehr leicht, und man erreichte nach einiger Übung eine ziemliche Geschwindigkeit.

Schiffe und Schiffbau

Zum wichtigsten Transportmittel sollte sich jedoch das Schiff entwickeln. Das Schiff erst machte die Wikingerzeit möglich; bis heute ist es das augenfälligste Symbol dieser Epoche. Merkwürdigerweise ging die Entwicklung des »Wikingerschiffs« ziemlich langsam vonstatten. Ausschlaggebender Faktor war die Entwicklung des Kiels als Gegengewicht zum Mast. Jahrhundertelang befuhren die Skandinavier ihre Fjorde und Binnengewässer in Ruderbooten. Erst die Einführung des Segels versetzte sie in den Stand, ihre geografischen Horizonte auf so dramatische Weise zu erweitern.

Warum aber nahm dies alles einen so langen Zeitraum in Anspruch, und warum erreichte die Schiffbautechnik just zu der Zeit ihren Höhepunkt, die wir »Wikingerzeit« nennen? Schließlich war die Verwendung eines Segels weder neu noch revolutionär, die Wikinger haben das Segeln nicht erfunden. Es scheint, dass das mit einem Segel versehene Schiff im Zuge eines Expansionsbedürfnisses aufkam, das, zumindest zum Teil, durch neue Aussichten auf Handelsgewinne einen kräftigen Aufwind bekommen hatte. Die Horizonte *mussten* erweitert werden, und die skandinavischen Schiffbauer sorgten dafür, dass diese Erweiterung möglich werden konnte.

In alter Zeit scheinen die Skandinavier lediglich primitive Einbäume benutzt zu haben. Es ist aber mehr als wahrscheinlich, dass sie so genannte Fellboote verwendeten, das heißt Boote, über deren Holzrahmen Ochsenhäute gespannt und befestigt wurden. Diese Möglichkeit wurde in den frühen 1970er Jahren von dem großen Osloer Archäologen Sverre Marstrander eindrücklich demonstriert. Er untersuchte die bronzezeitlichen, vor dreitausend Jahren überall in Südnorwegen entstandenen Felsritzungen mit Schiffsabbildungen. Nach Ansicht der älteren Forschung sollten diese Boote eher Flöße oder Einbäume mit Auslegern darstellen oder sogar Plankenboote. Marstrander war dagegen überzeugt, dass diese zweifellos rituellen Ritzungen realistische Abbildungen von Fellbooten sein müssten. Er machte sich daran, seine Theorie zu beweisen, indem er ein Boot des dargestellten Typs nachbaute. Vom BBC Fernsehen gesponsert, beauftragte Marstrander den Bootsbauer Odd Johnsen aus Fredrikstad, ein Fellboot auf der Basis der bronzezeitlichen Felsritzungen nachzubauen. Das Resultat war eine denkwürdige Fernsehreihe über experimentelle Archäologie – und ein fahrtüchtiges bronzezeitliches Boot.

Marstrander argumentierte, die bronzezeitlichen Fellboote mit ihren robusten Spanten hätten sich ganz natürlich zu den frühesten, aus Funden bekannten eisenzeitlichen Plankenbooten entwickelt. Das bislang älteste skandinavische Boot, das Boot von Als (auch bekannt als Hjortspringboot), das man 1921 in einem süddänischen Moor gefunden hat, datiert von etwa 300 v. Chr. Die Wissenschaftler halten es für einen direkten Nachfolgetyp eines Fellbootes, wobei man Holz an der Stelle von Ochsenhäuten verwendet habe. Das Boot hat einen gerundeten Rumpf und besteht aus klinkerförmig übereinander gelegten Planken, die durch Schnüre zusammengehalten werden.

Nach den archäologischen Befunden folgt als Nächstes das Björkeboot von etwa 100 n. Chr., das man auf einer Insel westlich von Stockholm gefunden hat. Es war eigentlich ein Einbaumkanu mit angenieteten, klinkerartig übereinander gelegten Planken zur Herstellung eines erweiterten Hochbords.

Als nächster schiffbautechnischer Entwicklungsschritt gilt das Eichenschiff von Nydam, das im Schleswig-Holsteinischen Landesmuseum für Vor- und Frühgeschichte auf Schloss Gottorp bei Schleswig ausgestellt ist. Man fand es im Jahre 1864 in einem südjütischen Moor und datiert es auf 400 n. Chr., also in die große kontinentale Völkerwanderungszeit (300–600 n. Chr.) Es ist gewiss kein Zufall, dass sich Neuerungen im Bereich des Schiffbaus dann ergeben, wenn Transportkapazitäten dringend gebraucht werden. Das berühmte Nydamboot ist ein sehr großes, langes und schmales Fahrzeug mit breiten Eichenplanken in Klinkerbauweise und dreißig Ruderlöchern auf beiden Seiten. Es ist das älteste gefundene Schiff, das ausschließlich zum Rudern – und nicht zum Paddeln – bestimmt war. Es hatte keinen eigentlichen Kiel, sondern lediglich eine besonders starke Planke an der Unterseite, die die Belastung beim Stranden abfangen sollte, aber es besaß bereits jenen hochgezogenen Vorder- und Achtersteven, der für die wikingerzeitlichen Schiffe so charakteristisch werden sollte; hinzu kam ein schweres Steuerruder an der Steuerbordseite. In Schiffen dieser Art landeten die Angeln und Sachsen im 5. Jahrhundert an den Küsten Englands. Obwohl es immer noch einige wissenschaftliche Diskussionen über das genaue Aussehen und die Funktionsfähigkeit des Nydambootes gibt – ohne Zweifel ist es der Vorgänger des wikingerzeitlichen Langschiffes und auch ein Vorläufer des prächtigen angelsächsischen Langbootes aus dem 7. Jahrhundert, das man 1939 im Grabhügel von Sutton Hoo gefunden hat.

Chronologisch gesehen das letzte vorwikingerzeitliche Schiff ist das Kvalsundschiff aus Westnorwegen, das man auf ca. 700 n. Chr. datiert. Trotz seines fragmentarischen Zustands hatte es den typischen bauchigen Rumpf der Wikingerschiffe; noch wichtiger aber: Es war mit einem rudimentären Kiel versehen. Es scheint, dass es als Ruderschiff konzipiert war, zumindest gibt es keinen Hinweis auf einen Mast, aber mit seinem geschwungenen Bug steht das Kvalsundschiff an der Schwelle zur Wikingerzeit. Es ist ein Übergangstyp, bei dem wir bereits das gewaltige, in der eigentlichen Wikingerzeit dann realisierte Segelpotenzial erkennen können.

Das Kvalsundschiff führt uns auf direktem Wege zu den berühmtesten Schiffsfunden Skandinaviens: zu den Schiffen von Gokstad und

Oseberg (vgl. Kap. 2). Die Kombination von Rudern und Segel verlieh solchen Schiffen eine Geschwindigkeit und eine Manövrierfähigkeit, die die Menschen auf dem europäischen Festland und auf den Britischen Inseln bis dahin nicht für möglich gehalten hätten. Ihr geringer Tiefgang erlaubte den Schiffen in Flüsse einzudringen, die ihnen Zugang zu reichen Binnenstädten wie London oder Paris verschafften. Sie brauchten keine Häfen, denn sie konnten an jedem sandigen Flachufer an Land gezogen werden. Sie konnten Krieger und Pferde an jeder beliebigen Stelle an Land setzen, und bei einem Rückzug konnten sie Inseln in seichten Flussmündungsgewässern und Wattenmeeren erreichen, wohin ihnen Schiffe traditioneller Bauart nicht folgen konnten. Das verschaffte den Wikingern einen gewaltigen Vorteil gegenüber ihren Gegnern: Bei Angriffen auf Küstenstriche setzten sie die hochseetüchtigen Schiffe wie Landungsboote ein, bei Angriffen auf Binnenstädte nutzten sie den Überraschungseffekt, weil die Schiffe auch auf flachen Flüssen oder Binnenseen einsatzfähig waren.

Schiffe und Meer spielten im Leben und in der Vorstellungswelt der wikingerzeitlichen Skandinavier eine bedeutende Rolle, denn sie waren ein konstanter Faktor in ihrem täglichen Leben. Man stellte sich vor, dass ein Toter auf einem Schiff in die jenseitige Welt überführt wird. So wurde das Schiff im Rahmen eines Bestattungsrituals entweder auf einem Scheiterhaufen verbrannt, wie es 922 der arabische Reisende Ibn Fadlan bei Wikingern in Russland beobachtete (vgl. Kap. 4), oder man legte es in einem hohen Grabhügel sicher vor Anker (vgl. Kap. 2), oder man gab Gräbern durch Steinsetzungen die Form von Schiffen (vgl. Kap. 3). In der altnordischen Mythologie zählte der Gott Freyr das von Zwergen gebaute magische Schiff *skíðblaðnir* zu seinen größten Schätzen; nach Snorri Sturluson hatte es stets guten Fahrwind und konnte alle Götter aus Asgard aufnehmen; wenn es nicht gebraucht wurde, konnte man es zusammenfalten und in einen Lederbeutel stecken.

In der Skaldendichtung wird das Schiff in kunstvollen Umschreibungen, den so genannten »Kenningen« (altnord. *kenningar*), lyrisch charakterisiert: Da erscheint das Schiff als »Ruder-Ross«, als »Pferd der Brandung«, als »meeresschreitender Büffel«, als »Drache der Brandung«, »Fjord-Elch«, »Pferd der Hummer-Heide«, und eine Schiffsflottille wird zur »Flotte der Otternwelt«.

Für den Wiking war sein Schiff nicht nur ein Transportmittel; es war seine Heimstatt, sein Lebensmittelpunkt; er liebte es und fürchtete es zugleich. Sturm und Gefahr im Leben eines Seefahrers, die Hassliebe zu seinem Schiff, schildert auf wunderbare Weise das altenglische Gedicht »Der Seefahrer« (*The Seafarer*):

> *Wohl kann ich von mir selbst mit Wahrheit singen,*
> *erzählen von Fahrten, wie ich in Zeiten der Plage*
> *mühevolle Stunden oft erlebte*
> *von bitterer Sorge in der Brust beklommen,*
> *wie ich im Kiel durchfuhr der Kummersitze viele,*
> *der Wogen furchtbares Wallen, allwo mir oftmals*
> *ängstliches Nachtwachen zu Teil war an des Nachen Steven,*
> *wenn er an Klippen anstieß, von Kälte bedrängt:*
> *meine Füße waren von dem Frost gebunden*
> *mit kalten Banden; Kummer seufzte da*
> *heiß um mein Herz …*
> *Drum bestürmen mich kräftig nun*
> *des Herzens Gedanken, dass ich die hohen Ströme*
> *der Salzwogen Getriebe selbst erprobe;*
> *mich treibt die Lust*
> *zu allen Stunden*
> *auf die Fahrt mich zu begeben, dass ich fern von hier*
> *die Inseln der Fremden suche.*

THE SEAFARER, EXETER BOOK

Die Hauptmasse des wikingerzeitlichen Schiffsmaterials dürfte aus kleinen Fährbooten und größeren Frachtschiffen, wie dem *knörr*, bestanden haben. In den Sagas dagegen stehen immer die Langschiffe, die eleganten, schnellen Kriegsschiffe, im Mittelpunkt des Interesses. Langschiff und kriegerischer Held gehören zusammen. Seegefechte waren lediglich eine Sonderform des Kampfes Mann gegen Mann zu Lande. Die Schiffe wurden eng Seite an Seite miteinander vertäut, und diese schwimmende Schlachtreihe griff dann den Feind frontal an. Die Hauptlast des Kampfes lag auf den ausgewählten Vorkämpfern, die am Bug des Schiffes postiert waren und den ersten heftigen Zusammenstoß abfangen mussten. Wenn der Vorderstevenmann (*stafnbúi*) fiel, nahm ein anderer seinen Platz ein, während die rückwärtige Schiffs-mannschaft die gegnerischen Reihen mit einem Hagel von Speeren und Pfeilen überschüttete. Der Sieg war errungen, wenn der Widerstand auf einem Schiff so weit gebrochen war, dass man das Schiff entern konnte, um den Rest der Mannschaft niederzumachen. Es gab dabei nur wenige taktische Finessen: Es handelte sich um einen erbarmungs-losen Zermürbungsprozess, man schlug so lange aufeinander ein, bis Erschöpfung oder Übermacht den Ausschlag gaben.

Die Gemeinschaft der Krieger

Eine besondere Huldigung an den Heroismus der Wikinger liefert die späte und halb-legendarische isländische Saga von den Jomswikingern (*Jómsvíkinga saga*). Sie handelt von den Unternehmungen einer Kriegergemeinschaft von Ostseewikingern, die ihren Stützpunkt in der Festung Jomsburg (*Jómsborg*) hatten: Einer ihrer vorgeblichen Anführer, Thorkel der Hohe, sollte eine prominente Rolle bei der dänischen Invasion Englands unter König Sven Gabelbart im 11. Jahrhundert spielen (vgl. Kap. 9). Die Festung Jomsburg, wenn sie denn überhaupt existierte, könnte mit dem Handelsplatz Wollin an der Odermündung, östlich von Usedom, identifiziert werden, der traditionell mit der Sage von der versunkenen Stadt Vineta in Verbindung gebracht wird. Die in den 1930er Jahren durchgeführten Ausgrabungen bestätigten, dass Wollin im ausgehenden 10. Jahrhundert ein großes, gut befestigtes Handelszentrum mit einer slavisch-skan-

Das Gokstadschiff.
Vikingskipshuset,
Oslo-Bygdøy.

dinavischen Mischbevölkerung war. Es zählte mit etwa 8000–10000 Bewohnern zu den größten Siedlungen des Ostseeraumes.

In der Saga waren die Jomswikinger auf dem Höhepunkt ihrer Macht, als in Dänemark König Harald Blauzahn auf dem Thron saß (vgl. Kap. 3). Sie galten als eine verschworene Söldnertruppe, die überall wegen ihrer Kampfstärke gelobt und gefürchtet war. In ihrer Festung lebten sie als zölibatärer Männerbund, zu dem keine Frau Zutritt hatte; sie waren alle im Alter zwischen achtzehn und fünfzig Jahren und mit unverbrüchlichen Eiden miteinander verbunden, die sie zum Frieden untereinander und zur gegenseitigen Rache verpflichteten.

Der Höhepunkt und die Erfüllung ihres Lebenszwecks stellten sich nach der Saga um das Jahr 980 ein: Am Julfest betranken sich die Jomswikinger sinnlos und wurden von dem gerissenen Harald Gormsson von Dänemark zu einem vorschnellen Gelübde angestachelt, ihren Erzfeind Jarl Hákon von Norwegen zu zermalmen oder dabei zu sterben. Am nächsten Morgen schleppten sie sich mühsam und völlig verkatert auf ihre Schiffe und machten sich mit brummendem Schädel und vereisten Bärten zu einer berühmten Schlacht auf, der Schlacht am Hjörungarvág (Hareid), wo sie von dem überlegenen Gegner niedergemetzelt wurden. Nur siebzig von ihnen überlebten das Blutbad; sie wurden gefangen genommen und erwarteten ihre Hinrichtung.

Die *Jómsvíkinga saga* beschreibt anschaulich, wie die Hinrichtung vonstatten ging und ein Wikinger nach dem anderen von seinen Fesseln befreit und geköpft wurde. Die siegreichen Norweger wollten wissen, ob diese dänischen Jomswikinger im Angesicht des Todes wirklich so viel Tapferkeit bewiesen, wie man sie ihnen immer nachgesagt hatte. Die Gefangenen ließen es sich nicht nehmen, ein Schauspiel lässiger Todesverachtung abzuliefern. Einer bat seine Genossen, darauf zu achten, ob noch ein Funke Leben in ihm wäre, wenn sein Kopf gefallen sei, er wolle noch versuchen, den Dolch in seiner Hand zu heben, wenn er könne – aber die Axt sauste nieder, und der Dolch fiel. Ein anderer verlangte, man solle ihm mit der Axt einen Schlag direkt ins Gesicht versetzen, damit alle sehen könnten, dass er nicht aschfahl würde: »Er erbleichte nicht, aber seine Augen schlossen sich, als der Tod über ihn kam.«

Der elfte Mann, den man zur Hinrichtung führte, war ein achtzehn

Jahre alter Junge mit langem, seidigem Goldhaar. Er verlangte, ein ranghoher Krieger solle ihm das Haar vom Kopf weghalten, damit es nicht von Blut verschmiert würde. Einer der Gefolgsleute des Jarls trat vor, ergriff das Haar und wickelte es um seine Hände. Als aber die Axt fiel, zuckte der junge Mann mit seinem Kopf nach hinten, sodass der Schlag die Arme des Gefolgsmannes traf und sie am Ellbogen durchtrennte. Dieser brillante Trick beeindruckte die Norweger so, dass sie dem jungen Jomswikinger das Leben schenkten. Ein anderer, den man auch verschonen wollte, akzeptierte dies nur unter der Bedingung, dass der Rest seiner Gefährten ebenfalls verschont würde. Und so geschah es.

Der hier gezeigte Heroismus indessen war von einem zutiefst fatalistischen Credo der Hoffnungslosigkeit geprägt. Die jenseitige Welt versprach keine Erlösung, keine günstige Aussicht auf ewige Glückseligkeit. Die Welt der nordischen Götter war von Anfang an dem Untergang geweiht, und die Götter waren sich dessen bewusst; Odin, der »Allvater«, wusste, dass ihr Schicksal unbarmherzige und vorbestimmte Vernichtung sein wird, wenn ihre Welt von den Mächten des Chaos überwältigt werden würde:

> Brüder kämpfen   und bringen sich Tod
> Brudersöhne   brechen die Sippe;
> arg ist die Welt   Ehbruch furchtbar
> Schwertzeit, Beilzeit,   Schilde bersten
> Windzeit, Wolfzeit,   bis die Welt vergeht –
> nicht einer will   des andern schonen.

> Die Sonne verlischt   das Land sinkt ins Meer;
> vom Himmel stürzen   die heitern Sterne.
> Lohe umtost   den Lebensnährer;
> hohe Hitze   steigt himmelan

VÖLUSPÁ, EDDA

Das Schicksal war unerbittlich, die Endgültigkeit des Todes unvermeidlich. Selbst die Götter mussten ihr ins Auge sehen. Und am Ende würden sie dem Tod mit demselben Stoizismus, demselben Heroismus gegenübertreten wie die besten aller irdischen Helden. Diese hatten nur einen Trost:

> *Das Vieh stirbt, Verwandte sterben,*
> *endlich stirbt man selbst.*
> *Doch eines weiß ich, das immer bleibt:*
> *Das Urteil über den Toten.*
>
> HÁVAMÁL, EDDA

Der »Wortruhm«, die gute Nachrede, hat über tausend Jahre gehalten. Das »Urteil über den Toten« ist veränderlich. In diesem Buch wollen wir jenen Wortruhm, jenes veränderliche Urteil, erforschen.

ZWEITES KAPITEL

KRIEGER, KÖNIGE, KAUFLEUTE

Norwegen von den ersten Wikingerzügen
bis zu Harald Schönhaar

Sturm auf Lindisfarne

England im Jahre des Heils 793: ein grünes und liebliches Land, vergleichsweise friedlich in einer Zeit allgemeiner Unruhe, eine Insel – und damit anscheinend sicher vor äußerer Bedrohung. Noch war es kein geeintes Land, sondern bestand aus verschiedenen, oftmals miteinander verfeindeten angelsächsischen Königreichen: Northumbria im Norden, Mercia in Mittelengland, East Anglia (Ostangeln) im Westen, Kent im Südosten, Wessex im Südwesten. Northumbria dominierte im 7. Jahrhundert, Mercia im 8. Jahrhundert, und Wessex wird diese Stellung im 9. Jahrhundert erlangen.

Während Könige fochten und fielen und ihre Taten und Missetaten die Aufmerksamkeit der Chronisten und Annalenschreiber in Anspruch nahmen, scheint die Bevölkerung der Insel in günstigen wirtschaftlichen Verhältnissen gelebt zu haben; Ackerland warf gute Erträge ab, der Handel expandierte. Die vom hl. Augustinus von Canterbury dank der tatkräftigen Initiative Gregors des Großen im 6. Jahrhundert begründete christliche Kirche hatte nach und nach das »barbarische« Wesen der heidnischen Angeln und Sachsen gezähmt. Diese germanischen Bevölkerungsgruppen (auch Friesen waren unter ihnen) waren nach dem Rückzug der römischen Legionen im 5. Jahrhundert meist als Söldner vom Festland nach Britannien gekommen und hatten sich in großen Teilen des Landes festgesetzt. Mit der Christianisierung blühten Gelehrsamkeit, Literatur und Kunsthandwerk auf. Klöster wurden gegründet, in denen ein Gelehrter wie Beda Venerabilis seine Werke verfassen konnte; in den Klöstern Wearmouth und Jarrow schrieb Beda in der ersten Hälfte des 8. Jahrhunderts seine

31

monumentale »Kirchengeschichte des englischen Volkes« (*Historia ecclesiastica gentis Anglorum*), und hier wurden auch Bücher mit prächtigen Illuminationen ausgeschmückt, wie etwa der wunderbare Codex Aureus aus dem 8. Jahrhundert (jetzt in der Königlichen Bibliothek zu Stockholm). Es entstanden kostbare Handschriften, goldene Kelche, Silberpatenen, Elfenbeinschnitzereien, wertvoller Juwelenschmuck, verzierte Waffen, kunstvolle Metallarbeiten aller Art. Das erlesenste Stück dieser überbordenden und bilderreichen Kunst, in der die großen Traditionen der irischen und der angelsächsischen Kultur miteinander verschmolzen, ist der als »Lindisfarne Gospel« bekannt gewordene Codex, auf den wir gleich zu sprechen kommen. Die hohe Bildung der englischen Gelehrten erregte in ganz Europa Bewunderung: Karl der Große berief zahlreiche Angelsachsen an seinen Hof, unter ihnen Alkuin aus York, auf den wir im Laufe dieses Kapitels noch eingehen werden.

Das Book of Lindisfarne ist ein Evangeliar, das zu den prachtvollsten Manuskripten der Welt zählt. 258 Folioseiten in schöner Halbunziale und herrlichen, kolorierten Illuminationen – ein beispielloses Meisterwerk der frühen englischen Kultur im so genannten »Dunklen Zeitalter«, als das nördliche England, das Königreich Northumbrien, zu den herausragenden Bildungszentren Europas zählte. Der Codex wurde in den 690er Jahren auf der von Iren gegründeten Klosterinsel (»Holy Island«) Lindisfarne vor der Küste Nordost-Englands geschaffen.

Und plötzlich brach der Schrecken ein in diese Welt des Klosterfriedens:

793. In diesem Jahr erschienen schlimme Zeichen über Northumbrien, welche die Bewohner mit Angst und Schrecken erfüllten: Es gab da nie zuvor gesehene zuckende Blitze, und man sah feurige Drachen durch die Lüfte fliegen. Eine große Hungersnot folgte unmittelbar auf diese Zeichen, und etwas später in diesem selben Jahr, am achten Tag des Monats Juni, zerstörte das Wüten der Heiden Gottes Kirche zu Lindisfarne mit Raub und Totschlag.

ANGELSÄCHSISCHE CHRONIK, LAUD MS

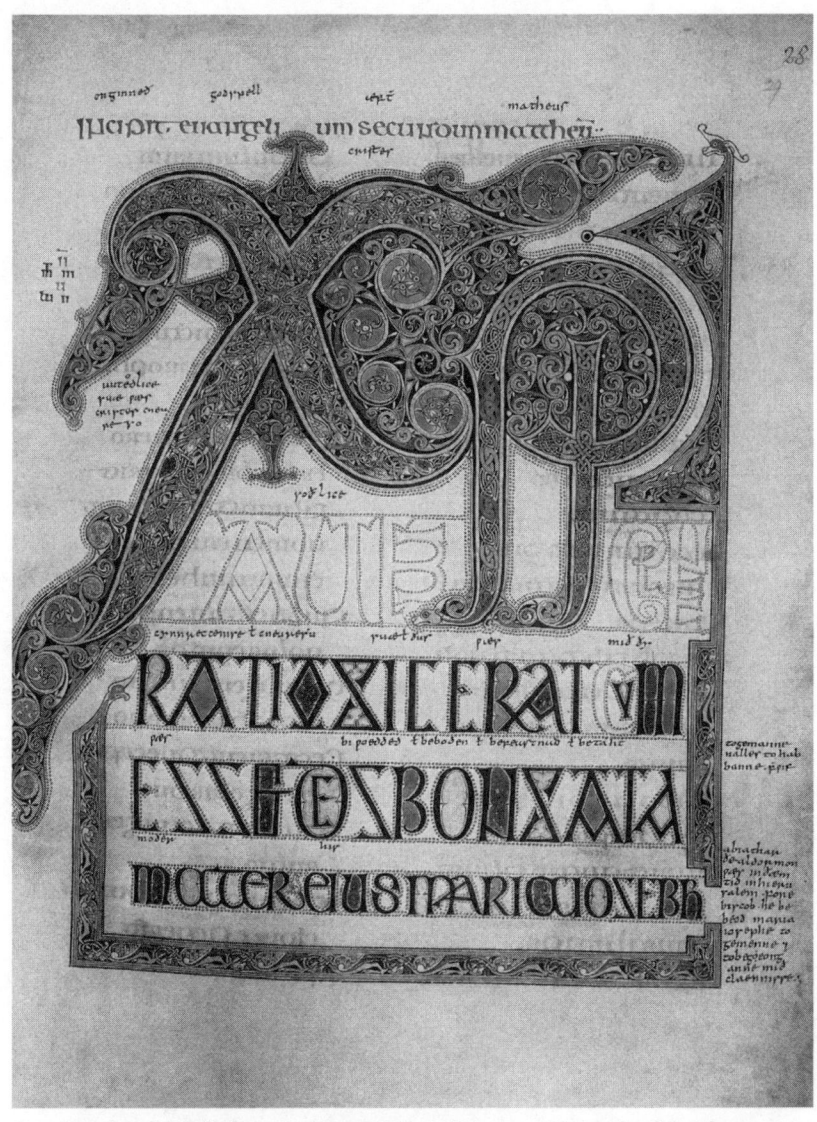

Das Book of Lindisfarne (spätes 6. Jh.). Die erste Seite des Matthäus-Evangeliums. British Museum, London.

Der blitzartige Überfall auf Lindisfarne im Jahre 793 durch eine Schar umherschweifender norwegischer Plünderer wird in jeder historischen Darstellung als Beginn der Wikingerzeit zitiert. Eine faszinierende, eine apokalyptische Szenerie: Auf der windumtosten, aus dem Wattenmeer ragenden Insel Lindisfarne, lange Zeit als Wiege des Christentums in dieser Region verehrt, gehen friedliche Mönche wie gewohnt ihren frommen Verrichtungen nach. Plötzlich – so wird uns erzählt – brechen alle Dämonen der Hölle über sie herein. Schiffe mit drohend gerecktem Steven, quadratischen Segeln und zähnefletschenden Drachenköpfen tauchen wie ein Schreckensbild am östlichen Horizont auf; Eichenkiele schieben sich laut knirschend übers sandige Ufer; wildbärtige, nach Christenblut und Beute lechzende Wikinger springen wie toll an Land, und sofort ist alles ein einziges Chaos und Gemetzel:

Und sie kamen zur Kirche von Lindisfarne, verwüsteten alles mit schlimmer Plünderung, zertraten die heiligen Stätten mit ihren unreinen Füßen, stürzten die Altäre um und rissen alle Schätze der Heiligen Kirche an sich. Sie töteten einige der Brüder, einige nahmen sie in Fesseln mit sich, viele jagten sie davon, nackt und unter Beschimpfungen, und manche ertränkten sie in der See.

Simeon von Durham

Lindisfarne war nur der Auftakt. In den folgenden Jahren gingen Überfälle auf andere blühende Klöster und Abteien wie Hagelschauer nieder: Wearmouth und Jarrow, Bedas altes Kloster, im Jahre 795, Iona 795, dann erneut 802 und 806, Rathlin Island vor der Küste Irlands 795. Um 799 gibt es Nachrichten über die ersten Überfälle auf Inseln vor der aquitanischen Küste in Frankreich. Die Dämme waren gebrochen.

Der Überfall auf Lindisfarne aber war etwas Besonderes, Exemplarisches. Er wurde als Angriff auf die Zivilisation schlechthin interpretiert, als schockierender Affront barbarischer Heiden gegen fromme und gesittete Christen. Bereits in den 630er Jahren hatte der Missionsheilige Aidan auf der »Heiligen Insel« eine frühe Kirche und ein Kloster gegründet. Er kam von einer anderen »Heiligen Insel«, von Iona vor der Westküste Schottlands, wo der heilige Kolumban die Mutterkirche des keltischen Mönchtums gegründet hatte. Fünfzig Jahre später, im Jahre 687, wurde Lindisfarne zur Grablege des heiligen Cuthbert, der unter allen northumbrischen Heiligen die höchste Verehrung genoss. Seine Gebeine liegen jetzt in der Kathedrale von Durham.

Bis auf den heutigen Tag scheint die Erinnerung an 793 auf der Insel gegenwärtig zu sein. Es stehen noch einige düstere Ruinen der mittelalterlichen Kirche und des Priorats mit ihren verwitterten Sandsteinen und romanischen Bögen, und für die zahlreichen Besucher dieser Stätte liegt es nahe, diese zerfallenen Mauern mit jenem historischen Wikingerüberfall in Verbindung zu bringen. In Wirklichkeit aber handelt es sich um Ruinen eines normannischen Priorats, das erst dreihundert Jahre nach diesem Ereignis gebaut wurde. Der heutige Zustand geht eher auf das Konto von Verwüstungen während der unruhigen Tudorzeit, als Heinrich VIII. nach seinem Bruch mit Rom zum Sturm auf die englischen Klöster blies.

Und dann ist da noch der berühmte Stein von Lindisfarne, den man vor über fünfzig Jahren unter den Ruinen des normannischen Priorats gefunden hat. Allgemein ist man der Ansicht, dieser Stein sei in Erinnerung an den besagten Überfall von 793 geschaffen worden. Auf der einen Seite zeigt er sieben hintereinander angeordnete vorstürmende Krieger, die Furcht erregend ihre Schwerter und Äxte über ihren Köpfen schwingen; ihre Oberkörper stecken in schweren, vielleicht gesteppten Kampfjacken, ihre Beine in engen Hosen. Auf der anderen Seite des Steins sind das Kreuz, Sonne und Mond, Gottes Hände und zwei betende Figuren eingeritzt. Aber haben wir es wirklich mit einem Gedenkstein zu tun, der an den Wikingerüberfall aus heiterem Himmel erinnern sollte?

Der Stein von Lindisfarne (jetzt im Britischen Museum; eine etwas grobe Replik ist im kleinen Museum von Lindisfarne zu sehen) ist ein kleines Rätsel, das wir wahrscheinlich niemals lösen werden. Wo auch immer seine Herkunft liegt, er hat symbolische Bedeutung als Teil der umfassenden symbolischen Bedeutung von Lindisfarne als erstes bekanntes Opfer der Wikingerzüge selbst.

Zur Zeit des Überfalls auf Lindisfarne weilte der große angelsächsische Gelehrte Alkuin auf Einladung Karls des Großen am Hof des Karolingers, er war hier als Leiter der Hofschule und später auch als

Abt von St. Martin in Tours tätig. Alkuin war der Spross einer vornehmen northumbrischen Familie und hatte seine Erziehung an der berühmten Klosterschule zu York erfahren. So war er natürlicherweise von den schlimmen Nachrichten aus seiner Heimat tief betroffen. Er reagierte auf die Plünderung Lindisfarnes mit nicht weniger als fünf Briefen nach England – eine gewaltige Korrespondenz für die damalige Zeit. Die Briefe drücken Entsetzen und Bestürzung aus, über weite Strecken aber sind sie in mahnendem Ton gehalten: Alkuin nahm die Überfälle zum Anlass einer Predigt – eine Predigt allerdings gegen die Engländer und nicht so sehr gegen die Wikinger. Der Wikingerüberfall, so verkündete er, war ein Zeichen göttlichen Zornes über die Sünden der Engländer: Unzucht, Ehebruch, Blutschande, Habgier, Raub, Rechtsbeugung, Völlerei, lange Haare und protzige Kleider …

Die interessanteste Passage findet sich in seinem Brief an Æthelred, den König von Northumbria:

Siehe, seit bald dreihundertfünfzig Jahren bewohnen wir und unsere Vorfahren dieses schöne Land und niemals zuvor ist ein solcher Schrecken über Britannien hereingebrochen, wie wir ihn nun von einem heidnischen Volk erleiden, und niemand hätte gedacht, dass ein solch unheilvoller Angriff von See her hätte unternommen werden können.

Ganz offenkundig: Das Entsetzliche an Lindisfarne war die Tatsache, dass der Überfall überhaupt geschehen konnte. Überall in Europa baute man Kirchen und Klöster an exponierten Stellen der Küsten im guten Glauben, sie seien von See her nicht verwundbar. Aber jetzt lag der tödliche Beweis vor, dass es eine neue Macht gab, die fähig war, solche »Angriffe von See her« über die Weiten der Nordsee hin durchzuführen.

Das Gokstadschiff

Diese dreisten und Furcht erregenden Piratenakte waren offenbar nur möglich mit den technisch hoch entwickelten Schiffen, über die jene Wikinger verfügten. Wenn wir an Wikingerschiffe denken, haben wir unweigerlich das Gokstadschiff vor Augen, das im Jahre 1880 in einem Grabhügel im südwestlichen Norwegen ausgegraben wurde und das nun im Wikingerschiffsmuseum von Bygdøy bei Oslo zu bewundern ist.

Es grenzt wahrhaftig an ein Wunder, dass das Gokstadschiff die Jahrhunderte überlebt hat. Es wurde um 850 gebaut, und etwa zehn oder auch fünfzig Jahre später zog man es an Land und nutzte es als Kernstück für eine Fürstenbestattung. Unweit der heutigen Stadt Sandefjord an der Westseite des Oslofjords, gut drei Kilometer von der See entfernt, versenkte man es in einen tiefen Graben, den man in der unter der Oberfläche liegenden Tonschicht ausgehoben hatte. Auf dem Achterschiff wurde eine hölzerne Grabkammer für den toten König auf seiner Lagerstatt errichtet. Er war ein kräftig gebauter Mann in den Fünfzigern, der offensichtlich unter Arthritis oder Gicht zu leiden gehabt hatte. Neben seinen Leichnam legten die Hinterbliebenen seine Waffen, Ausrüstungsstücke und persönliche Besitztümer sowie eine ganze Menagerie getöteter Tiere: zwölf Pferde, sechs Hunde und einen Pfau. Dann türmte man die Tonerde über der Grablege zu einem spitz zulaufenden hohen Hügel auf, den man in der Gegend *Kongshaugen*, »Königshügel«, nannte.

Glücklicherweise hatte die Tonerde konservierende Eigenschaften, sie schloss das Schiff vollständig von jeder Berührung mit der Luft ab. Nur wo die hochgezogenen Vorder- und Achtersteven aus der Tonpackung herausragten, verwitterte das Holz. Bereits in früher Zeit drangen Grabräuber in den Hügel ein und stahlen die wertvollen Grabbeigaben. Ansonsten aber lag das Gokstadschiff ungestört und unversehrt tausend Jahre in seinem Hügel, bis es von Nicolay Nicolaysen, dem Präsidenten der Antiquarischen Gesellschaft in Oslo, ausgegraben wurde.

Für mich ist das Gokstadschiff das schönste jemals gebaute Schiff – so elegant ist die Linienführung, so schlank der kräftige Schiffskörper. Die statistischen Eckdaten lauten: 23,23 Meter Gesamtlänge, Breite 5,25 Meter, 1,95 Meter tief vom Dollbord mittschiffs bis zur Unterkante des Kiels. Das Schiff ist nahezu vollständig aus Eichenholz gebaut; der Rumpf wiegt über sieben Tonnen, und selbst wenn das Schiff mit weiteren zehn Tonnen Nutzlast beladen war, hatte es lediglich etwa einen Meter Tiefgang. Es trug einen kräftigen Kiefernmast und ein Großsegel, das aus doppelseitig vernähten, rot-weißen Streifen gewebten Tuches (*vaðmál*) hergestellt war. Das Segel konnte somit je nach Anordnung der Tuchstreifen entweder ein Streifenmuster oder ein Schachbrettmuster aufweisen. Man steuerte das Schiff mit einem Seitenruder, das auf der rechten Seite des Achterschiffs (»Steuerbord«) montiert war.

Gokstad war eigentlich ein Segelschiff, konnte aber auch gerudert werden: Es verfügte über Ruderlöcher für sechzehn Paar lange Riemen aus Fichtenholz mit schmalem Ruderblatt. Sie waren in verschiedenen Längen ausgeführt, damit simultan kurze, drehende Ruderschläge ausgeführt werden konnten. Feste Ruderbänke existierten nicht, die Mannschaften saßen wohl auf ihren Seekisten, wenn in engen Gewässern oder bei Flaute gerudert werden musste. Die Ruderlöcher legen eine Besatzung von 32 Mann nahe, überraschenderweise aber fand man im Schiff 64 Schilde, die man mit Schnüren am Schildbord befestigen konnte. Arne Emil Christensen, ein Kurator des Universitätsmuseums für Nationale Altertümer in Oslo und Autorität auf dem Gebiet der Wikingerschiffe, interpretierte diesen Befund dahingehend, dass das Gokstadschiff eine doppelte Mannschaft gehabt haben muss, wobei ein Teil ruhte, während der andere Teil ruderte. Zwei Ruderer an einem Riemen waren bei einem Seegefecht sicherlich von Nutzen, zugleich aber dürften die Bedingungen an Bord bei langen Fahrten äußerst beengt und unbequem gewesen sein. Man stelle sich 70 stämmige Männer in ihren Schlafsäcken an Deck eines offenen Schiffes vor!

Im Grabhügel von Gokstad fand man auch drei kleinere, gut gearbeitete Boote vor; sie maßen 9,75, 8,00 und 6,60 Meter. Eine genaue Replik des kleinsten Bootes, ein vierrudriger Segeldingi (*færing*), wurde im National Maritime Museum in Greenwich gebaut und auf Seetüchtigkeit getestet; es ist jetzt im Jorvik Viking Centre in York aufgestellt (s. Kap. 5).

Nachbauten des Gokstadschiffes sind zu einer regelrechten Industrie geworden, seit Magnus Andersen 1893 für die Weltausstellung in Chicago einen atlantiktüchtigen Nachbau schuf (damals eine Weltsensation!). Jeder, Laie oder Gelehrter mit einigem Interesse an der Geschichte des Schiffbaus, ist brennend daran interessiert, wie gut das

Gokstadschiff wohl im Wasser gewesen sein mag: War die Seetüchtigkeit genauso beeindruckend wie die Perfektion der Machart?

Gokstad war ein mittelgroßes Schiff. Das größte Schiff, von dem die isländischen Sagas berichten, war die 998 in Trondheim gebaute *Lange Schlange* (*Ormurinn langi*) des norwegischen Königs Olaf Tryggvason. Es hatte 34 Ruderpaare gegenüber sechzehn des Gokstadschiffes. In König Olafs letzter Seeschlacht bei Svolder im Jahre 1000 soll die *Lange Schlange* über 200 Kämpfer an Bord gehabt haben – eine gewaltige schwimmende Garnison im Zentrum der Schlachtreihe.

In seiner *Ólafs saga Tryggvasonar* (*Heimskringla*, Kap. 88) beschreibt Snorri den Bau der *Langen Schlange*. Neben all seinen anderen Talenten war Snorri ein geborener Journalist, der nichts mehr liebte als eine gute Geschichte, und seine Geschichte über die *Lange Schlange* illustriert aufs Beste, wie ein Schiffbauer der Wikingerzeit arbeitete: mit seinem Auge, seinem Gefühl, seinem Instinkt.

Thorberg Borkenhauer (skafhögg) hieß der Baumeister des Schiffes. Viele andere aber halfen dabei mit: Einige fällten Bäume, andere schälten die Stämme ab, noch andere schlugen die Nägel ein oder schafften das Bauholz zur Stelle. Alles, was zum Schiffbau gehört, war hier auserlesen gut. Das Schiff war lang und breit, hoch am Bord und von sehr starken Balken gefügt. Während man nun beim Ausbau des Schiffsbordes war, musste Thorberg in einer notwendigen Angelegenheit nach Hause, und er verweilte dort längere Zeit. Als er aber zurückkam, da war das Schiff ganz fertig. Der König kam sogleich des Abends und mit ihm Thorberg, um sich das Schiff anzusehen, wie es geworden wäre. Da sagte jedermann, niemals habe man ein gleich großes und schönes Schiff gesehen ...

Als der König am nächsten Morgen zum Schiff zurückkehrte, so fährt Snorri fort, standen alle Zimmerleute mit ihren Händen in den Taschen herum und arbeiteten nicht. Der König fragte sie, was denn los sei. Sie antworteten ihm, das Schiff sei beschädigt. Es müsse in der Nacht ein Mann vom Vordersteven bis zum Hintersteven durchgegangen sein, der in das Schiffsbord einen schrägen Hieb nach dem anderen getan habe. Der König lief rot vor Zorn an und schwor, dem Schuldigen werde der Kopf abgeschlagen, wenn er herausfände, wer die Tat begangen habe: »Und jeder, der mir sagen kann, wer es getan hat, wird reich belohnt werden.«

Hierauf trat Thorberg vor und sagte: »Ich kann Euch sagen, wer das hier angerichtet hat, Herr.«

»Ich hätte wissen können, dass auf dich Verlass ist und du die Wahrheit herausfindest und sie mir mitteilst, Thorberg«, sagte der König mit einem Lächeln.

»Ja«, sagte Thorberg, »ich kann Euch sagen, wer es tat. Ich war es.«

Der König traute seinen Ohren nicht. Dann sagte er: »Entweder, du stellst alles wieder her, wie es zuvor war, oder du wirst dafür sterben!«

Nun ging Thorberg hin und machte das Schiffsbord wieder glatt, sodass all die schrägen Einschnitte verschwanden. Nun sagten der König und alle anderen, das Schiff wäre viel schöner auf der Seite des Bordes, wo Thorberg die Planken des Schiffes zurechtgehauen hätte. Der König forderte ihn auf, es doch weiter so an jeder Seite des Bordes zu machen. Er solle dafür viel Dank gewinnen.

Ohne Zweifel: Auch aus dieser Episode lässt sich schließen, welch wichtige Rolle ästhetische Faktoren in der norwegischen Schiffbautradition spielten.

Der Aufbruch

Das Wikingerschiff also machte die Expansion der Skandinavier möglich und verlieh ihr die Durchschlagskraft. Warum aber überschritten die Skandinavier auf diese Weise ihre geografischen Grenzen? Was veranlasst ein Volk oder eine Gruppe, in einer bestimmten Periode ihrer Geschichte aufzubrechen und über ihre Nachbarn herzufallen?

Es gibt niemals einen einzigen Grund, einen vorherrschenden Faktor, der einen solchen Vorgang erklären könnte. Für Skandinavien, das der ostgotische Historiker Jordanes im 6. Jahrhundert als »Völkerschoß« bezeichnete, hat man eine ganze Reihe von Gründen vorgeschlagen, die alle auf die eine oder andere Weise zu dem Zusammenspiel von gesellschaftlichem und wirtschaftlichem Druck, von günstigen Gelegenheiten, von Bedürfnissen, Mitteln und Möglichkeiten beigetragen haben dürften.

Die frühen Geschichtsschreiber interpretierten historische Vorgänge jedoch nicht über Ursachen und Faktoren, sondern allein über große Persönlichkeiten und große Ereignisse. Snorri Sturlusons *Heimskringla* ist nicht eine Geschichte Norwegens als solche, sondern eine *Geschichte der Könige von Norwegen (Nóregs konunga sögur,* so der alte Titel der *Heimskringla).*

Die erste Saga der *Heimskringla* ist die *Ynglinga saga,* die »Saga von den Ynglingen«, einer schwedischen Königsdynastie, die behauptete, von der Fruchtbarkeitsgottheit Yngvi-Freyr abzustammen und deshalb von ihm ihren Namen ableitete. Nach Snorri war es ein Zweig dieser Dynastie, aus denen das erste norwegische Königsgeschlecht in der südostnorwegischen Landschaft Vestfold hervorging. Snorri bezog seine Informationen aus dem Gedicht *Ynglingatal* (»Aufzählung der Ynglinge«) des Thjódolf ór Hvini, Hofdichter des norwegischen Königs Harald Schönhaar (860–930).

Im *Ynglingatal* heißt es, zwei halb-legendarische Könige von Vestfold seien an einem Ort namens Borre begraben: König Eystein Fart, der von der Rahe eines vorbeifahrenden Schiffes ins Wasser gestoßen wurde und ertrank, sowie sein Sohn Hálfdan mit dem Beinamen *inn mildi ok inn matarilli,* wegen seiner Freigebigkeit mit Geld, aber seinem Geiz bei Tische. Dieser Hálfdan war, nach Snorri, der Urgroßvater des Norwegerkönigs Harald Schönhaar, und an diesem Punkt nun treffen sich Legende, Historie und Archäologie.

Die Gräber der Könige

Borre, heute Nationalpark, liegt am Westufer des Oslofjords nahe der Stadt Horten. Es war früher eine königliche Begräbnisstätte, eine Ansammlung imposanter Grabhügel mit Schiffsbestattungen von Königen oder mächtigen Häuptlingen. Man hat sie mit den Seekönigen der Ynglinge in Verbindung gebracht, die dort mit ihren Schiffen in Sichtweite ihres natürlichen Elements, der See, ihre letzte Ruhestätte gefunden hätten. Borre ist jetzt ein hübscher, mit Eichen, Buchen und Birken bestandener Platz, aber dem Archäologen bietet sich ein kläglicher Anblick. Die erhaltenen Grabhügel weisen alle wie durch einen Axthieb verursachte tiefe Einschnitte oder Mulden auf, die entweder von frühen Grabräubern, von zusammengesacktem Erdreich oder von wahllosen Materialentnahmen für den Wegebau herstammen.

Jetzt sind noch fünf dieser großen Hügel übrig geblieben. Im Jahre 1852 wurde einer davon unglücklicherweise an das Amt für Wegebau des Distrikts als Steinbruch verkauft. Bald nach Beginn der Arbeiten stießen die Arbeiter auf Nägel und Nieten und andere Hinweise auf ein Schiffsgrab. Ein örtlicher Altertumsfreund hörte davon und bemühte sich nach Kräften, die Stätte zu schützen; er bot den Arbeitern sogar kleine Belohnungen für alle Funde an und bewirkte, dass sie die Arbeiten bei einem irgendwie wichtig aussehenden Fund bis zu seiner Ankunft vor Ort einstellten.

Diese wohlmeinende Maßnahme erwies sich jedoch als fruchtlos, sie weckte nur den Appetit der Arbeiter. Als einmal etwas Goldglänzendes auftauchte, gruben sie sich fieberhaft in den Hügel hinein, der so entstandene Tunnel brach ein und begrub beinahe einige der Arbeiter unter sich. Was sie in Wirklichkeit gefunden hatten, war ein bronzebeschlagener Sattel, der bis auf einige Fragmente im Zuge dieser tumultuarischen Ausgrabungen zerstört wurde.

Im Mai des Jahres 1852 entsandte man den jungen Nicolay Nicolaysen, den späteren berühmten Gokstadausgräber, von Oslo nach Borre, um zu retten, was noch zu retten war. Seine Untersuchungen brachten etwas Licht in die ursprüngliche Bestimmung des Hügels, aber alles, was er einmal enthalten hatte, war unwiederbringlich zerstört. Er untersuchte auch einen anderen Grabhügel am Nordende der Hügelreihe, aber auch hier zeigte sich, dass er bereits Opfer früher Grabräuber geworden war und nichts weiter enthielt als einige Pferdeknochen.

Das alles war eine traurige Geschichte, und sie ging noch weiter. Nicolaysens Skizzenbuch führte nicht weniger als neun damals noch sichtbare Hügel auf. Wegen weiterer Wandalenakte sind heute nur noch fünf Hügel erhalten sowie die Stümpfe zweier weiterer. Die Hügel enthielten ohne Zweifel Schiffsbestattungen ähnlich wie Gokstad, aber hier gab es keine Tonerde, die das Holz vor dem Zerfall hätte schützen können. Es ist nicht sicher, ob die damals noch rudimentären Konservierungstechniken die Funde wirklich hätten sichern können, selbst wenn die Hügel noch unversehrt gewesen wären. Borre jedenfalls wird immer als eine große verpasste archäologische Chance beklagt werden.

In der patriotischen Hochstimmung, die im 19. Jahrhundert in Norwegen herrschte, als sich das Land auf die vollständige Unabhängigkeit von Schweden zu bewegte, galt die königliche Begräbnisstätte Borre als nationales Heiligtum, als Wiege der norwegischen Nation, denn es war die Ynglingendynastie von Vestfold, die einst die vielen Kleinkönigtümer des Landes unter dem Alleinherrscher Harald Schönhaar vereinigt hatte.

Ausgehend von der angenommenen Thronbesteigung Harald Schönhaars in der zweiten Hälfte des 9. Jahrhunderts und mit Hilfe von Snorris Ynglingengenealogie datierte man die frühesten Hügel von Borre auf den Beginn des 9. Jahrhunderts. Den am weitesten nördlich gelegenen Hügel assoziierte man mit König Eystein Fart, der nach dem *Ynglingatal* »am Ende der Moräne« begraben wurde. Moderne, skeptische Wissenschaftler jedoch neigen dazu, Snorris Geschichten über die Ynglinge und ihre Bestattungsplätze in Borre in das Reich der Legende zu verweisen – eine Sichtweise, die ihrer Meinung nach von Snorri geteilt würde, wenn man seine vorsichtigen Worte im Prolog der *Heimskringla* berücksichtigt. Die Wissenschaft zieht es vor, die Datierung auf der Basis eines Vergleichs der Kunststile vorzunehmen. 1915 widmete A. W. Brøgger, Professor an der Universität Oslo, der Ornamentik auf einer Reihe vergoldeter, aus Gussbronze hergestellter Pferdegeschirrfragmente aus den Borre-Funden eine eingehende Untersuchung. Er kam zu dem Ergebnis, dass der so genannte »Borre-Stil« auf ca. 850 datiert werden müsse. Später hielt man diese Datierung sogar noch für früh und meinte, der Borre-Stil habe sich erst ganz am Ende des 9. Jahrhunderts entwickelt. Das nun hätte eine Zeitgleichheit der Grabhügel von Borre mit der Regierungszeit Harald Schönhaars bedeutet und der romantischen Ansicht von der Ruhestätte der ersten Ynglinge widersprochen. Allerdings, eine vergleichende Datierung auf der Grundlage von Kunststilen kann genauso ungenau sein wie die Legende selbst.

Das Osebergschiff

Ein Grabhügel jedoch, der einige Meilen südlich von Borre im Jahre 1904 erfolgreich untersucht wurde, lieferte der Archäologie und der Sagaforschung einen Fund von unvorstellbarem Reichtum und unerschöpflicher Attraktivität: das Schiffsgrab von Oseberg.

Der isoliert stehende Oseberghügel ragt sechs Meter aus dem ebenen Grasland am Ufer des Flüsschens Slagenbekken hervor. Auf dem umliegenden Hügelland finden sich zahlreiche kleinere und weit weniger ins Auge fallende Grabhügel. Es ist eine fruchtbare Ackerbaugegend; in der Wikingerzeit dürfte der Fluss bis zum heutigen Hof Stora Oseberg schiffbar gewesen sein.

Die Ausgrabungen fanden unter ähnlich katastrophalen Umständen statt wie die in Borre, endeten aber weitaus glücklicher. Im August 1903 brachte der Eigentümer des Hofes dem Universitätsmuseum von Oslo einige Holzteile, die er in einem großen Hügel auf seinem Land gefunden hatte. Damals war der Schwede Professor Gabriel Gustafsson Direktor des Museums. Gustafsson erinnerte sich noch genau an den Besuch, denn an diesem Tag war sein fünfzigster Geburtstag. Er untersuchte den Hügel unverzüglich und bestätigte dabei seine Anfangsvermutung, man habe es hier mit einem Schiffsgrab zu tun.

Der Eigentümer des Landes war ein geldgieriger Mann und kannte seine Rechte: Würde der Hügel irgendetwas Bedeutendes enthalten, stünde ihm ein »Fundlohn« zu, den man ihm sofort auszahlen müsse. Gustafsson konnte ihn bis zum nächsten Frühjahr hinhalten, bis er alles Notwendige zu einer richtigen Ausgrabung organisiert hatte, und am 6. Mai 1904 begann er mit den Arbeiten. Dieses *annus mirabilis*, das bis zum 16. Dezember andauerte, ist in die Annalen der Archäologie als »Osebergsommer« eingegangen.

Im Hügel selbst entdeckte Gustafsson ein herrliches Wikingerschiff des 9. Jahrhunderts, das prächtig mit Holzschnitzereien verziert war. Alle Holzteile waren wegen der Tonerdepackung, die man über dem Schiff aufgehäuft hatte, in erstaunlicher Weise erhalten. Gustafsson legte das Schiff sorgfältig frei und deponierte alle Teile im Schloss Akershus zu Oslo. Der Bauer drohte immer noch, alles an den Meistbietenden zu verkaufen, schließlich erwarb ein privater Grundbesitzer in Vestfold das Schiff, schenkte es seinem Land Norwegen und

Die Ausgrabung des Oseberg-Schiffsgrabes am Oslofjord.
Zeitgenössische Fotografie, 1904.

ersparte der Nation damit die Erniedrigung, dass sein größter historischer Schatz an ein ausländisches Museum verkauft wurde.

Das Osebergschiff wurde um 800 gebaut, also etwa fünfzig Jahre früher als das Gokstadschiff, und um 850 im Grabhügel zu Oseberg niedergelegt. Beide Schiffe sind die Glanzstücke des Wikingerschiffsmuseums auf Bygdøy bei Oslo.

Das Schiff enthielt die größte Ansammlung wikingerzeitlicher Holzobjekte, die jemals in Skandinavien gefunden wurden – ein regelrechter Fundus zeitgenössischer Möbel, von Ausrüstungsgegenständen und Geräten: ein Stuhl, ein vierrädriger Wagen, vier Schlitten, drei Betten mit Bettzeug, Truhen und Kisten, gewirkte Stoffe, Wandteppiche, ein Webstuhl, Eimer, Fässer, Küchengeräte, Pferdegeschirr, Spaten, eine Mistgabel, eine Hacke, ferner ein vollständig erhaltener Schiffskessel mit Kette und zusammenlegbarem Dreifuß und noch manches mehr. Viele der Objekte sind unter der Last der über dem Schiff aufgehäuften Steine zerbrochen, aber man hat sie wiederhergestellt und rekonstruiert – sie bieten dem Betrachter ein einzigartiges Panorama der Kunst und des handwerklichen Könnens der Wikingerzeit.

Die Qualität der Schnitzereien am Osebergschiff ist spektakulär: zähnefletschende Drachenköpfe auf Holzpfosten, drohende Wikingergesichter am vierrädrigen Wagen, prachtvolle, verschlungene Muster auf den Schlitten. Arne Emil Christensen vom Universitätsmuseum Oslo stellt einen aufschlussreichen Vergleich zwischen dem Schnitzwerk des Osebergfundes und dem Stil der wikingerzeitlichen Hofdichtung (»Skaldendichtung«) mit ihrer kunstvoll-komplizierten Diktion an: Beide sind anspielungsreich und nicht sofort erklärbar, konzentriert und stilisiert. Es ist eine Kunst für Kenner, genauso verwickelt und gewunden wie der Satzbau des skaldischen Verses. In der Dichtkunst bestimmen Vers und Metrum über den Inhalt, ebenso wie in der wikingerzeitlichen Schnitzkunst: Der Künstler schnitzte nicht so sehr eine Tierfigur, sondern vielmehr ein komplexes Muster, in dem sich eine Tierfigur verbirgt. Man musste das Muster kennen, um das Tier zu entdecken, genauso, wie man das Muster eines Skaldenverses kennen musste, um hinter dem »Holz« den »Baum« zu sehen.

Das Schiff selbst ist ein kaum zu übertreffendes Beispiel für die Entwicklung der wikingerzeitlichen Schiffbautechnik. Man hat das Osebergschiff als eine Art königliche Yacht interpretiert, und es mag später auch als solche benutzt worden sein, aber ursprünglich hatte man es zur Zeit der frühen Überfälle, wie auf Lindisfarne und andere heilige Stätten, als Allzweckschiff konzipiert. Es repräsentiert eine frühere Phase des Schiffbaus als Gokstad, das fünfzig Jahre später gebaut wurde und man offensichtlich aus den Fehlern des Osebergschiffes gelernt hatte. So zeigt etwa der »Mastfisch« (ein den Mast stützender Eichenholzträger über dem so genannten »Kielschwein«, der Verankerung des Mastes) des Osebergschiffes Spuren einer Notreparatur auf hoher See, weil er vermutlich zu schwach konstruiert war. Bei dem Gokstadschiff dagegen hatte man diese Konstruktionsschwäche bemerkt und beseitigt. Auf den frühen Plünderfahrten gab es ausreichende Gelegenheit, die Seetüchtigkeit der Schiffe zu verbessern. Gokstad vollendete, was Oseberg begann.

Pfosten in Gestalt eines Tierkopfs (um 800–850). Aus dem Oseberggrab, Vikingskipshuset, Oslo-Bygdøy.

Die Schläfer im Schiff

Die Schiffe von Oseberg und Gokstad haben neben ihrem einzigartigen Aussagewert für die frühe norwegische Kultur noch eine andere Bedeutung für die Geschichte Norwegens in der Wikingerzeit: Sie liegt in der Identität der in ihnen bestatteten Personen. Gokstad enthielt das Skelett eines Mannes in den Fünfzigern, Oseberg die Skelette zweier Frauen, einer älteren und einer jüngeren. Wer waren sie? Ein mögliches Szenario bietet Snorri in seiner *Heimskringla*, und zwar mit der Fortschreibung der Genealogie der »Borrekönige« von Vestfold, Eystein Fart und Hálfdan *inn mildi ok in matarilli*. Auf Hálfdan folgte sein Sohn Guðrød. Von seiner ersten Frau hatte Guðrød einen Sohn namens Ólaf Geirstaða-Álf; als aber Guðrøds Frau starb, warf er sein berechnendes Auge auf die hübsche, junge Prinzessin des benachbarten Königsreichs von Agder im Süden, das sich von Larvik bis Kristiansand und tief ins Landesinnere erstreckte. Ihr Name war Ása, die Tochter Königs Haralds des Rotbärtigen von Agder. Wie es sich geziemte, sandte Guðrød einen Heiratsantrag nach Agder, der jedoch zurückgewiesen wurde. Aber König Guðrød von Vestfold war nicht der Mann, der ein Nein für eine Antwort hielt. Er setzte seine Kriegsschiffe in Marsch und fiel ohne Warnung in Agder ein. Trotz tapferer Gegenwehr wurden Ásas Vater und Bruder getötet, und sie selbst wurde mit Gewalt nach Vestfold verschleppt.

Das Resultat dieser rohen Brautwerbung war ein Sohn namens Hálfdan der Schwarze, der dazu ausersehen war, der Vater des berühmten Harald Schönhaar zu werden. Ein Jahr nach der Geburt des Kindes nahm Ása Rache: Sie ließ ihren Gemahl bei einem Gelage ermorden, ging mit ihrem kleinen Sohn zurück nach Agder und übernahm die Regentschaft für ihren Sohn. In Vestfold ging der Thron auf Ólaf Geirstaða-Álf über. Er wird als bedeutender und geschickter Krieger von angenehmer und kräftiger Gestalt beschrieben. Er war zwanzig Jahre alt, als sein Vater ermordet wurde, und damit möglicherweise nicht viel älter als seine rachsüchtige Stiefmutter, die Königin Ása.

Nun gingen zwei Jahrzehnte ins Land. Als Ásas Sohn Hálfdan der Schwarze mit achtzehn Jahren volljährig wurde, übernahm er von seiner Mutter das Königreich Agder. Sodann forderte er sein Vatererbe, die Hälfte des Königreichs Agder, von seinem Halbbruder Ólaf Geirstaða-Álf – und erhielt es auch. Diese wahrhaft freundschaftliche Regelung verlieh Hálfdan eine Machtbasis, von der aus er eine Reihe von Feldzügen gegen benachbarte Territorien führte, »und er wurde ein mächtiger König«.

Ob dies alles nun halbwegs erinnerte Geschichte oder reine Folklore ist, lässt sich nicht entscheiden. Wenn aber wenigstens die Umrisse korrekt sind, muss die Ermordung König Guðrøds von Vestfold um 840 stattgefunden haben, und Hálfdan der Schwarze dürfte um 860 König von Agder und der Hälfte von Vestfold geworden sein, als seine Mutter und sein Halbbruder etwa vierzig Jahre alt waren. Das Problem ist, dass die bekanntermaßen unzuverlässige historische Überlieferung sich nicht vollständig mit den archäologischen Befunden deckt – deren Deutung jedoch auch nicht immer gänzlich zuverlässig ist.

Nach Auskunft der Heimskringla starb Ólaf Geirstaða-Álf an einem Beinleiden und wurde in einem Grabhügel bei Geirstaðir bestattet. Die oberflächliche Namensähnlichkeit zwischen »Geirstaðir« und »Gokstad« (früher »Gjekstad«) ist verlockend. Die erste anatomische Untersuchung des Gokstad-Skeletts deutet auf einen kräftig gebauten Mann von etwa fünfzig Jahren hin, der unter einer schweren Arthritis in seinem linken Knie und seinem Fußknöchel gelitten haben musste: die »Beinkrankheit« der Saga? Als das Gokstadschiff in die Erde versenkt wurde, wie man jetzt glaubt um das Jahr 880, dürfte Ólaf Geirstaða-Álf etwa sechzig Jahre alt gewesen sein. Wenn Datierung und medizinischer Befund korrekt sind, spricht nichts gegen die Theorie, dass Gokstad die sterblichen Überreste des Ólaf Geirstaða-Álf beherbergte.

Und was ist mit Königin Ása? In den Sagas hören wir nichts mehr von ihr, aber es ist keineswegs unwahrscheinlich, dass sie ihrem Sohn nach Vestfold folgte und sich dort im Jahre 860 niederließ. Und wiederum gibt es eine verlockende Namensgleichheit: »Ása« und »Oseberg«. Oseberg war ohne jeden Zweifel ein Königinnengrab mit einem reich ausgestatteten Schiff, wie geschaffen für eine Königin. Könnte sie Königin Ása gewesen sein? Allerdings lagen zwei weibliche Skelette im Osebergschiff, das einer jungen Frau in ihren zwanziger Jahren und das einer älteren in ihren Fünfzigern. Welche von ihnen war die Königin?

Die im Osebergschiff bestatteten Frauenleichen wurden von den Grabräubern, die bald nach der Bestattung in das Grab eindrangen, übel zugerichtet. Sie wurden aus ihrer mittschiffs gelegenen Grabkammer herausgezerrt; dabei verlor die ältere Frau ihre rechte Hand und ihren linken Oberarm, vielleicht wegen wertvoller Ringe und Armreifen, die sie trug. Unter den Grabbeigaben fanden sich ein Paar kostbarer Lederschuhe, die eigens für geschwollene, arthritische Füße hergestellt worden waren. In diesem Lichte scheint die ältere Frau die »Königin« gewesen zu sein; die jüngere wäre dann eine Dienerin, die man dazu bestimmt hatte, ihre Herrin ins Jenseits zu begleiten.

Hier allerdings ergeben sich chronologische Probleme. Die ältere Osebergfrau und der Gokstadmann hatten etwa dasselbe Alter, als sie starben, oder lagen höchstens zehn Jahre auseinander. Und Ása und ihr Stiefsohn waren, wie wir gesehen haben, ebenfalls nahezu gleichaltrig. Viele Wissenschaftler nehmen jedoch an, dass das Oseberggrab – aus stilistischen Gründen – etwa dreißig Jahre älter ist als Gokstad. Das würde bedeuten: Wenn Ása hier bestattet war, dann muss es die jüngere Frau gewesen sein.

Allein, nicht alle Forscher glauben, dass eine Datierung auf der Grundlage stilistischer Merkmale so genau sein kann. Die Datierungslücke zwischen beiden Bestattungen, so argumentiert man, könne nur zehn oder fünfzehn Jahre betragen, und das würde sich gut mit einer fünfzigjährigen Königin Ása in Oseberg und einem sechzigjährigen König Ólaf in Gokstad vereinbaren lassen. Mit Sicherheit wird sich das vermutlich niemals feststellen lassen, aber mein Sagagefühl sagt mir, dass die Frau von Oseberg wahrhaft Königin Ása war, jene kluge und unversöhnliche Königin, die unerbittliche Rache für ihre geraubte Jungfernschaft nahm. Es passt gut ins Bild, dass sie die Großmutter des ebenso entschlossenen und skrupellosen Harald Schönhaar war, des ersten Königs von ganz Norwegen.

Nach Angaben der Heimskringla war Harald zehn Jahre alt, als sein Vater, Hálfdan der Schwarze, ertrank. Da hatte seine Mutter, eine Tochter des Kleinkönigs von Ringerike, bereits einen dieser prophetischen Träume geträumt, von denen immer wieder in den Sagas berichtet wird: Als sie in ihrem Kräutergarten stand, klaubte sie einen Dorn von ihrem Untergewand, und dieser Dorn wuchs zu einem mächtigen

Baum, der das ganze Norwegen zu bedecken schien. Der untere Teil des Baumstammes war rot wie Blut, der obere Teil grün und sehr schön, die obersten Äste aber waren weiß wie Schnee. Der Traum sagte ein heiteres und erfülltes Alter voraus, fruchtbare und erfolgreiche mittlere Jahre und eine blutbesudelte und kraftvolle Jugend. Und genauso sollte es werden.

Was Harald betrifft, sind die Sagachronologien nur mit Schwierigkeiten auf einen Nenner zu bringen, es scheint aber, dass Hálfdan der Schwarze um 870–80 starb. Von seinem ehrgeizigen Vater erbte Harald das Kleinkönigtum Vestfold sowie dessen aggressives und gewinnsüchtiges Wesen. Unter der Regentschaft eines Onkels musste sich Harald zuerst all der Wölfe erwehren, die in einem Königreich unter der Herrschaft eines Kindes eine leichte Beute witterten. Da waren auch noch alte Rechnungen aus der Zeit seines Vaters zu begleichen. Aber allmählich, unter der Anleitung seines Onkels, konnte sich Harald in seinem Machtbereich Vestfold etablieren und sich zum Herren der benachbarten Reiche aufschwingen: Der blutige Stamm hatte Wurzeln geschlagen.

Harald Schönhaar, König von Norwegen

Zu dieser Zeit war Norwegen keineswegs eine politische Einheit; es bestand aus zahlreichen, häufig untereinander verfeindeter Kleinkönigtümern. Selbst der Name des Landes war symptomatisch für die Zersplitterung des Landes: Norvegur, »der Nordweg«, also längst noch keine Nation, sondern eher ein Gebiet entlang einer Handelsroute. Harald Hálfdanarson ist vor allem aus zwei Gründen im Gedächtnis geblieben: als Schöpfer eines vereinten norwegischen Königreiches und wegen seines romantisch wirkenden Beinamens »Schönhaar«, der auf die im vollen und stattlichen Haarwuchs verkörperte Kraft und Herrscherwürde verweist, eine Vorstellung, die dem Mittelalter in Anknüpfung an archaische und biblische Vorbilder sehr vertraut war.

Snorri berichtet, der junge Harald habe erfolgreich seine Feinde bekämpft und an einer hübschen, jungen Königstochter namens Gyða Gefallen gefunden. Als Haralds Abgesandte vor ihr erschienen und sie einluden, Haralds Konkubine zu werden, erwiderte sie hochmütig, sie sei nicht bereit, ihre Jungfräulichkeit einem unbedeutenden Kleinkönig zu schenken, der nicht einmal über ein richtiges Königreich herrsche.

Überraschenderweise war Harald über diese Antwort nicht erzürnt, es scheint vielmehr, dass sie ihn – wie man heute sagen würde – »motiviert« hat. Er schwor, er werde sein Haupthaar weder schneiden noch kämmen, bis er sich ganz Norwegen unterworfen habe. Das nun nahm einige Zeit in Anspruch, aber es gelang ihm, zumindest nominell, mit Hilfe langwieriger Feldzüge und geschickter Bündnisse. Selbst die stolze Gyða war nun überzeugt, und als Harald wiederum seine Abgesandten zu ihr schickte, begab sie sich willig in sein Bett und trat in eine Art königlichen Harem ein. Harald indessen zeigte sich noch nicht zufrieden; erst wollte er noch den räuberischen Wikingern das Handwerk legen, die vor ihm aus Norwegen geflohen waren und jetzt die Küsten Norwegens von ihrer Basis auf den schottischen Inseln aus unsicher machten. Erst danach war Harald bereit, sein Gelübde einzulösen:

Da nun nahm der König dort ein Bad, und darauf ließ er sich das Haar kämmen. Nun schor ihm Jarl Rögnvald sein Haar. Vorher aber war es zehn Jahre lang ungekämmt und ungeschoren gewesen.
Damals hatte man ihn immer Harald Strubbelkopf genannt, aber jetzt gab Rögnvald ihm einen Beinamen, und hieß ihn Harald Schönhaar. Alle aber, die ihn sahen, sagten, diesen Beinamen trüge er mit vollem Recht, denn der König hatte sowohl volles wie schönes Haar.

HARALDS SAGA HÁRFAGRA, KAPITEL 23

»König Harald war jetzt Herr über ganz Norwegen«, sagt Snorri Sturluson, aber was besagte dieser stolze Titel in Wirklichkeit? Sicherlich weit weniger, als er vorgab – immerhin einen Anspruch, der aber durchgesetzt werden musste. Norwegen war in geografischer Hinsicht ebenso störrisch wie in politischer.

Im Havsfjord, westlich von Stavanger, kam es wohl um 890 (das traditionelle Datum, 872, dürfte falsch sein) zur entscheidenden Schlacht zwischen dem Alleinherrscher und den örtlichen Machthabern: Dem König stellte sich ein Zusammenschluss lokaler Häuptlinge (»Seekönige«) aus ganz Südwestnorwegen entgegen, die keineswegs bereit waren, Harald Schönhaars Oberherrschaft anzuerkennen.

> *Hört man am Hafrsfjorde,*
> *wie hier sich stritten*
> *kühnen Stamms der König*
> *und Kjötvi der Reiche.*
> *Von Ost kamen Kiele*
> *Kampflüstern*
> *Mit gähnenden Häuptern*
> *Und goldigem Bildwerk.*
>
> THORBJÖRN HORNKLOFI, HARALDSKVÆðI

»Es war ein langer, harter Kampf«, sagt Snorri, »aber schließlich gewann König Harald den Tag.« Viele der Seekönige fielen. Die besiegten Überlebenden retteten sich auf eine Insel, auf der es eine Befestigung (*vígi mikit*) gab, und von dort aus wateten sie ans Ufer und traten den Rückzug an.

Norwegische Wissenschaftler meinen inzwischen, den exakten Schauplatz der Schlacht im Havsfjord lokalisieren zu können. Vor einigen Jahren fanden Taucher gesunkene Holzreste auf dem Grund des Fjords. Die Holzteile waren in schlechtem Zustand und zerfielen bei der Berührung mit Luft. Wenn genügend Konservierungseinrichtungen zur Verfügung stehen, werden am Fundort Grabungen durchgeführt, um zu klären, ob es sich bei diesen Holzteilen tatsächlich um Reste von Schiffen handelt, die bei dieser entscheidenden Schlacht gesunken sind.

Skiringssal – Forum der Kaufleute

Der Einsatz bei der Schlacht im Havsfjord war groß, und nicht nur im Sinne von Stolz, Prestige und Schlachtenehre, auch nicht im Hinblick auf Leben und Tod – es ging vielmehr um die endgültige Kontrolle über den Handelsreichtum Norwegens. Die eminente Bedeutung des Handels konnte durch eine spektakuläre Ausgrabung im Herzen Vestfolds, dem Kernreich Haralds, nachgewiesen werden.

Der Ort ist unter dem Namen Kaupang bekannt und liegt im Distrikt Tjølling des Bezirks Vestfold, unweit des großen Überlandweges von Oslo, der auf einem Moränenrücken, dem *Raveien* (»Moränenweg«), entlangführt und sich durch ganz Vestfold zieht. »Kaupang« (*Kaufanger*) bedeutet nichts anderes als Marktplatz, Handelsplatz; in Norwegen ist dieser Ortsname mehrfach belegt. Aber Kaupang in Tjølling hieß einst *Skiringssal* – und dieser Name hat einen besonderen Platz in der Geschichte der Wikingerzeit.

Skiringssal (*Sciringes heal* im Altenglischen) wird in der angelsächsischen Übersetzung der »Weltgeschichte« (*Historia adversus paganos*) des Orosius erwähnt. Es spricht vieles dafür, dass sie im 9. Jahrhundert im Umfeld des westsächsisch-englischen Königs Alfred des Großen entstanden ist. Eine in diesen Text eingeschobene Passage berichtet von einem Besuch des aus Hålogaland stammenden reichen norwegischen Kaufmanns Óttar (Ohtere im Altenglischen) am Hofe König Alfreds. Óttar besaß in Hålogaland eine große Rentierherde, seine Haupteinkunftsquelle waren aber, wie er Alfred erzählte, Tribute der Samen (»Lappen«) in Form von Häuten und Fellen, Walrosszähnen und Walknochen, von Eiderdaunen und Schiffstauen aus Walhäuten und Seehundhäuten. Mit einer Schiffsladung solcher Luxusgüter war er die norwegische Küste entlang nach Süden und dann über die offene See nach England gesegelt, um dort seine Waren zu verkaufen und König Alfred exotische Geschenke zu überbringen. Auf seiner Fahrt hatte er »einen Hafen im südlichen Norwegen angelaufen, der *Sciringes heal* genannt wird«.

Es wurde viel über die Lokalisierung von Óttars Skiringssal debattiert. Inzwischen aber konnte es von Charlotte Blindheim bei Ausgrabungen zwischen 1950 und 1967 eindeutig mit Kaupang in Tjølling identifiziert werden. Tjølling, vermutlich identisch mit Skiringssal, ist jetzt ein ländliches Kirchspiel mit einer hübschen Kirche, in der Wikingerzeit befand sich dort wohl ein Stützpunkt der Könige von Vestfold. Der »Hafen« Kaupang/Skiringssal erwies sich als eine kleine, aber dicht besiedelte Handelsniederlassung mit einem kleinen, geschützten Hafen am Viksfjord, der sich nicht weit vom Larvikfjord ins Land hineinschneidet. Der Handelsplatz entstand gerade zu Beginn der Wikingerzeit Ende des 8. Jahrhunderts und hatte seine Blütezeit bis zum

10. Jahrhundert, als er wegen Platzmangels schließlich an Bedeutung verlor.

Óttar/Ohtere ist der einzige namentlich bekannte Kaufmann, der Kaupang/Skiringssal mit seinen kostbaren Waren aus Nordnorwegen besuchte. Nach der Quantität und hohen Qualität der Funde zu schließen, musste es sich jedoch um einen ausgesprochen blühenden und geschäftigen Handelsplatz gehandelt haben, der sich zwar nicht von der Größe her, so doch in seiner Bedeutung durchaus mit den berühmteren Märkten in Haithabu bei Schleswig (vgl. Kap. 3) und dem schwedischen Birka (vgl. Kap. 4) messen konnte. Der Ort beherbergte eine wohl geordnete und friedliche Gemeinde von Kaufleuten und Handwerkern und passt so nur wenig zum traditionellen Bild der räuberischen und gewalttätigen Wikingerzeit. Er hatte keine Wälle oder sonstigen Befestigungsanlagen und scheint sie auch nicht nötig gehabt zu haben, denn die Ausgräberin Charlotte Blindheim fand keinerlei Spuren von Zerstörung durch Feuer oder sonstige Gewalteinwirkungen.

Der in Kaupang/Skiringssal erzeugte wirtschaftliche Reichtum, namentlich in der Blütezeit des Ortes zur Zeit Harald Schönhaars, als dort auch solche Handelsfürsten wie Óttar aus Hålogaland ihre Waren anlandeten, musste der Schatztruhe des Königs bedeutende Einkünfte aus Zöllen und Steuern beschert haben. Skiringssal war jedoch niemals die »Hauptstadt« Harald Schönhaars, etwas Ähnliches gab es auch nicht. Vielmehr reisten er und sein Gefolge von einem Königshof zum anderen und hielt sich dort auf, so lange es die politische Situation und die Lebensmittelvorräte erlaubten.

Die Durchsetzung der von Harald Schönhaar errichteten Königsherrschaft über Norwegen hat letztlich die Wikingerfahrten nach Westen gefördert. Die Zentralisierung der Macht bedeutete, dass sich die frühen Raubfahrten ungebundener Plünderer zu planmäßigen königlichen Expeditionen entwickelten, die mit den wachsenden Einkünften aus dem Handel finanziert wurden. Andererseits berichten frühe isländische Geschichtsschreiber, dass Haralds »Tyrannei« einen Massenexodus von freiheitsliebenden Norwegern auslöste und zur Gründung norwegischer Kolonien im Westen, auf der anderen Seite des Nordatlantiks, führte. Dort verfestigte sich die historische Erinnerung in der Überlieferung der Sagas, insbesondere auf Island:

Island wurde zuerst von Norwegen aus besiedelt in den Tagen
Haralds des Haarschönen, des Sohnes Halfdans des Schwarzen (...)
Das geschah aber 870 Jahre nach Christi Geburt (...) Es begann nun
aber aus Norwegen eine große Auswanderung hier herüber, bis König
Harald einen Bann darauf legte, weil er fürchtete, dass das Land
veröde (...) Es wird aber erzählt, dass Harald siebzig Jahre König
war und achtzig Jahre alt wurde.

ARI DER GESCHICHTSKUNDIGE, BUCH DER ISLÄNDER/ÍSLENDINGABÓK

DRITTES KAPITEL

ZWISCHEN HAITHABU
UND JELLING

Dänemark und die Wikinger
bis zu Harald Blauzahn

Von der Raserei der Nordleute

A furore Normannorum, libera nos Domine – »Von der Raserei der
Nordleute befreie uns, oh Herr!« Das ist möglicherweise die am häu-
figsten zitierte Zeile in der ausgedehnten Literatur über die Wikinger
und ihre Untaten. Diese inbrünstige Litanei soll man seit dem Beginn
der Wikingerüberfälle in allen Kirchen der europäischen Christenheit
gesungen haben.

Indessen, sie scheint ganz und gar legendär zu sein, wie der belgi-
sche Wissenschaftler Albert D'Haenens nachweisen konnte (*Les Inva-
sions Normandes en Belgique au IXe Siècle*, Louvain 1967). Bislang ist
kein einziger Text des 9. Jahrhunderts mit diesen Worten gefunden
worden, lediglich eine Sentenz aus einer Antiphon für Kirchen, die sich
insbesondere dem Kult des hl. Vedastus (St. Vaast) oder des hl. Medar-
dus (St. Médard) widmeten, hat einige Ähnlichkeit mit dem berühmten
Stoßgebet: *Summa pia gratia nostra conservando corpora et custodia,
de gente fera Normannica nos libera, quae nostra vastat, Deus, regna*
– »Unsere höchste und heiligste Gnade, die uns und das Unsere
schützt, bewahre uns, Gott, vor dem wilden Geschlecht der Nordleute,
das unsere Reiche verwüstet.«

Das besagte Stoßgebet gegen die Raserei der Nordleute hat man
wohl in neuerer Zeit analog zu solchen lateinischen Anrufungen wie
Ab incursione alienigenarum, libera nos Domine (»Vor dem Einfall der
Fremdlinge bewahre uns, Herr«) gebildet (bei den fremden Eindringlingen konnte es sich um Wikinger, Sarazenen, Magyaren oder aber
um die nicht weniger brutalen Heerhaufen christlicher Fürsten handeln). Bei alledem geht es nicht darum, die Berechtigung des Gebetes

zu leugnen: Die »Raserei der Nordleute« muss real und Furcht erregend gewesen sein, selbst in einer Epoche, die an Gewalt gewöhnt war. Und als die Überfälle über Europa systematisch und planmäßig hereinbrachen, kamen sie aus dem kleinsten Land des Nordens: aus Dänemark.

Das Gräberfeld von Lindholm Høje

Es ist hier nicht der Platz, den Weg Dänemarks durch Steinzeit, Bronzezeit und Eisenzeit bis an die Schwelle der Wikingerzeit nachzuzeichnen. Es gibt jedoch eine Ausgrabungsstätte in Nordjütland mit einem gewaltigen Gräberfeld von über siebenhundert Gräbern, welche die Kontinuität Dänemarks in den Jahrhunderten vor und während der Wikingerzeit eindrücklich dokumentiert: Lindholm Høje.

Lindholm Høje liegt auf einer Erhebung am Limfjord unweit von Nørresundby, etwa fünf Kilometer von Ålborg entfernt. Der Platz hatte wohl schon immer strategische Bedeutung, denn er beherrscht den Limfjord, die damals durchgängige und geschützt gelegene Wasserstraße durch Nordjütland. Im Zweiten Weltkrieg legten deutsche Besatzungstruppen in dieser Gegend Schützengräben an und stießen auf dem Plateau von Lindholm Høje auf Spuren steinzeitlicher Gräber.

In der ausgehenden Wikingerzeit war Lindholm Høje von einer vier Meter mächtigen Sandschicht bedeckt. Im späten 19. Jahrhundert hatte man einige wenige Gräber mit Steinsetzungen bemerkt und aus Neugierde freigelegt, aber erst die zufälligen Entdeckungen während des Krieges förderten das gesamte Ausmaß dieses Fundplatzes zu Tage. In den 1950er Jahren begannen dann planmäßige Ausgrabungen unter der Leitung des dänischen Archäologen Thorkild Ramskou.

Lindholm Høje stellte sich als das größte wikingerzeitliche Gräberfeld heraus, das bislang in Skandinavien entdeckt wurde. Die Mehrzahl der Gräber enthielt Brandbestattungen; die ältesten Gräber dürften um 500 n. Chr. angelegt worden sein; viele von ihnen sind durch dreieckige, viereckige, runde oder ovale Steinsetzungen markiert. Mit dem Beginn der Wikingerzeit um 800 jedoch änderten sich diese Muster: Jetzt markierte man die Gräber mit schiffsförmigen Steinsetzungen. In der Regel sind sie etwa acht Meter lang, eines allerdings sticht mit beeindruckenden dreiundzwanzig Metern hervor.

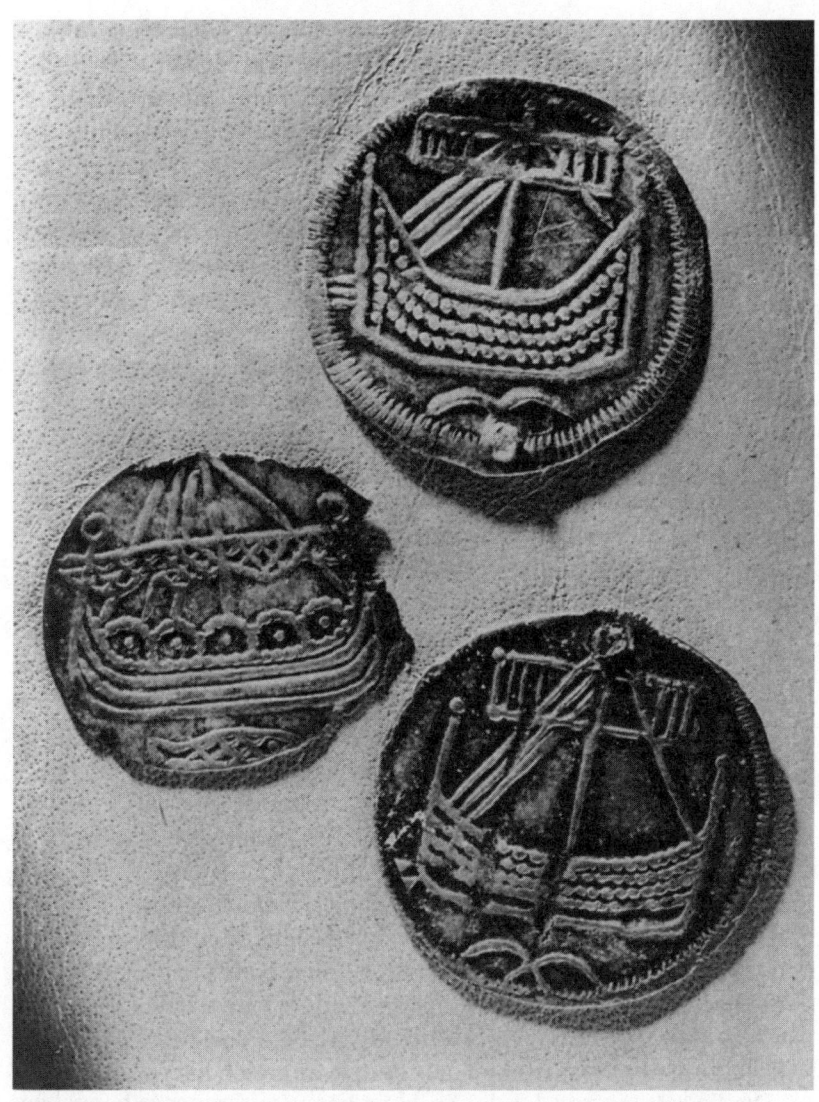

*Silbermünzen mit Schiffen, 9. Jh. Diese wahrscheinlich aus der Münz-
stätte von Haithabu stammenden Prägungen wurden in Birka gefunden.*

Solche Schiffssetzungen waren in Skandinavien keine ganz neue Erscheinung: Sie finden sich etwa auch in bronzezeitlichen Gräbern auf der Insel Gotland. Die Schiffssetzungen von Lindholm Høje jedenfalls bezeugen in der skandinavischen Gesellschaft ein neu erwachtes Interesse an der symbolischen Bedeutung des Schiffes als Transportmittel auf dem Weg in die jenseitige Welt. Die großen Schiffsbestattungen von Gokstad und Oseberg in Norwegen sowie die bemerkenswerte Beschreibung einer wikingischen Schiffsbestattung in Russland durch den persischen Kaufmann Ibn Fadlan sind beredte Beispiele für die intensive Beziehung zu Schiffen im Diesseits wie im Jenseits.

Unmittelbar nördlich vom Friedhof Lindholm Høje wurde in den 1950er Jahren von dänischen Archäologen auch eine ausgedehnte Siedlung freigelegt. Nachdem der Friedhof um 950–1000 n. Chr. von Sand bedeckt war, breitete sich dort diese Siedlung aus. Eines der neuen Häuser war eine mächtige Vierflügelanlage, vielleicht ein Herrenhof oder ein Klostergebäude. In einer Abfallgrube zwischen den Häusern fand man das vielleicht berühmteste Artefakt der Wikingerzeit: eine wunderschöne Silberbrosche von etwa 1050 mit einer im so genannten Urnesstil gefertigten schlanken Tierfigur inmitten eines zierlichen Rankengeflechts (heute im Historischen Museum zu Ålborg). Silberrepliken dieses Motivs gehören zu den beliebtesten Wikingersouvenirs.

Die Ausgräber fanden auch einen deutlichen Hinweis dafür, warum die Siedlung Lindholm Høje am Ende der Wikingerzeit verlassen wurde. Es war ein frisch gepflügter Acker mit tief eingegrabenen Furchen, die ihn wie ein großes Waschbrett aussehen ließen. Eines Tages war er offensichtlich rasch von Treibsand bedeckt worden, und über den Acker zogen sich Radspuren, die der letzte Besuch des Bauern auf seinem Acker hinterlassen hatte – vielleicht ein willkürlicher Schlenker über die Ackerfläche, um endgültige Gewissheit zu erhalten, dass sein Hof im Sand versinken wird.

Die Bedeutung von Lindholm Høje hängt mit seiner beherrschenden Lage zusammen, denn wer den Platz hielt, konnte den Verkehr auf dem Limfjord kontrollieren. Leider wird der Ort an keiner Stelle in den frühen historischen Quellen erwähnt. Snorri spricht in seiner Ynglinga saga von einem Platz namens »Vendil am Limfjord«, der von einem frühen schwedischen König um etwa 700 n. Chr. dem Erdboden gleichgemacht wurde. Natürlich könnte man Vendil mit Lindholm Høje assoziieren, aber das von den Geschichtsschreibern überlieferte Bild vom vorwikingerzeitlichen Dänemark ist eher ein Mischmasch von Vermutungen und Legenden – dazu gehört natürlich auch die Überlieferung vom sagenhaften König »Dan«, der Dänemark seinen Namen gegeben haben soll. Für Auskünfte über Dänemark in der Wikingerzeit müssen wir uns deshalb an die Archäologie wenden und nicht an die Sagas.

Haithabu und das Danewerk

Das bedeutendste Geschichtsdenkmal des alten Dänemark ist die – seit dem 19. Jahrhundert auf deutschem (schleswig-holsteinischem) Gebiet liegende – gewaltige wikingerzeitliche Siedlung Haithabu mit dem nahe gelegenen Danewerk (dänisch Danevirke). Das Danewerk besteht aus einer Reihe von Befestigungen, die im Süden die engste Stelle Jütlands (die so genannte »Schleswiger Landenge«) zwischen der Nordsee und der Ostsee – zwischen dem heutigen Hollingstedt am Flüsschen Treene und Haithabu/Schleswig am Ende der Schlei – nach Süden hin abriegelte. Es handelt sich um ein kompliziertes System massiver, zu unterschiedlichen Zeiten entstandener Erdwälle, welche die Landroute zwischen der Eider und der Schlei schützten und die je nach den lokalen Machtverhältnissen immer wieder verstärkt und umgebaut wurden. Dänen, Schweden und Franken kämpften um das Danewerk, gewannen und verloren es wieder.

Im Gegensatz zu römischen Grenzbefestigungen wie etwa dem Hadrian's Wall in Nordengland oder dem Obergermanischen Limes markiert das Danewerk keine klar definierte, auf dem Reißbrett römischer Feldmesser geplante Grenzlinie. Vielmehr ist es ein recht verwirrender Komplex von Erdwällen und Schanzen, deren Spuren man im Gebiet der Schleswiger Landenge noch erkennen kann.

Ehemals nahm man an, das Danewerk sei unter dem ersten historisch einigermaßen greifbaren Dänenkönig Godfred (Göttrik), einem Zeitgenossen Karls des Großen, im frühen 9. Jahrhundert gebaut worden. Die Regierungszeit des Frankenherrschers Karls des Großen

(768–814) ist gut dokumentiert; in den Quellen dieser Zeit, besonders in den Reichsannalen, erscheint Godfred als ein fähiger, energischer, ja aggressiver Herrscher, der sich der Bedrohung durch seinen mächtigen Nachbarn im Süden vollständig bewusst war. Godfred bot den heidnischen Sachsen unter Widukind bei ihrem jahrzehntelangen Kampf gegen Karl den Großen immer wieder Unterschlupf und tatkräftige Hilfe. Da ist es nur zu leicht anzunehmen, dass Godfred das Danewerk gebaut haben musste, denn kein anderer König dieses Zuschnitts war bekannt – und kein anderer wagte es, Karl dem Großen entgegenzutreten.

Neuere wissenschaftliche Forschungen indessen haben dieses einfache Bild zunichte gemacht. In den 1970er Jahren hat man 178 Holzproben aus den Fundamenten von vier Abschnitten des Danewerks dendrochronologisch untersucht. Mit Hilfe der Dendrochronologie (Baumringdatierung) lässt sich das Jahr bestimmen, in dem der Baum gefällt und vermutlich genutzt wurde. Die Resultate waren eindeutig: Die ersten Anlagen des Danewerks (Danewerk I) wurden in den 730er Jahren gebaut, vermutlich um 737. Was aber bedeutet diese unerwartet frühe Datierung? Eigentlich nur, dass es schon vor Godfred machtvolle dänische Könige gab, die in der Lage waren, die Ressourcen ihres Herrschaftsgebietes für ein solches Großbauwerk zu mobilisieren – und dass es etwas gab, das ein solches Verteidigungswerk rechtfertigte. Jütland war landwirtschaftlich gesehen eher unbedeutend, ist noch heute großenteils ein dünn besiedeltes Land, hatte aber eminent strategische Bedeutung als Durchgangsland zwischen Nord- und Ostsee. Der beide Meere verbindende Fernhandel war gezwungen, den Weg über die gefährlichen und von Seeräubern bedrohten Gewässer des Skagerraks zu nehmen oder den Weg über Jütland, entweder durch den Limfjord vorbei an Lindholm Høje oder über Land – entweder über die lange Strecke von Ripen (Ribe) nach Kolding oder über die nur zwölf Kilometer lange Landpassage im Schutze des Danewerks von der Eidermündung zum großen Handelsplatz Haithabu.

Haithabu (»Heideort«; *heithabyr* in den skandinavischen Quellen, *sliesthorp*, resp. *sliaswich*, »Schleisiedlung«, in den sächsischen und fränkischen Quellen; dänisch *Hedeby*) lag auf der Ostseite Jütlands am Ende der Schlei, drei Kilometer südlich von der heutigen Stadt

Tracht eines vornehmen dänischen Wikingers des 9. Jh. Rekonstruktion.

Schleswig, die seit dem 11. Jahrhundert auf dem Nordufer der Schlei als Bischofsstadt, Königspfalz und Fernhandelszentrum das Erbe des nun verödeten Haithabu antrat. Haithabu entstand im ausgehenden 8. Jahrhundert und breitete sich am Ufer des Haddebyer Noors, einer von der Schlei nach Süden abgehenden Bucht, aus. Die Schlei, eine 40 Kilometer lange Förde, die auf weite Strecken mehr einem breiten Fluss als einer Meeresbucht gleicht, bot einen bequemen Zugang zur Ostsee. Gleich westlich von Haithabu, auf der Landseite, verlief der »Heerweg« (dänisch *Hærvej*), die große Nord-Süd-Landverbindung.

Haithabu umfasste ein stattliches Areal von vierundzwanzig Hektar und war von einem Halbkreiswall von etwa einem Kilometer Länge umschlossen. Diese Umwallung war durch den so genannten »Verbindungswall« an das drei Kilometer entfernte Wallsystem des Danewerks angeschlossen. Die ersten Verteidigungsanlagen Haithabus bestanden aus Holzpalisaden, die dendrochronologisch auf etwa 810 datiert werden konnten. Als aber die Bedeutung Haithabus wuchs, wurden die Verteidigungsanlagen durch stellenweise zehn Meter hohe Erdwerke verstärkt, die heute noch das Bild des Siedlungsplatzes prägen. Es wäre eher überraschend, wenn der Handelsplatz nicht in der Regierungszeit König Godfreds eine Aufwärtsentwicklung durchgemacht hätte; vermutlich wurde auch das Danewerk unter Godfred verstärkt ausgebaut.

Das wikingerzeitliche Haithabu wurde im letzten Jahrhundert intensiv archäologisch erforscht, in den 1930er Jahren durch Herbert Jankuhn, in den 1960er Jahren dann von Kurt Schietzel vom Schleswig-Holsteinischen Landesmuseum in Schloss Gottorp. Die Ausgrabungen förderten Hunderttausende von Fundstücken zu Tage, die von Spezialisten in ganz Europa untersucht wurden. Im Jahre 1979 konzentrierten sich die Ausgrabungen dann auf das Hafenareal des Handelsplatzes. Seit 1985 sind die Funde im Wikinger-Museum Haithabu öffentlich zugänglich.

Diese Funde und die zeitgenössischen Schriftdokumente machen deutlich, dass Haithabu eines der wichtigsten Handelszentren Nordeuropas während der Wikingerzeit war. Es muss ein geschäftiger, lebhafter, wohlhabender Ort gewesen sein, mit eng aneinander stehenden Wohnhäusern, Werkstätten, Lagerhäusern, Geräteschuppen, Ställen und Scheunen. Im »Handwerkerviertel« lebten Töpfer und Weber, Goldschmiede und Ledergerber, Zimmerleute und Schmiede. In Haithabu wurden sogar eigene Münzen geprägt, möglicherweise die ersten in ganz Skandinavien. Indessen, das tägliche Leben war vielleicht weniger bunt, als es uns die heute beliebten Wikingerfeste glauben machen wollen. Einem arabischen Kaufmann aus Córdoba, Al-Tartushi, scheint es jedenfalls nicht sonderlich gefallen zu haben: »Sie feiern ein Fest, an dem sie alle zusammenkommen, um ihren Gott zu ehren und um zu essen und zu trinken. Wer ein Opfertier schlachtet, errichtet an der Tür seines Gehöftes Pfähle und hängt das Opfertier daran, sei es ein Rind oder ein Widder oder ein Ziegenbock oder ein Schwein, damit die Leute wissen, dass er es seinem Gotte zu Ehren opfert. Die Stadt ist arm an Gütern und Besitz. Die Hauptnahrung ihrer Bewohner besteht aus Fischen, denn die sind dort zahlreich. Werden einem von ihnen Kinder geboren, so wirft er sie ins Meer, um sich die Ausgaben zu sparen... Nie hörte ich hässlicheren Gesang als den Gesang der Schleswiger, und das ist ein Gebrumm, das aus ihren Kehlen herauskommt, gleich dem Gekläffe der Hunde, nur noch viehischer als dies.«

Verglichen mit der urbanen Metropole Córdoba, muss Haithabu auf den anspruchsvollen arabischen Reisenden einen reichlich primitiven Eindruck gemacht haben. War die Tötung von Kindern, die Tartushi erwähnt, in der Gesellschaft von Haithabu gängige Praxis oder handelt es sich um bloßes Seemannsgarn? Bei alledem belegen die archäologischen Funde den gewaltigen Handelsstrom an Luxusgütern, der von Ost nach West und von West nach Ost durch die Stadt führte: Sklaven aus dem Ostseeraum, Glaswaren, Wein und Waffen aus Westeuropa, Specksteinutensilien aus Norwegen, die auf dem Kontinent so hoch geschätzten Felle und Häute aus den Waldgebieten im Norden.

Das häusliche Leben in Haithabu kann jetzt im dänischen Freilichtmuseum Moesgård am Beispiel eines wikingerzeitlichen Stadthauses studiert werden, das auf der Basis der Ausgrabungsfunde von 1962– 1969 vollständig rekonstruiert wurde. Weil sich der Untergrund von Haithabu im Laufe der Zeit unter die Wasseroberfläche abgesenkt hatte, blieb die Holzkonstruktion dieses Hauses gut bewahrt. Eine der

Seitenwände und ein Giebelende waren eingestürzt, sodass die Archäologen die Höhe des Hauses exakt ausmessen konnten. Unsicherheiten bestanden nur bei der Dachbedeckung, Torfsoden oder Reetmaterial; die erhaltenen Strebestützen verweisen jedenfalls darauf, dass die oberen Partien der Außenwände von außen her gestützt wurden, um zu verhindern, dass sich die Wände unter dem Gewicht des Dachs verbiegen. Auch eine der Haustüren ist erhalten, weiterhin ein Hängeregal und die Fundamente eines Herdes und eines Ofens. Das Haus war dreizehn mal fünf Meter lang und in drei Räume aufgeteilt. In einem Raum zogen sich niedrige Erdbänke um die offene Feuerstelle und einen Lehmofen.

Haithabu ist der Schauplatz des ersten Versuchs, heidnische Skandinavier zum Christentum zu bekehren. Für wikingerzeitliche Könige scheint die Bekehrung mindestens so sehr eine Frage politischer Zweckmäßigkeit gewesen zu sein wie eine Frage des Glaubens; oft war die Taufe der Preis für eine Allianz mit einem mächtigen christlichen Nachbarn. Nach König Godfreds Tod im Jahre 810 (er wurde von einem Gefolgsmann ermordet) setzten in Dänemark wieder einmal Streitigkeiten zwischen verschiedenen Thronprätendenten ein. Im Jahre 826 schloss einer dieser Thronbewerber, Harald Klak, mit Ludwig dem Frommen, dem Sohn und Nachfolger Karls des Großen, ein Geschäft ab: Als Gegenleistung für die fränkische Unterstützung seines Thronanspruchs empfingen Harald Klak und vierhundert seiner Männer in der Pfalzkapelle zu Ingelheim feierlich die Taufe, und als Harald Klak mit kaiserlicher Unterstützung nach Dänemark zurückkehrte, befand sich in seinem Gefolge ein christlicher Missionar: der fünfundzwanzigjährige Ansgar.

Der später für seine Missionsbemühungen heilig gesprochene Ansgar erhielt den Beinamen »Apostel des Nordens«. Seine ersten Bemühungen indessen waren nur recht kurzlebig. Nach Angaben seines Biografen Rimbert gründete er in Dänemark, vermutlich in Haithabu, zunächst eine kleine Schule. Harald Klak erwies sich als unpopulär, wurde aus Dänemark verjagt, und Ansgar musste mit ihm das Land verlassen. Im Jahre 849 kehrte Ansgar nach Haithabu zurück, dieses Mal als Erzbischof von Hamburg resp. Bremen und päpstlicher Titularlegat für die Völker des Nordens. Er erhielt die

Erlaubnis, in Haithabu eine Kirche zu bauen, welche die turbulenten Jahre bis zur endgültigen Christianisierung Dänemarks – über ein Jahrhundert später unter König Harald Blauzahn – trotz mancher Widrigkeiten überstanden hatte.

Die wirkliche Bedeutung dieser frühen Kirche ist schwer abzuschätzen. Vielleicht war sie nicht mehr als eine Art Seemannsmission für christliche ausländische Kaufleute, bisweilen bedroht, bisweilen geduldet. Nach den Quellen standen die drei frühesten Kirchen in Skandinavien alle in Handelsorten – in Haithabu, im dänischen Ribe und im schwedischen Birka. In solchen internationalen Marktorten hofften diese frühen Kirchengründungen bei Einwohnern und Durchreisenden eine bereitwillige Anhängerschaft zu finden. Es kommt hinzu, dass wikingische Händler nicht nur mit ihren christlichen Nachbarn auf geschäftlicher Ebene verkehrten, vielmehr willigten sie ohne sonderliche Bedenken in eine so genannte »Vortaufe« (*prima signatio*) ein, um problemlos mit christlichen Gemeinden Handel treiben zu können:

Dies war allgemeiner Brauch in jener Zeit, sowohl bei Kaufleuten wie auch bei Söldnern, die bei Christen in Diensten standen; denn diejenigen, welche die Vortaufe annahmen, hatten volle Gemeinschaft mit Christen genauso wie mit Heiden und konnten sich entscheiden, welcher Glaube für sie am günstigsten war.   EGILS SAGA

Für eine Zeit lang zumindest hielten diese frühen Kirchen höchstens einen Brückenkopf im heidnischen Norden, bewahrten Zurückhaltung und zeigten sich nicht aggressiv missionarisch. Als aber die fränkisch-karolingische Missionskirche im Bereich des Danewerks mit dem südlichen Dänemark in Berührung kam, war es nur noch eine Frage der Zeit, wann das skandinavische Heidentum überwunden sein würde.

Dänische Wikingerzüge

Als die Dänen zu Beginn der Wikingerzeit ihre Raubzüge gegen die Küsten Kontinentaleuropas unternahmen – und damit die »Raserei der Nordleute« entfesselt war –, richteten sie sich nicht gegen das Christentum oder gegen kirchliche Einrichtungen, sondern zuallererst gegen die großen Handelszentren wie beispielsweise das friesische Dorestad im Rheindelta. Die Dänen wurden erst gegen 834 aktiv und damit etwas später als die Norweger, die bereits am Ende des 8. Jahrhunderts auf Wikingfahrt gingen.

Die Angriffe norwegischer Seeräuber auf Inselklöster, wie auf das bereits erwähnte Lindisfarne im Jahre 793, scheinen nur die trügerische Morgendämmerung der eigentlichen Wikingerzeit gewesen zu sein. Wie sehr sie auch die klösterlichen Gemeinschaften dieser Zeit aufgeschreckt haben mögen – sie waren doch nur sporadisch und unkoordiniert, höchstens Nebenprodukte norwegischer Siedlungs- und Landnahmeaktivitäten auf den nordbritischen Inseln, wie den Orkneys und den Shetlandinseln. Nach einer Reihe anfänglicher norwegischer Angriffe, die sich über zehn Jahre hinzogen, schweigen die kontinentalen Quellen über Wikingerüberfalle, abgesehen von einem Eintrag über eine Flotte aus »Nordmannia«, die im Jahre 820 in der Seinemündung zurückgeschlagen wurde.

Eine Erklärung für diese Zeit der Ruhe liefert die politische Situation in Europa. Karl der Große hatte ein gewaltiges Reich zusammengeschweißt, das sich über Frankreich, das westliche Deutschland, Holland, Belgien, die Schweiz und Italien ausbreitete – das Frankenreich. Karl formte dieses Reich nach dem Vorbild des Römischen Reiches, allerdings unter christlichen und fränkischen Vorzeichen. Der Höhepunkt war mit dem Weihnachtstag des Jahres 800 erreicht, als Karl in Rom zum ersten römischen Kaiser des Westens – gegen den vergeblichen Widerstand der Byzantiner – gekrönt wurde. Sein Verdienst war es, dass er von seiner Lieblingsresidenz Aachen aus die Wiedergeburt von Verwaltung und Staatskunst, Schriftkultur und Kunst römischantiker Tradition für ganz Europa tatkräftig in die Wege leitete, obwohl er selbst nahezu illiterat war.

Allerdings herrschte Karl über ein sperriges, schwer zu regierendes und verwundbares Reich; stets war er damit beschäftigt, es durch Feldzüge zu verteidigen und zusammenzuhalten. Früher als jeder andere erahnte Karl der Große die wikingische Bedrohung; in den letzten Jahren seiner Regierung war er unermüdlich damit beschäftigt, die Verteidigungsanlagen an der Nordküste seines Reiches auszubauen – mit dem Bau einer Flotte, mit dem militärischen Schutz der

Scheldemündung, mit einem System von Wachtürmen entlang der Nordsee.

Sein Reich hing maßgeblich von seiner Persönlichkeit und seiner Führungskraft ab. Nach seinem Tod im Jahre 814 folgte ihm sein Sohn Ludwig der Fromme auf den Thron, der indessen nicht die Führungsstärke seines Vaters besaß. Während Ludwig in erster Linie eine Politik der Ausweitung des Christentums verfolgte, begannen in seinem Reich innere Streitigkeiten auszubrechen, und in den 830er Jahren begann das Frankenreich auseinander zu brechen. Die Wikinger hatten ein unbeirrbares Gespür für die Schwäche anderer, und Kontinentaleuropa erschien ihnen durchaus verwundbar. Allerdings waren es nicht die Wikinger, die das Frankenreich zerstörten, sie waren lediglich Katalysatoren seines Zusammenbruchs.

Im Jahre 834 schlugen die dänischen Wikinger zu:

834. Eine Flotte von Dänen kam nach Friesland und verwüstete einen Teil des Landes. Von dort aus zogen sie über Utrecht zum Handelsplatz, der Dorestad heißt, und zerstörten alles. Sie machten einige nieder, andere nahmen sie mit sich und brandschatzten die gesamte umliegende Gegend.

ANNALES BERTINIANI / FRÄNKISCHE REICHSANNALEN

Sturm auf die Küsten des Frankenreichs

Dorestad (nahe dem heutigen *Wijk bij Duurstede*) lag im Rheindelta am Zusammenfluss von *Lek* und *Kromme Rijn*, genau im Zentrum der Niederlande. Archäologische Ausgrabungen begannen dort bereits in den 1840er Jahren, jedoch aus dem sonderbarsten Grund, der sich denken lässt: Lange schon war bekannt, dass die Felder der Gegend große Mengen an Tierknochen enthielten; im harten Winter 1841/42 gruben die notleidenden Dorfbewohner diese Knochen aus und machten daraus Leim und Knochenmehl – angeblich sollen in diesem Winter 500.000 Kilogramm Knochen gesammelt worden sein. Im Verlauf dieser Wühlarbeiten holte man auch zahlreiche Altertümer aus dem Boden. Daraufhin begannen planmäßige Ausgrabungen unter der Leitung des großen Pioniers der niederländischen Archäologie,

L. J. F. Janssen. Trotz der recht primitiven Grabungstechniken dieser Zeit legte Janssen den Grundstock für alle zukünftigen Ausgrabungen an dieser Stelle.

Dorestad war ein großer Ort – rund 240 Hektar, zehnmal größer als Haithabu und vielleicht das größte Handelszentrum Nordeuropas – mit einer eigenen Münzprägestätte, deren Münzen als Vorbild für andere Münzen in Europa dienten. Obwohl der Ort ausreichend befestigt war, gelang den dänischen Plünderern der Durchbruch durch die Befestigungswerke. Für die nächste Generation war Dorestad das bevorzugte Ziel für Plünderungen oder Tributerhebungen, bis der Ort schließlich 863 aufgegeben wurde, nachdem der Rhein seinen Lauf geändert und Dorestad überflutet hatte.

Dorestad indessen war nur der Anfang. 836 wurde Antwerpen an der Schelde geplündert, genauso wie der Handelsplatz Witla an der Maasmündung. Jenseits des Ärmelkanals war Südengland, hier besonders die Insel Sheppey in der Themsemündung, im Jahre 835 ebenfalls den Angriffen dänischer Wikinger ausgesetzt. Die Insel Noirmoutier südlich der Loiremündung wurde geplündert, das dortige Kloster musste aufgegeben werden.

Ludwig der Fromme starb im Jahre 840; sein Reich wurde unter seinen drei streitsüchtigen Söhnen aufgeteilt: Der östliche Teil fiel an Ludwig den Deutschen, der Westen an Karl den Kahlen, der Mittelteil und Italien an Lothar. Und jetzt begann sich die Aufteilung des Reiches zu rächen. Die alte politische Einheit unter Karl dem Großen existierte nicht mehr, die fränkische Gesellschaft spaltete sich in zahlreiche regionale Einheiten und zerstörte sich selbst durch Fehden und Verrat.

Diese Situation war genau auf die Ambitionen der Wikinger zugeschnitten, und sie zögerten nicht, sie für sich zu nutzen. Im Jahre 842 tauchten sie erneut an der Loire auf, allem Anschein nach dieses Mal Norweger mit einer Flotte von siebenundsechzig Schiffen. Es ging das Gerücht, sie seien auf Einladung eines aufständischen Grafen, eines gewissen Lambert, gekommen, der die Stadt Nantes für sich beanspruchte. Es sollen Lamberts Steuerleute gewesen sein, die die Wikingerflotte an der verlassenen Insel Noirmoutier vorbei und die Loire aufwärts nach Nantes geleitet hätten. Sie erreichten Nantes zum richtigen Zeitpunkt und schlugen am Johannistag, dem 24. Juni, zu, als die

Stadt vor Besuchern überquoll. Es folgte ein erbarmungsloses Gemetzel, weder Kirchen noch Kleriker wurden verschont. Hauptziele des zeitlich exakt geplanten Überfalls waren jedoch die zu den Kirchen und den Märkten strömenden Menschen. Die Ereignisse im Nantes des Jahres 842 waren geradezu ein erschreckendes Musterbeispiel für alles, was noch kommen sollte: Ein verräterischer Baron reißt die Stadt seines Königs, in diesem Falle Karls des Kahlen, mit Hilfe der Wikinger an sich; die Wikinger beladen ihre Schiffe mit Beutegut und Gefangenen, für die sie entweder Lösegeld verlangen oder die sie in die Sklaverei verkaufen. Zudem hatten die Wikinger gelernt, dass Piraterie ein Ganzjahresgeschäft sein konnte, denn anstatt am Ende des Sommers nach Hause zurückzukehren, ließen sie sich auf der Insel Noirmoutier nieder, »als wollten sie dort für immer bleiben«.

Das Jahr 840 und der Tod Ludwigs des Frommen können als Wendepunkt betrachtet werden. Mit den untereinander zerstrittenen fränkischen Großen wurde das alte Karolingerreich zum Jagdrevier der Wikinger. Rouen an der Seine wurde 841 geplündert, im nächsten Jahr der bedeutende Handelsplatz Quentowic in der Nähe des heutigen Étaples südlich von Boulogne. Im Jahre 845 fiel Hamburg einer dänischen Flotte von angeblich sechshundert Schiffen unter Führung des Königs Horik zum Opfer. Hamburg war Ansgars erzbischöflicher Sitz; er konnte in letzter Minute sein Leben und einige Reliquien retten.

Im selben Jahr 845 drang ein dänischer Wiking namens Ragnar mit 120 Schiffen in die Seine ein – spätere Überlieferungen assoziieren ihn mit dem legendären Ragnar Pelzhose (*loðbrók;* in der Literatur auch bisweilen »Lodenhose«). Karl der Kahle stellte sich ihm entgegen und postierte seine Armee zu beiden Seiten des Flusses – ein taktischer Fehler, der Ragnar unmittelbar in die Hände arbeitete. Ragnar griff das kleinere Kontingent an, schlug es in die Flucht und ließ auf einer Insel im Angesicht des zweiten fränkischen Kontingents 111 Gefangene aufhängen. Die in ihrer Kampfmoral erschütterten Franken gaben jeglichen Widerstand auf, und Ragnar setzte die Fahrt zu seinem Ziel fort. Am Ostersonntag stürzte er sich auf Paris und plünderte die Stadt. Karl der Kahle zahlte Ragnar 7000 Pfund Silber, damit er mit seiner Beute ohne weitere Feindseligkeiten das Land verließe. Dies ist die erste überlieferte Schutzgeldzahlung an ein Wikingerheer (in England nannte man diese Zahlungen *Danegeld*, »Dänengeld«). Damit erkaufte sich Karl für sechs Jahre Ruhe vor den wikingischen Plagegeistern; allerdings war damit auch ein Präzedenzfall geschaffen, auf den sich spätere Wikingergenerationen mit Erfolg berufen sollten.

Jetzt konnte man nirgendwo mehr sicher sein. Wikingerflotten fuhren die Gironde und die Garonne hinauf und hausten in Aquitanien; Bordeaux, die Küstengebiete Spaniens und Portugals, damals unter maurischer Herrschaft, wurden angegriffen, jedoch nicht immer erfolgreich: Ein kühner Raubzug nach Sevilla am Guadalquivir konnte von maurischen Truppen zurückgeschlagen werden, tausend Wikinger verloren in der Schlacht ihr Leben, vierhundert wurden gefangen genommen und aufgehängt. Um die Mitte des 9. Jahrhunderts war das gesamte Frankenreich im Zustand der Verzweiflung:

Die Zahl der Schiffe schwillt an, die endlose Wikingerflut hört niemals auf anzusteigen. Überall werden die Christen Opfer von Gemetzel, Brandschatzung und Plünderung, die Zeugnisse davon werden sichtbar sein, solange die Welt besteht. Die Wikinger überrennen alles, was sich ihnen in den Weg stellt, und niemand kann sie aufhalten. Sie nehmen die Städte Bordeaux, Périgueux, Limoges, Angoulême, Toulouse; Angers, Tours und Orléans liegen verwüstet da; die Asche so mancher Heiliger wurde weggeschleppt. So erfüllt sich allmählich die Prophezeiung des Herrn, wie sie von seinem Propheten (Jeremias) verkündet wurde: »Eine Geißel wird hereinbrechen vom Norden über alle Bewohner der Erde.«

Zahllose Schiffe fahren die Seine hinauf, und in der gesamten Gegend verbreitet sich Unglück. Rouen wird angegriffen, geplündert und verbrannt; Paris, Beauvais und Meaux sind genommen, die Festung Melun verwüstet, Chartres besetzt, Evreux und Bayeux ausgeraubt, und jede Stadt wird belagert.

Ermentarius von Noirmoutier

Ermentarius gehörte zu den Mönchen, die Noirmoutier angesichts des drohenden Wikingerangriffes im Jahre 835 verlassen mussten; seine Flucht endete schließlich im burgundischen Tournus. Sein großes zeitgenössisches Werk *Geschichte der Mirakel und Translationen des hei-*

Wikingerkrieger (Normannen) auf ihrem Schiff. Stilisierte Darstellung aus der Vita des hl. Aubin, einer französischen Handschrift des frühen 12. Jh. Bibliothèque Nationale, Paris.

ligen Filibertus liefert einen nüchternen und bewegenden Bericht über den allgemeinen Schrecken, den die Wikinger verursachten: Menschen in panischer Flucht, Lähmung des Widerstandswillens, die feige Zahlung immenser Tribute, damit sich die Invasoren zurückziehen. Jeder größere Fluss im nördlichen Europa, so scheint es, diente als Einfallsroute für Wikingerflotten, sie nutzten die Flüsse so selbstverständlich wie wir heute die Autobahnen, und nichts, so scheint es, konnte sie aufhalten.

73

Die Wirkung dieser ständigen Wikingerangriffe muss schrecken-erregend und traumatisch gewesen sein. Obwohl eine neuere Sicht-weise nicht zu Unrecht auch die positiven Seiten wikingischer Geschichte und Kultur betont, ihre Leistungen auf dem Gebiet des Handels, der Kunst, der Technologie etwa, so müssten doch die Ver-heerungen im Frankenreich (auch wenn sie von manchen Chronisten übertrieben dargestellt wurden) auch den glühendsten Wikingerapo-logeten eigentlich sprachlos machen. In einem ohnehin brutalen und gewalttätigen Zeitalter übertraf das Auftreten der Wikinger im Fran-kenreich alles bisher Dagewesene.

Spur der Verwüstung
Die Raubzüge nahmen jetzt organisiertere, selbstbewusstere und ehr-geizigere Formen an. Und eine Expedition war geeignet, direkt ihren Weg auf die Seiten der Sagas zu nehmen – die beinahe epische, vierjäh-rige Kreuzfahrt eines gewissen Björn Eisenseite und seines Kumpans Hastein.

Dieses Abenteuer begann in Paris im Jahre 857:

Paris! Dort liegst du inmitten der Seine, mitten im reichen Land der Franken und rufst: »Ich bin eine Stadt über allen, und wie eine Köni-gin überstrahle ich alle mit meinem Glanz!« Alle erkennen dich an der Erhabenheit deiner Gestalt. Wem es auch immer nach dem Reich-tum Frankreichs gelüstet, der zollt dir seine Verehrung. Eine Insel erfreut sich daran, dich zu tragen, ein Fluss umarmt dich, seine Arme liebkosen deine Mauern. Brücken stehen am Ufer des Flusses zur Rechten und zur Linken, Türme halten Wacht nach jeder Seite, in der Stadt und jenseits des Flusses.

ABBO VON ST. GERMAIN

Paris war eine reiche Stadt im Westfrankenreich, aber nicht die Haupt-stadt Frankreichs, in dieser Zeit gab es so etwas wie eine Hauptstadt noch gar nicht. Das Gebiet des befestigten Ortes beschränkte sich auf die Seineinsel mit dem späteren Namen Île-de-la-Cité, die heute von der Kathedrale Notre-Dame überragt wird. Paris war zuerst 845 von

Ragnar angegriffen worden, jetzt, im Jahre 857 wurde die Stadt erneut geplündert, angeblich von Björn Eisenseite, einer etwas schattenhaften historischen Figur, aber von furchtbarer Aktualität für die damaligen Pariser. Die Stadt wurde fast vollständig zerstört; nach dem Feuersturm, so ist überliefert, standen nur noch vier Kirchen.

Es war vermutlich nach diesem Raubzug, dass sich Björn Eisenseite und sein Gefährte Hastein zu einer Fahrt entschlossen, die Geschichte machen sollte. Wenn sie schon die größte Stadt des nördlichen Europa plündern konnten, warum dann nicht auch die größte Stadt der Welt – Rom selbst? Und so segelten Björn und Hastein die Seine wieder hinunter und starteten zu einem spektakulären Abenteuer, das eine Spur der Verwüstung an den Küsten Westeuropas und des Mittelmeeres hinterließ.

Offenkundig konnten die Piraten leichte Beute machen, als sie die Bretagne umrundeten und in die Biscaya einfuhren, denn als sie die Küsten des maurischen Spanien erreichten, waren ihre Schiffe – nach maurischen Quellen – mit Gefangenen, mit Gold und Silber angefüllt. Ungehindert passierten sie die spanische Küste; an der Mündung des Guadalquivir verloren sie bei einem Scharmützel zwei ihrer Schiffe. Das hielt sie – im Gegensatz zur bereits erwähnten früheren Wikingerflotte – möglicherweise von einem Angriff auf Sevilla ab. Vom Guadalquivir aus fuhren sie durch die Straße von Gibraltar ins Mittelmeer. Nachdem sie Algeciras geplündert hatten, setzten sie nach Nordafrika über und machten Gefangene, die sie später in Irland als Sklaven verkauften; dann ging es zurück an die spanische und französische Küste. Sie hausten auf den Balearen, plünderten Narbonne und die Camargue, segelten 150 Kilometer die Rhône aufwärts bis Valence, bevor sie dort zurückgeschlagen wurden. Sie machten die französische Côte d'Azur und die italienische Riviera unsicher, und es ist möglich, dass sie auch Pisa plünderten.

Sie segelten weiter, bis Hastein eine große, befestigte Stadt aus leuchtendem weißem Marmor erspähte: Rom! Die Stadt aber war so stark befestigt, dass selbst die Wikinger zweifelten, sie könnten sie im Sturm nehmen, und deshalb – so berichtet der Chronist Dudo von St. Quentin – »entschied der Gotteslästerer Alstignus (Hastein), dass man die Stadt nicht mit Waffengewalt nehmen könne, und er ersann einen verschlagenen Plan von unaussprechlicher Heimtücke«. Er sandte Boten in die Stadt, die sagen sollten, ihr Häuptling sei alt und krank und wünsche nichts sehnlicher, als im wahren Glauben getauft zu werden, bevor er sterbe. Dieser frommen Bitte wurde entsprochen, und Hastein, der den Gebrechlichen spielte, erhielt in gebührender Form die Taufe und die Letzte Ölung. Am folgenden Tag kehrten die Boten zurück und verkündeten, ihr Häuptling sei in der vergangenen Nacht gestorben, und das Einzige, was sie jetzt noch für den Getauften wünschten, sei ein christliches Begräbnis in ihrer Kathedrale. Auch dieser Bitte wurde stattgegeben.

Lautes Wehgeschrei ist zu hören und laut tönende Trauerklage. Die Berge hallen wider vom Klang falschen Schmerzes. Der Bischof ruft mit Glockengeläut die Bewohner der Stadt zusammen. Die Kleriker kamen, bekleidet in Mönchsgewändern. Auch die Stadtoberen erschienen, um bald die Märtyrerkrone zu tragen. Frauen kamen in Mengen, um bald in die Verbannung verschleppt zu werden. Sie alle eilen zu dem Ungeheuer auf der Totenbahre. Die Scholaren tragen Kerzen und Kreuze und schreiten ihren Oberen voran.

DUDO VON ST. QUENTIN

Als der Leichnam gerade dem Grab übergeben werden soll, springt der »tote« Hastein von der Bahre und streckt den zelebrierenden Bischof mit seinem Schwert nieder. Seine Männer zücken ihre Waffen, die sie unter den Trauermänteln verborgen hatten, öffnen den übrigen Schiffsbesatzungen die Stadttore und beginnen zu rauben und zu plündern ... Leider aber zeigt sich bald, dass der heimgesuchte Ort nicht die Ewige Stadt ist, sondern eine Stadt namens Luna, fast dreihundert Kilometer nördlich von Rom. Alle List umsonst! Hastein zeigt seine Enttäuschung, indem er alle Einwohner der Stadt, die er nicht als Sklaven verschleppen will, massakrieren lässt und die ganze Stadt in Schutt und Asche legt.

Die Geschichte hat neben der Verwendung des Märchenmotivs vom »lebenden Leichnam« aber noch einen anderen Haken: Selbst unter Aufbietung aller Phantasie konnte kein Wikingeranführer Luna (das heutige Luni bei La Spezia) mit Rom verwechseln. Das kann nur das Werk eines Chronisten gewesen sein. Luna, einst eine reiche Römerstadt, befand sich um die Mitte des 9. Jahrhunderts ohnehin längst im Niedergang und sollte um 1200 von seinen Bewohnern aufgegeben werden. Zur Zeit Hasteins lagen die beeindruckenden römischen Bauten aus Carraramarmor in Ruinen, die Stadt selbst bestand aus einer verstreuten Siedlung mit einem befestigten Kern rund um die Kathedrale. Ein kleines anglo-italienisches Ausgräberteam unter Leitung von Bryan Ward-Perkins hat die frühmittelalterlichen Schichten der Stadt – Hasteins »Rom« – untersucht. Keinerlei Spuren von Verwüstungen, die auf Hastein hätten zurückgehen können – keine Asche, keine Axtklingen, keine Speerspitzen.

Bryan Ward-Perkins hält es dennoch für wahrscheinlich, dass Hasteins Wikinger die Stadt Luna geplündert haben, aber nicht unter der törichten Annahme, man habe es mit Rom zu tun. Zu dieser Zeit war die gesamte Küste wiederholten sarazenischen Angriffen ausgesetzt. Das plötzliche Auftauchen dieser fremdartigen Nordleute muss ein Schock gewesen sein, an den man sich noch lange erinnerte. Was aber Hastein wirklich in Luna tat und wie er es tat – das ist sicherlich eine ganz andere Geschichte.

Ironischerweise findet sich die einzige wikingische »Visitenkarte« der gesamten Region in einer Stadt, die nachweislich niemals von Wikingern heimgesucht wurde: Es ist eine Runeninschrift auf der Schulter eines prächtigen Marmorlöwen, der jetzt am alten Arsenal in Venedig Wache hält. Allerdings ist der Löwe keine venezianische Arbeit: Er wurde aus Piraeus, dem Hafen von Athen, bei einer venezianischen Militäroperation im ausgehenden 17. Jahrhundert als Beutestück mitgenommen.

Die Inschrift ist leider nicht zu entziffern, weil sie stark verwittert ist. Sie wurde im ausgehenden 11. Jahrhundert an der Löwenschulter angebracht, als die Wikingerflut längst verebbt war. Die Inschrift stammt von einem schwedischen Wikinger, der auf dem Ostweg über Russland nach Konstantinopel und ins Mittelmeer gereist war. Doch war das Mittelmeer niemals das typische Operationsgebiet für Wikinger, es lag viel zu weit von ihren Herkunftsländern entfernt.

Hastein und seine Männer versuchten es dennoch. In den Quellen finden sich Andeutungen, dass er sich sogar bis Alexandria vorwagte, aber schließlich umkehrte, wohl wissend, dass er sich noch durch eine ihm auflauernde maurische Flotte vor Gibraltar durchschlagen musste. In dieser Schlacht bezogen die Wikinger kräftige Prügel, aber den Überlebenden gelang es, durch die Meerenge von Gibraltar zu schlüpfen und den Heimweg anzutreten. An der Küste von Navarra legten sie eine Pause ein, drangen ins Innere vor, nahmen Pamplona und kassierten ein gewaltiges Lösegeld für die Freilassung des dortigen Fürsten. Im Jahre 862 endlich erreichten sie die Loiremündung. Nur zwanzig der ursprünglich zweiundsechzig Schiffe hatten diese große Raubfahrt überstanden. Für die einen war sie ein heroisches Abenteuer, dessen Ruhm unvergessen blieb, für andere ein brutales Piratenstück, das den Opfern unsägliches Leid zufügte.

Hasteins Helden trafen auf ein Frankenreich, das immer schlimmerer Bedrohung durch Wikingerscharen ausgesetzt war; insgesamt war die zweite Hälfte des 9. Jahrhunderts der Höhepunkt wikingischer Raubzüge in Nordeuropa. Das politische System des Westfrankenreiches brach zusammen, und das ganze Land versank in Anarchie. Ohne es zu wollen, förderten die Wikinger die Einführung einer neuen Gesellschaftsordnung im Westfrankenreich. Ihre Angriffe auf Klöster und Kirchen zerstörten nicht nur Gebäude, sondern auch die Organisation des ausgedehnten Kirchenbesitzes. Die alten Loyalitäten gegenüber Staat und Kirche lösten sich auf. An ihre Stelle traten agrarisch geprägte Herrschaften; freie Leute boten dem jeweiligen Herrn ihre Dienste gegen herrschaftlichen Schutz an; Burgen wurden zur Verteidigung gegen die Angriffe der Wikinger gebaut; die Städte verstärkten in aller Eile ihre Befestigungen und entwickelten eigene politische Strukturen. Neue, autonome Machtträger traten auf, die nur sich selbst und ihrem Herrschaftsbereich verpflichtet waren. Eigeninteressen und Selbstverteidigung waren das Gebot der Stunde und erforderten neue Loyalitätsbeziehungen zwischen der Herrenschicht und den Bewirtschaftern des Landes. Die Wikinger zählten zu den Geburtshelfern des Feudalismus in Frankreich. Sicherlich ist das eine sehr vereinfachte Darstellung, sie ist aber notwendig, um die Wirren des 9. Jahrhunderts begreiflich zu machen. Aus dem Durcheinander von Schlachten und Brandschatzungen, Niederlagen und Fluchten beginnt sich ein Muster abzuzeichnen: Die Franken entwickelten sich zum Maß der Wikinger.

Ein Wendepunkt war gewiss die heroische Verteidigung von Paris bei der langen und erbitterten Belagerung von 885–886.

Schach den Wikingern: kämpfen oder zahlen?

Inzwischen nämlich hatten die Franken erkannt, dass befestigte Brücken über die Flüsse das wirksamste Mittel waren, die Wikinger aufzuhalten. Damit wurde die Seine jetzt gesichert. Im November 885 fuhr eine gewaltige dänische Flotte, nach den Quellen 700 Schiffe, die Seine hinauf. Ein ganzes Jahr lang hielten die Verteidiger die Brücken und die Mauern gegen eine überwältigende Übermacht. Was als einer der nun schon gewohnten Raubzüge begann, geriet zu einer symbolträchtigen Kraftprobe zwischen Wikingern und Franken. Recht spät erst ging den Frankenkönigen auf (zu dieser Zeit regierte der unmilitärische, aber verschlagene Karl der Dicke), dass Paris der Schlüssel zur gesamten Francia war. Das gesamte Land an Seine, Marne, Yonne zwischen Reims und Burgund stünde den Wikingern offen, fiele die Stadt in ihre Hände. Im Spätsommer des Jahres 886 hatte der König ein so großes Heer versammelt, dass es ihm gelang, die Belagerer selbst zu belagern; dann aber erkaufte er – zur Erbitterung der Verteidiger von Paris – den Abzug der Wikinger doch durch Lebensmittellieferungen und 700 Pfund Silber!

Die vermeintliche Tollheit hatte Methode: Karl ermunterte die Wikinger zugleich, in Burgund zu überwintern, denn er selbst hatte dort mit einer Rebellion zu kämpfen. Sein politischer Schachzug war kaum misszuverstehen: Für eine ausreichende Summe konnte man sich nicht nur von den Wikingern loskaufen, man konnte sie auch benutzen. Sie waren zu einem nicht zu unterschätzenden Faktor in der politischen Szene des Westfrankenreichs geworden. Wikingische Kriegerscharen, die vielleicht der langen Raubfahrten und der Plünderungen müde waren, konnte man in den von ihnen verheerten Gebieten ansiedeln und sie als Bollwerk gegen weitere Angriffe einsetzen. Wikingerdynastien würden auf fränkischem Boden entstehen, eine Zeit lang herrschen, dann aussterben oder vom fränkischen Umfeld absorbiert werden. Nur einmal allerdings kam es so weit – im Jahre 911 in der Normandie.

Die politischen Vorgänge im dänischen Mutterland zu dieser Zeit sind ebenso chaotisch, jedoch wesentlich schlechter belegt. Während zahlreiche fränkische Chronisten über die Untaten der Wikinger berichten, erfahren wir aus zeitgenössischen Quellen nichts über die Geschichte Dänemarks. Gelegentlich tauchen Namen von Königen oder angeblichen Königen auf; sie regierten immer nur kurze Zeit und starben eines gewaltsamen Todes. Es war ein Zeitalter der Kriege, der Thronrivalitäten und der Seeräuberei. Wir wissen, dass am Ende des 9. Jahrhunderts Dänemark von einer schwedischen Königsdynastie beherrscht wurde. Sicherlich darf man sich Dänemark nicht als eine halbwegs strukturierte Nation vorstellen. Vielleicht aber war gerade das die Ursache dafür, dass so viele »königliche« dänische Flotten Nordfrankreich unsicher machten: Exilierte Könige oder Häuptlinge brauchten ein Ventil für ihre Aggressionen und ihre Beutelust, waren gezwungen, ihre Defizite anderswo zu kompensieren.

Das Königtum der Dänen

Erst in den 930er oder 940er Jahren betreten wir in Dänemark mit der Thronbesteigung des Königs Gorm des Alten wieder festen historischen Boden. Gorm und seinem Vater gelingt es irgendwann in diesem Jahrzehnt, den Schweden die Königsmacht zu entwinden; sie errichten im jütischen Jelling ihren Königssitz. Spätere Chronisten sind recht unfreundlich mit König Gorm, dem eigentlichen Begründer der dänischen Königshauses, umgegangen. So präsentiert ihn etwa Adam von Bremen in seinem um 1075 entstandenen monumentalen Werk *Gesta Hammaburgensis ecclesiae pontificum* (»Bischofsgeschichte der Hamburger Kirche«) als einen streitsüchtigen alten Heiden und bösartigen Christenverfolger (Gorm = Wurm, Drache). Saxo Grammaticus, Sekretär des Erzbischofs Absalon von Roskilde im ausgehenden 12. Jahrhundert und Autor der *Gesta Danorum* (»Geschichte der Dänen«), sowie sein Zeitgenosse, der Chronist Svend Aggesen, porträtieren Gorm als träge, unfähig und vom Alter gezeichnet. Die isländischen Sagaschreiber erwähnen ihn nur als Ehegatten der bemerkenswerten Königin Thyre und als Vater der nicht minder bemerkenswerten Königin Gunhild, Gemahlin des Königs Erik Blutaxt von

Norwegen und York sowie des Königs Harald Blauzahn von Dänemark. Immerhin war Gorm der Alte Ahnherr einer mächtigen dänischen Dynastie, die einmal England erobern sollte und unter seinem Urenkel Knut (Canutus) für kurze Zeit ein Nordseeimperium, bestehend aus Dänemark, England und Norwegen, errichtete.

Jelling – Runensteine und Grabhügel

In Ergänzung zu den unsystematischen Äußerungen späterer Historiografen stehen uns handfestere Hinweise auf Gorm den Alten zur Verfügung. Wir haben einen Runenstein, den er zum Gedächtnis an seine Frau Thyre aufstellen ließ; wir haben einen mächtigen Hügel in Jelling, den er als Grabstätte für ihre sterblichen Überreste aufrichten ließ, und neuerdings haben wir – möglicherweise – sogar die Gebeine von Gorm und Thyre selbst: Sie wurden 1979 unter dem Fußboden der Kirche von Jelling entdeckt und wären damit die ersten Toten der Wikingerzeit, die man identifizieren könnte. Jelling ist zugleich die faszinierende Geschichte einer archäologischen Detektivarbeit.

Die heutige Kleinstadt Jelling nordwestlich von Vejle im mittleren Jütland ist schon immer eine der berühmtesten wikingerzeitlichen Stätten Skandinaviens gewesen. Das Städtchen wird von zwei riesigen Grabhügeln beherrscht, der eine befindet sich vor, der andere hinter einer Kirche aus dem 12. Jahrhundert – der ältesten erhaltenen Kirche Dänemarks. Vor der Kirche, genau auf der Achse zwischen den beiden Hügeln, stehen zwei Runensteine, der eine wurde von Gorm dem Alten errichtet, der andere von seinem Sohn Harald Blauzahn. Der Nordhügel (hinter der Kirche) wird traditionell »Thyre's Hügel« genannt, der Südhügel entsprechend »Gorms Hügel«.

Im Jahre 1965 sollte in der Kirche von Jelling eine neue Heizungsanlage installiert werden. Da es sich um ein nationales Monument handelte, wurde ein Experte des Dänischen Nationalmuseums hinzugezogen: Assistenzkurator Knud Krogh, der auch gelernter Architekt war. Ihm fiel auf, dass die oberste Erdschicht unter dem Fußboden der Kirche nicht aus natürlich gewachsenem Boden bestand, sondern von Menschenhand aufgefüllt war. Er vermutete, dass da noch mehr zu finden sein könnte, als es der Augenschein nahe legte. Als er zehn Jahre später mit der Restaurierung der Kirche beauftragt wurde, hatte er Gelegenheit, seine Vermutung zu überprüfen.

Schon zuvor ging man von zwei Vorgängerkirchen am selben Platz aus. Knud Krogh konnte jedoch noch einen dritten Kirchenbau nachweisen. Die drei Kirchen waren alle aus Holz gebaut und wohl jeweils Bränden zum Opfer gefallen. Die bestehende Steinkirche wurde dann um 1100 über den Vorgängerbauten errichtet. Zwischen Schiff und Kanzel stieß Krogh auf die Überreste einer Doppelgrabanlage. Dieses Grab nun – so ergaben eingehende Untersuchungen – musste genauso alt sein wie der älteste Kirchenbau an diesem Ort.

Das Doppelgrab befand sich in einer mit Holz verschalten Kammer, Größe und genaue Platzierung ließen keinen anderen Schluss zu, als dass die älteste Kirche um das Grab herumgebaut wurde – ähnlich einem Mausoleum. Im Grab selbst fand man die Überreste eines weiblichen und eines männlichen Skeletts. Die Knochen waren durcheinander geraten, so als ob sie sich bereits bei ihrer Niederlegung nicht mehr in der richtigen Ordnung befunden hätten. Das Grab enthielt eine größere Menge goldener Fäden von längst verrotteten Kleidungsstücken sowie zwei kleine, kunstvoll dekorierte Riemenenden aus vergoldetem Silber und Email mit einem doppelköpfigen Tiermotiv. Ganz ohne Zweifel handelte es sich um das Grab hoch gestellter Personen – aller Wahrscheinlichkeit nach um ein Königsgrab. Und mit diesen Entdeckungen fand eine Reihe von Puzzleteilen über den Königsort Jelling ihren richtigen Platz …

Die beiden großen Grabhügel hatten schon immer Rätsel aufgegeben. Bereits im Jahre 1607 hatten die Bauern des Ortes versucht, den Nordhügel, »Thyres Hügel«, auf der Suche nach Schätzen aufzubrechen, jedoch ohne Erfolg. Später bohrte man in dem Hügel nach einer Quelle. Im ungewöhnlich heißen Sommer 1820 versiegte die Quelle. Weil die Dorfbewohner glaubten, sie sei einfach verstopft, stieg man in den Schacht ein, um den Quellaustritt zu reinigen. Man grub tiefer – und befand sich plötzlich in einer holzverschalten Kammer mitten im Hügel. Sofort stellten die Leute ihre Arbeit ein, benachrichtigten die Obrigkeit, und Professor Finn Magnussen eilte aus Kopenhagen herbei, um die Aufsicht zu übernehmen.

Die Kammer war 2,6 Meter tief, 6,75 Meter breit und 11,4 Meter hoch. Die linke Seite war durch eine hochgestellte Planke unterteilt. Offenkundig war das die Grabkammer, aber es gab keinerlei Spuren eines Körpers oder mehrerer Körper. Stattdessen fand man eine Vielzahl gut erhaltener Tierknochen – ein Hinweis darauf, dass möglicherweise vorhandene menschliche Kochen nicht vollständig vergangen wären. Außerdem stießen die Ausgräber auf ein kleines Kreuz und einen kleinen vergoldeten Silberbecher von 4,2 cm Höhe. Er war in zwei Teilen gegossen und der Stiel angeschweißt. Ursprünglich interpretierte man den Becher als Abendmahlskelch, inzwischen sieht man ihn als Teil einer Garnitur Tafelgeschirr, bestehend aus kleinen Krügen und einem Becher. Der aufgefundene Becher ist mit lang gezogenen, ineinander verschlungenen Tierkörpern dekoriert. Dieses Dekor gab dem wikingerzeitlichen Jellingstil seinen Namen.

Die leere Grabkammer verursachte einige Verwirrung. Die Ausgräber fanden jedoch heraus, dass man bereits in früher Zeit von oben in die Kammer eingedrungen war. Vermutlich hatten Grabräuber die Särge herausgenommen, um ihre Beute in aller Ruhe zu mustern.

Rund vierzig Jahre später, 1881, ordnete König Frederik VII., selbst ein begeisterter Altertumsfreund, persönlich die Untersuchung des Südhügels (»Gorms Hügel«) an: Sein königlicher Urahn Gorm sollte mit aller gebotenen Ehrerbietung aufgefunden werden, »auf welche Gorm und die Wissenschaft einen Anspruch haben«. Die Ausgrabungen wurden Jens Jacob Worsaae anvertraut, dem großen Pionier der dänischen Archäologie. Militäringenieure trieben auf der Basisebene einen Schacht in den Hügel und führten ihn, auf Drängen des ungeduldigen Königs, auch weiter nach oben, fanden aber nichts, nicht einmal eine leere Grabkammer.

Eine andere Ausgrabung führte Einar Dyggve in den 1940er Jahren durch; dieses Mal grub man in den Untergrund des Hügels, hatte aber ebenfalls keinen Erfolg. Worsaae und Dyggve waren indessen beide auf Lagen mächtiger Steinblöcke gestoßen und hatten daraus geschlossen, dass der Hügel möglichweise auf einem älteren, vielleicht bronzezeitlichen Kultplatz errichtet worden war. Dyggve grub erneut im Hügel der Thyre und fand heraus, dass man die Grabkammer in der Tat in einen Hügel der Bronzezeit versenkt hatte; deshalb lag sie auch so weit oben im wikingerzeitlichen Hügel.

Dyggve nahm an, man habe seinerzeit Gorm und Thyre aus dem Nordhügel in die Kirche von Jelling umgebettet. Zur Überprüfung seiner Theorie grub er auch in der Kirche, fand aber nichts. Die späteren Ausgrabungen Knut Kroghs im Inneren der Kirche und seine Entdeckung des Doppelgrabes schienen Dyggves Theorie zu bestätigen. Wenn wirklich ein Paar im Doppelgrab niedergelegt war, dann mussten es Gorm und Thyre sein. Jetzt wurden die historischen Abläufe deutlicher.

Königin Thyre war vor Gorm dem Alten gestorben, möglicherweise um 950. Sie muss eine bemerkenswerte Frau gewesen sein, denn ihr wird nach einer jüngeren Tradition der Bau des Danewerks zugeschrieben! Gorm ließ sie in einer Grabkammer im oberen Bereich eines bronzezeitlichen Hügels bestatten und erhöhte den Hügel beträchtlich. Außerdem errichtete er einen Runenstein zu ihrem Gedenken: »König Gorm machte dieses Denkmal nach Thyre seiner Frau, Dänemarks Besserung.«

Harald Blauzahn – wie die Dänen Christen wurden

Nach Gorms Tod bestattete ihn sein Sohn Harald Blauzahn in derselben Grabkammer im Nordhügel an der Seite seiner Frau Thyre und errichtete den Südhügel als Kenotaph für Gorm und um der Begräbnisstätte eine Symmetrie zu verleihen. Bald nach seiner Thronbesteigung wurde Harald Blauzahn um 960 von einem Missionar namens Poppo zum Christentum bekehrt. Das Ereignis wird bei Adam von Bremen beschrieben und auf einem mit Goldblech belegten Altarstück in der Kirche von Tandrup bildlich dargestellt (jetzt im Nationalmuseum Kopenhagen). Im Zuge seiner Bekehrungsversuche erbot sich Poppo, den Beweis anzutreten, dass Christus stärker sei als Odin, und sich zu diesem Zweck einem Gottesurteil zu unterziehen: Er werde sich einen rot glühenden Eisenhandschuh überziehen und keinerlei Verletzung davontragen. Eine Szene auf der Reliefplatte von Tandrup zeigt Poppo bei der Feuerprobe mit dem schrecklichen Handschuh und die respektvolle Haltung des Königs, eine andere die Taufe Haralds in einem Bottich mit geweihtem Wasser.

Harald ordnete nun für ganz Dänemark die Annahme des Christentums an, und die dänische Kirche wurde als Bestandteil des Erzbistums Hamburg-Bremen organisiert. Um seine Bekehrung zu feiern, scheint Harald entschieden zu haben, seinen Eltern ein christliches Begräbnis auszurichten. Vermutlich ließ er ihre sterblichen Überreste aus dem Nordhügel in Jelling in die Kirche überführen, die er eigens für sie hatte errichten lassen – die erste Kirche Dänemarks. Gegenüber dem Kirchenportal und genau auf halber Strecke der direkten Verbindungsachse zwischen den beiden Hügeln platzierte er den berühmten Runenstein von Jelling.

Der Große Stein von Jelling

Der Jellingstein, ein gewaltiger eiszeitlicher Findling, ist ein prächtiges, dreiseitiges Monument. Auf der den Gläubigen auf dem Weg zur Kirche zugewandten Seite befindet sich ein Christusrelief – die früheste bekannte Christusdarstellung im Norden. Meist wird das Bild als Kreuzigungsszene gedeutet, kann aber auch als segnender Christus mit ausgebreiteten Armen interpretiert werden. Die zweite Seite des Steins ist mit einem Runentext gefüllt, der sich auch auf die dritte Seite hinüberzieht: »König Harald gebot, dieses Denkmal zu machen nach Gorm seinem Vater und nach Thyre seiner Mutter; der Harald, der sich ganz Dänemark und Norwegen unterwarf und die Dänen zu Christen machte.«

Die Historiker sind sich nicht recht einig darüber, wie ernst Haralds Behauptung, er habe Norwegen und Dänemark für sich gewonnen, zu nehmen sei. Zweifelsfrei ist jedoch, dass der Jellingstein und die Bekehrung Dänemarks zum Christentum auf eine sehr reale Konsolidierung königlicher Macht hinweisen. Harald Blauzahn erscheint hier als erster bedeutender König *von* Dänemark und nicht nur als ein König *in* Dänemark: als ein König mit genügend Ressourcen und Autorität, ein solches Projekt zu realisieren. Jelling ist der Geburtsort Dänemarks als wahrhaftige Wikingernation und nicht nur als ein Land der Wikinger.

Das ganze Ausmaß der unter König Harald durchgeführten öffentlichen Bauten wird jetzt erst deutlich. Die dendrochronologische Datierung eines Abschnitts des Danewerks auf das Jahr 968 legt nahe,

Der Große Stein von Jelling, gesetzt von Harald Blauzahn um 965.

dass nicht Thyre, sondern Harald mit dem Bau, zumindest mit dem Ausbau, des Danewerks zu tun hatte. Die dendrochronologische Datierung förderte noch eine andere Sensation zu Tage: die absolute Datierung der Trelleborg, einer Art wikingerzeitlichen »Garnison«. Im September 1979 konnte Tage E. Christiansen vom Nationalmuseum Kopenhagen mitteilen, dass Holzteile aus der Trelleborg genau auf 980–981 datierten werden konnten, mithin auf die Regierungszeit Harald Blauzahns. Die Sensation besteht darin, dass alle früheren Datierungen und damit alle Theorien über den Zweck dieser wikingerzeitlichen Anlage (resp. Anlagen) über den Haufen geworfen wurden.

Trelleborg – die Wikingerburgen
»Trelleborg« (etwa »Sklavenfestung«) ist zum Oberbegriff für einen Typus kreisrunder militärischer Befestigungsanlagen in Dänemark geworden. Es gibt vier davon: die Trelleborg selbst an der Westküste Seelands; Nonnebakken im Stadtgebiet von Odense auf Fünen; Fyrkat in Ostjütland; Aggersborg in Nordjütland. Alle sind mit äußerster Präzision konstruiert: Gruppen von kasernenähnlichen Gebäuden im Schutze hoher Erdwälle, ähnlich perfekt angelegt wie römische Militärlager. Sie sind von unterschiedlicher Größe, unterliegen aber alle einem identischen Konstruktionsprinzip. Aggersborg war dreimal so groß wie Trelleborg und Fyrkat. Alle haben vier Tore an den vier Außenpunkten des Kreises. Zwei rechtwinklig aufeinander stoßende Straßen unterteilen das Innere das »Lagers« in vier gleich große Quadranten; in jedem Viertel befinden sich vier gleich große, schiffsförmige, um einen Innenhof gruppierte Bauten.

Was hatte es mit diesen regelmäßigen Konstruktionen auf sich? Wozu waren sie bestimmt? Sie waren höchstens für eine Generation in Gebrauch, und als man sie ausgrub, fand man praktisch keinerlei Artefakte – nicht einmal weggeworfene Waffenteile. Dieser Befund könnte bedeuten, dass es sich um absolut sauber gehaltene Militärlager handelte oder dass diese Anlagen überhaupt keine Militärlager waren.

Viele Wissenschaftler haben sich darauf geeinigt, dass es kasernenähnliche Militärlager sein mussten, die man zur Vorbereitung einer Invasion gebaut hatte. Die einzige Invasion nun, die von Dänemark ausging, richtete sich im Jahre 1013 unter König Sven Gabelbart, dem Sohn König Haralds, gegen England. Deshalb galt Sven Gabelbart als Erbauer dieser Rundanlagen.

Die neue dendrochronologische Datierung zerstört indessen diesen Erklärungsansatz. Auch die vorläufige Dendrodatierung von Fyrkat auf 976 scheint die Trelleborgdatierung zu stützen. Es deutet inzwischen alles darauf hin, dass die vier Anlagen in der Regierungszeit Harald Blauzahns entstanden sind und nicht unter König Sven Gabelbart. Sollte es sich so verhalten, dann dienten die Militärlager zur Konsolidierung der Macht Haralds in Dänemark selbst: Die Machtverhältnisse im Lande waren damals noch so unsicher, dass er möglicherweise Garnisonen gegen die eigene Bevölkerung einrichten musste.

Mehr denn je sind die »Trelleborge« zum Gegenstand wissenschaftlicher Spekulation geworden, denn es gibt nur wenig historisch und archäologisch Gesichertes. Ohne Zweifel aber deuten die Dendrodatierung der »Trelleborge« und die Entdeckungen in Jelling auf ein Anwachsen königlicher Macht in Dänemark unter Harald Blauzahn hin. Es waren Haralds Sohn Sven Gabelbart, der eine Invasion Englands durchführte, und sein Enkel Knut, der diese Invasion in eine Eroberung münden ließ, aber es war Harald Blauzahn, so scheint es jetzt, der dieses Unternehmen überhaupt erst möglich gemacht hatte.

VIERTES KAPITEL

»HALFDAN WAR HIER.«

Schweden und der Warägerweg
nach Kiev und Konstantinopel

Gotland – im Herzen der Wikingerkultur

Über die gesamte Wikingerzeit hin kann eine geschichtsträchtige Insel
für sich in Anspruch nehmen, das wahre Zentrum der Wikingerwelt
gewesen zu sein – die Ostseeinsel Gotland vor der schwedischen Küste.
Auch wenn die Insel jetzt ein Teil Schwedens ist, war sie doch immer
stolz auf ihre eigenständige historische und kulturelle Rolle im Ostseeraum. Gotland ist nur 120 Kilometer lang und 55 Kilometer breit, hat
eine Fläche von 3000 Quadratkilometern und heute eine Bevölkerung
von 55.000, nimmt aber eine strategisch günstige Lage in der Ostsee
ein: Die Insel liegt 90 Kilometer vom schwedischen Festland entfernt,
150 Kilometer von der russischen Küste im Osten und 215 Kilomter
von der polnischen Küste im Süden.

Dieser geografische Umstand machte Gotland – in der griffigen
Formulierung von Erik Nylén, dem Direktor der gotländischen Denk-
malschutzbehörde – zur »archäologischen Tiefkühltruhe« der Wikingerzeit. Auf Gotland sind mehr wikingerzeitliche und vorwikingerzeitliche Hinterlassenschaften versammelt als in ganz Schweden. Die
Insel weist insbesondere einen einzigartigen Bestand so genannter
»Bildsteine« (*bildstenar*) auf (insgesamt etwa 370), deren früheste ins
5. Jahrhundert datiert werden. Außerdem ist Gotland ungewöhnlich
reich an Silbermünzen und Goldhortfunden: Nicht weniger als 50.000
arabische (kufische) Silbermünzen aus dem 9. Jahrhundert wurden
allein bei Ausgrabungen auf Gotland gefunden, dagegen nur 35.000 im
übrigen Skandinavien. Gotland lag an einem der großen Fernhandels-
wege der Welt, es war der Angelpunkt der Handelswege im Ostseeraum, der Stapelplatz des West-Ost-Handels.

Es sind nicht immer die größten und augenfälligsten Altertümer, welche die wichtigsten Geschichten erzählen. Bisweilen können die bedeutendsten historischen Dokumente recht bescheiden aussehen. So ist es auch mit einem kleinen Wetzstein vom Ende des 10. Jahrhunderts, der beim Hof Timans im Kirchspiel Roma gefunden wurde. Er trägt eine kurze runische Inschrift, die gewiss nicht für die Nachwelt gedacht war, sie entstand sicherlich aus einer Laune heraus, aber was sie uns mitteilt, ist bewegend genug: »Ormiga: Ulfuair: krikiaR: iaursaliR: islat: serklat«. Transliteriert liest sie sich so: »Ormiga, Ulfar: Griechenland, Jerusalem, Island, Serkland« und bedeutet eigentlich: »Ormiga und Ulfar waren in Griechenland (das Byzantinische Reich), in Jerusalem, in Island und im Land der Sarazenen (möglicherweise das Kalifat von Bagdad).«

Vielleicht wurde der Text vom stolzen Vater der beiden gotländischen Burschen eingeritzt, vielleicht skizzierte auch Ormiga (ein Kaufmann?) die wichtigsten Ziele seiner Fahrt als Gedächtnisstütze für fällige Abrechnungen … Jedenfalls liefert uns diese kurze Mitteilung, quasi als Baedeker, eine Standardreiseroute wikingerzeitlicher Handelsfahrten, die vom Norden in den Süden, vom Westen zum Osten führten. Die Inschrift beschreibt und symbolisiert die enorme geografische Bandbreite gotländischer Handelsaktivitäten, ebenso wie Gotland selbst den Kosmopolitismus der wikingischen Welt symbolisiert.

Der Wetzstein ist eines der zahllosen Fundstücke, die im Gotländischen Historischen Museum in der Inselhauptstadt Visby zu besichtigen sind. Die Stadt Visby selbst ist ein einziges historisches Monument, das den Besucher unmittelbar ins Mittelalter entführt. Der alte Stadtkern ist von einer mit Türmen bewehrten Mauer aus dem 13. Jahrhundert umgeben; in dieser Zeit befand sich Visby auf dem wirtschaftlichen Höhepunkt als eine Drehscheibe der Hanse. An den mit Kopfsteinen gepflasterten Straßen und Gassen reihen sich dicht gedrängt die alten Häuser in Holz-Stein-Bauweise; es gibt dort Türme und hohe Häuser mit Stufengiebeln, Arkadengänge mit kleinen Geschäften, ummauerte Gärten, Kirchenruinen, und alles überragt die Marienkathedrale.

Die vorwikingerzeitlichen Altertümer reichen bis in die ausgehende Bronzezeit vor 3000 Jahren zurück, hier insbesondere die zahlreichen

Die Wikingerburg von Fyrkat in Ostjütland, um 976.

Gräberfelder mit schiffsförmigen Steinsetzungen wie im dänischen Lindholm Høje. Aber die gotländischen Schiffssetzungen sind 2000 Jahre älter; es gibt etwa 350 davon, einige außerordentlich groß, wie das Grab von Gnisvärd einige Kilometer südlich von Visby: Es misst 45 Meter in der Länge und 7 Meter in der Breite. Diese Gräber enthielten nichts weiter als einen kleinen Steinsarg mit den Brandbestattungsresten; die Proportionen der Schiffssetzungen mit einem Verhältnis Breite zu Länge von 7:1 entsprechen auffällig den Abmessungen wikingerzeitlicher Langschiffe.

Die Bildsteine

Die Schiffsgräber bieten einen frühen Einblick in die Vorstellung von einer Schiffsreise ins Jenseits, und die berühmten Gotländischen Bildsteine erlauben den Zugang zu weiteren mythologischen Vorstellungen mit enger Anbindung an die Wikingerzeit. Die ältesten dieser Steine, aus dem 5. und 6. Jahrhundert, zeigen mystische Symbole in der Form eines wirbelnden Rades, das man als Fortsetzung bronzezeitlicher Sonnenradverehrung interpretiert. Die bildlichen Darstellungen auf wikingerzeitlichen Steinen beziehen sich auf Walhall und die Walküren, welche die im Kampf Gefallenen in Odins Totenhalle begrüßen. Auf einigen Steinen erflehen Runeninschriften die Rache der Götter für den Erschlagenen. Auf dem anderen Ende der Zeitskala, als Thor vertrieben war und Odin seinen letzten Ritt auf seinem achtbeinigen Ross Sleipnir getan hatte, ersetzt das Kreuz die Sonnenscheibe und Thors Hammer. Auf dem Stein von Hogrän wird eines verstorbenen Bruders auf recht praktische Weise gedacht: durch den Bau einer »Brücke«, eines Knüppeldamms über feuchtes Gebiet, für die Lebenden und die Toten. Jetzt sprechen die Runen von Frömmigkeit, suchen um Vergebung an und reden nicht mehr von der grimmigen Rache der Heidenzeit: »Sigmund ließ diesen Stein aufstellen für seinen Bruder und ließ eine Brücke bauen für Sigbjörn. Möge der Erzengel Michael seiner Seele helfen … hier steht der Stein, hell von Farben leuchtend, an der Brücke.« Es war Sigmunds Geleitbrief in die andere Welt, ebenso wie der seines Bruders Sigbjörn.

Das wissenschaftliche Interesse an den Gotländischen Bildsteinen konzentrierte sich eher auf die Schiffsdarstellungen, denn sie sind eine unschätzbare Informationsquelle für die Schifffahrtsgeschichte. Sie bieten ein bemerkenswert kohärentes Bild der Schiffsentwicklung vom Ruderboot zum Segelschiff sowie von der möglicherweise angewendeten Riggung und Takelage. Der Stein von Sanda aus dem 6. Jahrhundert zeigt ein von bärtigen Ruderern kräftig angetriebenes Boot. Segel tauchen auf den Bildsteinen ab dem 8. oder 9. Jahrhundert auf, die ältesten weisen eine Flecht- oder Schachbrettstruktur auf, vielleicht um die Segel zu verstärken. Es gab keine Webstühle, die groß genug gewesen wären, Segel in einem Stück herzustellen, deshalb wurden die einzelnen Streifen zusammengenäht. Die Gotländischen Bildsteine belegen, dass das ausgereifte Wikingerschiff ein skandinavisches Ruderboot war, das gelernt hatte, Segel zu benutzen – wie es auch die Schiffsfunde der jüngsten Zeit bestätigen.

Merkwürdigerweise hat man trotz der zahlreichen wikingerzeitlichen und vorwikingerzeitlichen Schiffsdarstellungen auf den Bildsteinen keinerlei Relikte eines gotländischen Schiffes gefunden. Haben die
Gotländer vielleicht keine eigenen Schiffe gebaut? Im Historischen
Museum zu Visby allerdings findet sich eine im so genannten (norwegischen) Ringerikestil ornamentierte Windfahne eines Schiffsmastes
mit einer sich windenden Schlange und einer Löwenfigur auf der Ober-
kante. Diese Windfahne nutzte man jahrhundertelang als Wetterhahn
auf der Kirche von Källunge (14. Jahrhundert). Vor etwa fünfzig Jahren wurde sie vom Wind heruntergeweht, und erst da erkannte man,
dass es sich um ein Werk der Wikingerzeit handelte.

Natürlich darf das Interesse der Gotländer an Schiffen nicht über-
raschen, denn sie waren ihre wirtschaftliche Hauptstütze. Gotland
verfügt über keinerlei Mineralvorkommen oder sonstige natürliche
Ressourcen. Gotländische Kunsthandwerker fertigten die einen oder
anderen Kunstgegenstände, vor allem eine besondere Art der geradezu
barock ornamentierten »Kastenfibeln«, die gotländische Frauen als
Brosche mitten auf der Brust trugen, im Gegensatz zu den Frauen im
übrigen Skandinavien, die ihre Umhänge an den Schultern mit Doppel-
fibeln befestigten. Der eigentliche Reichtum Gotlands indessen stammt
vom Import- und Exporthandel, und die Gotländer waren in jeder
Hinsicht die eigentlichen Mittelsmänner.

Es scheint auf Gotland keinen eigentlichen Hauptmarktort gegeben
zu haben. Nach archäologischen Befunden dürfte Visby auf eine Siedlung des 10. Jahrhunderts zurückgehen, flankiert im Norden und im
Süden durch die Nebensiedlungen Gustavsvik und Kopparsvik, deren
Gräberfelder ausgegraben wurden. Zudem konnte neuerdings ein
Hafen oder eine Hafenbucht in Pavik nahe Västergarn an der Westküste festgestellt werden, sowie in Bogevik bei Slite an der Ostküste.
Man geht davon aus, dass es keinen spezialisierten, professionell organisierten Handel auf Gotland gab wie in den schwedischen Handelsplätzen Helgö und Birka. Die Gotländer waren Bauern und Händler in
einem.

Birka – Handelsmetropole im Mälarsee

Birka hingegen war ohne Zweifel eine hoch spezialisierte Siedlung. Der Ort lag auf der Insel Björko (»Birkeninsel«) im Mälarsee, inmitten des ausgedehnten Wasserstraßensystems der ostschwedischen Landschaft Uppland. Birka wurde wohl um 800 als Nachfolgeort des älteren, auf einer kleinen Mälarinsel gelegenen Helgö gegründet, das angesichts des anwachsenden Handelsvolumens zu klein geworden war. Wie auch andere skandinavische Regionen scheint Schweden im 9. Jahrhundert einen kräftigen Bevölkerungszuwachs erlebt zu haben. Er führte jedoch nicht wie in Norwegen zu massiven Auswanderungen, denn Schweden verfügte über genügend unbesiedeltes oder kaum besiedeltes Land, das die anwachsende Bevölkerung aufnehmen konnte. Die neuen demografischen Verhältnisse führten zu einer Zunahme des Handels. Schätzungen besagen, dass sich im Einzugsbereich des Mälarsees in dieser Periode etwa 2000 Bauernhöfe befanden.

Neben seiner Bedeutung als lokaler Markt für die einheimische Bevölkerung war Birka eines der großen internationalen Handelszentren des wikingerzeitlichen Skandinavien, ein Umschlagplatz für den Fernhandel mit Eisen und Fellen aus dem Norden. Der Platz war mit einem etwa zwei Meter hohen Wall umgeben und durch eine höher liegende Befestigung auf anstehendem Fels geschützt, deren Stein-Erde-Wall zur Landseite hin heute noch sichtbar ist. Der Handelsplatz selbst breitete sich unterhalb der Befestigung auf elf Hektar Niederung nach Norden hin aus. Im Zentrum des von der Wallanlage umschlossenen Areals befand sich die alte Ansiedlung, jetzt »Schwarze Erde« genannt, weil der Boden auf Grund der Siedlungsschichten eine dunklere Färbung aufweist als seine Umgebung. Ein kleiner Teil der »Schwarzen Erde« wurde bereits im 19. Jahrhundert vom Pionier der schwedischen Archäologie, Hjalmar Stolpe, ausgegraben. Stolpe konzentrierte sich besonders auf die ausgedehnten Gräberfelder außerhalb der Siedlung, die mehr als 2000 Gräber enthielten und aus denen man große Mengen kunstvoller und qualitätsvoller Fundstücke aus weit entfernten Gegenden zu Tage förderte: Silber und Seide aus Arabien, Keramik und Glaswaren aus dem Niederrheingebiet, Schmuck und Waffen aus England und Irland, als Amulett getragene Münzen aus Westeuropa, Walrosszähne aus den arktischen Regionen.

Gotland, Zentrum des Ostseehandels in der Wikingerzeit wie in der Blütezeit der Hanse: die mächtige Ostmauer von Visby aus dem 13. Jh.

Birka ist heute ein unbewohntes mit Birken und Wacholdersträuchern bestandenes Stück Grasland, und es ist schwer sich vorzustellen, wie der Ort wohl in der Wikingerzeit ausgesehen haben mag: ein geschäftiger Handelsplatz mit babylonischem Sprachengewirr, mit Kaufen und Verkaufen, Handel und Wandel, Trinkgelagen und Raufereien – und das sommers wie winters. Indessen, ein wenig genauer wissen wir schon, wie es in Birka zuging – und zwar durch den christlichen Missionar Ansgar, den »Apostel des Nordens«, der Birka im 9. Jahrhundert zweimal besuchte. Nach seinem Biografen Rimbert war Ansgar im Jahre 829 zum ersten Mal in Birka. Beinahe endete die Reise in einem Desaster, bevor er sein Ziel erreicht hatte: Auf der Fahrt wurde sein Schiff von Wikingern angegriffen und gekapert, aber Ansgar und seinem Gefährten Witmar gelang es, das Ufer zu erreichen und den Weg zu Fuß fortzusetzen. Sie hatten all ihre Habe verloren, einschließlich ihrer Reisebibliothek von fast vierzig geistlichen Büchern.

Als internationaler Hafen zwischen Ost und West trafen sich in Birka Menschen verschiedenster Religionen. Ansgar erhielt die Erlaubnis, dort eine kleine Kirche für die kleine Gemeinde christlicher Bewohner und christlicher Besucher Birkas zu bauen. Wie in Haithabu war auch die erste Kirchengründung in Birka nur sehr kurzlebig. Ansgar kam um 850 ein zweites Mal nach Birka, dieses Mal als Erzbischof von Hamburg-Bremen, und konnte wenigstens für kurze Zeit seine Mission wieder aufnehmen.

Der Bericht über die Missionsreisen Ansgars bietet interessante Einblicke in die gesellschaftlichen Verhältnisse in Birka: Es gab dort eine lokale Versammlung, das *Thing*, unter Vorsitz eines königlichen Vogts; der König aber hatte nicht die gesamte Macht in Händen. Bei seinem zweiten Besuch wurde Ansgar vom König unterrichtet, er selbst könne vor der Thingversammlung lediglich seine Mission unterstützen, »und wenn sie deinen Wunsch gutheißen und sie die Einwilligung der Götter erwirken, dann wird dein Gesuch genehmigt, wenn es aber anders verläuft, dann werde ich es dich wissen lassen. Es ist der Brauch unter ihnen, daß die Leute selbst über ihre Angelegenheiten bestimmen und nicht der König.«

Ansgar erkannte, dass er es mit zwei unterschiedlichen Bevölkerungsgruppen zu tun hatte – den *populi*, den permanenten Bewohnern des Ortes, und den *negociatores*, den ausländischen Kaufleuten. Diese soziale Differenzierung scheint bis in die jenseitige Welt hineingereicht zu haben, denn es gab wohl zwei separate Friedhöfe: das ausgedehnte Gräberfeld vor der Umwallung für die *populi* mit Brandbestattung in Grabhügeln sowie ein wesentlich kleineres Gräberfeld mit Körperbestattung noch innerhalb oder gleich unter der Umwallung für die ausländischen Kaufleute. Nach Ansicht von Björn Ambrosiani, dem Ausgräber von Birka, weisen diese Gräber mit Körperbestattung deutliche nicht-skandinavische Merkmale auf, denn sie enthielten eine überproportionale Menge ausländischer, importierter Gegenstände. Aus diesem Grund nahm er an, Birka sei von ausländischen Kaufleuten gegründet worden, die sich dann als eine eigene Bevölkerungsgruppe innerhalb des Handelsortes etabliert hätten.

Birka war in erster Linie ein Hafen und weniger ein Gewerbeplatz. Bei Grabungen zwischen 1969 und 1971 auf dem Gebiet der »Schwarzen Erde« suchte Björn Ambrosiani deshalb nach einer Hafenanlage innerhalb des Stadtgebietes. Zwei Hafenareale waren bereits bekannt, aber sie lagen alle außerhalb der Umwallung. Ambrosiani wusste, dass der Wasserspiegel während der Wikingerzeit höher lag, und begann deshalb, ein Stück landeinwärts von der heutigen Uferlinie zu graben. Bereits am ersten Tag stieß er auf die Steinpackung einer Landungsbrücke, die sich jedoch als Erhöhung einer älteren Landungsbrücke herausstellte. Offenkundig stieg damals der Wasserspiegel, um dann Anfang des 11. Jahrhunderts wieder deutlich abzufallen. Möglicherweise führte die Senkung des Wasserspiegels zur Aufgabe von Birka zu Gunsten anderer Handelszentren, wie des nördlich gelegenen Sigtuna oder der Insel Gotland.

Die Totenhügel der Könige

Auch wenn Birka nicht der absoluten Herrschaft der Upplandkönige unterstand, wie Rimbert berichtet, so muss sich der Ort doch umfassenden königlichen Schutzes erfreut haben. Birka lag nicht weit von dem bedeutenden Königshof Adelsö entfernt, und man kann unterstellen, dass der König an der Entwicklung Birkas zu einem geschützten Marktort interessiert war, um den Handel unmittelbar vor seiner Haustüre zu kontrollieren und entsprechende Zölle und Steuern erheben zu können.

Über die Frühzeit des schwedischen Königtums ist wenig bekannt, einmal abgesehen von den eher legendarischen als historischen Sagageschichten. Allerdings finden sich in Mittelschweden Plätze, die auf eine weit zurückliegende Zeit großen Wohlstandes und königlicher Machtentfaltung hinweisen. Ein solcher Ort ist die beeindruckende Begräbnisstätte mit der volkstümlichen Bezeichnung *Anundshög* außerhalb von Västerås am westlichen Ende des Mälarsees. Der Platz wird von einem gewaltigen Grabhügel, dem »Anundshügel«, beherrscht.

An einem Ort wie diesem wird die frühe Geschichte des schwedischen Königtums in seiner ganzen Bedeutung und Größe greifbar: Es handelt sich hier um einen der Versammlungsorte, der Thingstätten, wo der König mit den Bauern des Bezirks zusammentraf, um sich, unter anderem, durch Eide ihrer gegenseitigen Loyalität zu versichern.

Längsseits des Hügels zieht sich eine Reihe von fünfzehn aufrecht stehenden Steinen, die bei den Ausgrabungen in den 1960er Jahren gefunden und an ihrem angestammten Ort wieder aufgestellt wurden. Der höchste Stein in der Mitte der Reihe trägt eine Runeninschrift des 11. Jahrhunderts. Sie lautet: »Folkvid errichtete diese Steine zum Andenken an seinen Sohn, Anunds Bruder. Vred ritzte die Runen.«

Diesen Anund assoziierte man mit dem legendarischen König Braut-Önund, der in Snorris *Ynglinga saga* als einer der frühen schwedischen Ynglingekönige erscheint. Wenn er je existierte, muss er im 8. Jahrhundert gelebt haben. Sein Beiname »Braut« bedeutet »Weg«, und nach Snorri erwarb er sich diesen Namen, weil er zum ersten Mal in Schweden ein landesweites Wegenetz anlegen ließ. Snorri sagt, er sei ein besonders beliebter König gewesen; vielleicht erklärt das die Verbindung seines Namens mit dem großen Hügel in Västerås.

Es ist nicht bekannt, wann der »Anundshügel« und seine Nebenhügel entstanden sind; sie könnten auf die Bronzezeit zurückgehen, könnten aber auch Monumente der Völkerwanderungszeit (300–600 n. Chr.) sein. Dass wir es jedoch mit einem bedeutenden frühzeitlichen Kultzentrum und/oder einem politischen Zentrum zu tun haben, dürfte außer Zweifel stehen.

Am Fuße des Hügels befinden sich zwei spektakuläre, gegeneinander gestellte schiffsförmige Steinsetzungen von fünfundfünfzig, respektive einundfünfzig Metern Länge. Vermutlich entstammen sie der Wikingerzeit und mögen ursprünglich aristokratische Grabstätten gewesen sein. Die Schiffsform der Anlage sollte dabei die irdische Macht der Häuptlinge und ihre zeremonielle Reise ins Jenseits symbolisieren.

An anderer Stelle im schwedischen Uppland haben Archäologen sensationelle Funde zu Tage gefördert, die beweisen, dass es im vorwikingerzeitlichen Schweden eine Periode außerordentlichen Reichtums und hoch stehender Kultur gab – die so genannte Vendelzeit (500–800 n. Chr.), benannt nach einer Reihe von Schiffsbestattungen im Distrikt Vendel nördlich von Stockholm. Die ersten Hinweise auf dieses unerwartete goldene Zeitalter stammen aus den 1880er Jahren, als man eher zufällig ein gutes Dutzend dieser Schiffsgräber mit ihren reichen Grabbeigaben entdeckte: prächtige Helme, dekoriert mit gegossenen

Bronzeplatten, kostbare zweischneidige Schwerter mit eingearbeitetem Griff und Knauf, elegante Tierornamente und aus dem Ausland importierte Luxusgegenstände. Die vorzügliche künstlerische Gestaltung dieser Fundstücke und ähnlicher Objekte aus den vendelzeitlichen Gräberfeldern von Valsgärde und Ultuna verblüffen durch ihre extravagante Pracht.

Zur Zeit des Ersten Weltkriegs dann führte Professor Sune Lindqvist im Kirchspiel Vendel Grabungen in einem eindrucksvollen, acht Meter hohen Grabhügel durch, den die Leute »Ottarhügel« (Ottarshögen) nannten. Diesen Ottar verknüpfte man mit einem anderen schwedischen König in Snorris *Ynglinga saga*, mit König Ottar Vendel-Krähe. Trotz der etwas willkürlichen Ynglingen-Genealogie lässt sich doch mit einiger Sicherheit annehmen, dass König Ottar in der Vendelzeit gelebt haben muss.

Als Sune Lindqvist den Hügel untersuchte, stieß er auf Reste von Leichenbrand im Zentrum des Grabes. Besonders Aufsehen erregend war jedoch eine als Anhänger benutzte byzantinische Goldmünze, die in der Regierungszeit des Kaiser Basiliskos (476–477) geprägt worden war. Mit Hilfe dieser Goldmünze konnte der Hügel auf um 500 n. Chr. datiert werden.

Dieser Reichtum und die überall sichtbare Homogenität des Kunststils sprechen dafür, dass die schwedische Landschaft Uppland drei Jahrhunderte lang eine bemerkenswerte soziale Stabilität aufwies. Die Adelsgräber vermitteln den Eindruck, dass es sich um eine Schicht von Gleichgestellten handelte, kein einziges Grab ist prächtiger ausgestattet als die anderen. Wenn in Vendel Könige begraben liegen, dann konnten sie nur Erste unter Gleichen gewesen sein.

Eine Ausnahme von dieser allgemeinen Regel scheint es indessen gegeben zu haben: die monumentalen Gräber in Alt-Uppsala. Die frühen Ynglingekönige bei Snorri mögen recht ungreifbare Figuren gewesen sein, nicht so die drei großen Grabhügel in Alt-Uppsala. Dort war für Jahrhunderte das spirituelle und kultische Zentrum der Ynglingendynastie angesiedelt. Die Hügel erheben sich eindrucksvoll aufgereiht auf einem Moränenrücken und wirken dadurch noch erhabener; man nennt sie Odins Hügel, Thors Hügel, Freys Hügel. In der *Ynglinga saga* jedoch nennt Snorri drei Könige, die dort begraben sein sollen:

Aun, Egil und Aðils. Nach Snorri waren sie alle Männer von unbändiger Kraft und Gewalttätigkeit. Aðils beispielsweise war ein glänzender Reiter, wurde aber von seinem Ross zu Boden geworfen und starb in Uppsala während (oder wahrscheinlicher nach) einem Opferfest. Andere Quellen berichten dagegen, er sei einfach im Trunke gestorben, als er hochfahrend den Tod eines Feindes feierte. Es waren Männer nach Snorris Geschmack: kühn im Reiten, kühn im Trinken, kühn im Sterben, kurz, kraftvolle Persönlichkeiten, deren Nachkommen das Reich der Upplandkönige zum mächtigsten im ganzen Lande machen sollten.

Alle drei Hügel wurden wissenschaftlich untersucht und in die Vendelzeit datiert. Der östliche Hügel wurde nach 1840 ergraben, der westliche in den 1870er Jahren, während man in den mittleren nur einen Sondierungsgraben legte, um die Konstruktionsmethode des Scheiterhaufens, den man in den anderen gefunden hatte, zu klären. Es scheint, dass der aus konisch geschichteten Holzscheiten bestehende Scheiterhaufen über einem Steinfundament errichtet wurde. Die Holzpackung war mit einer Lehmschicht ummantelt; in der Spitze befand sich ein Loch, das die gesamte Konstruktion zu einem Ofen machte. Den Leichnam und die Grabbeigaben legte man in den Hohlraum des Scheiterhaufens. Die entstandene Hitze war so groß, dass der Lehm zu einer Ziegelmasse verbrannte, die dann in sich zusammenstürzte; darüber türmte man den Grabhügel auf. Obwohl die Grabbeigaben durch das Feuer zerstört wurden, nahm Professor Bertil Almgren von der Universität Uppsala an, dass die Objekte in diesen Grabhügeln noch von höherer Qualität gewesen seien als die Funde in den Schiffsgräbern von Vendel. Die Toten waren nicht nur mit prächtigen Schilden und Schwertern ausgestattet, sondern auch mit Schmuck aus purem Gold, der in den Vendelgräbern fehlte. Deshalb hielt Bertil Almgren die Uppsalahügel für Königsgräber und die Hügel in Vendel eher für die Grablege einer mächtigen Aristokratie.

Menschenopfer und Tempelkult – das heidnische Uppsala

Uppsala ist insbesondere bekannt als die wichtigste heidnische Kultstätte in Skandinavien. Welche Riten in Uppsala angeblich durchgeführt wurden, beschreibt detailliert Adam von Bremen in seiner um 1075 entstandenen *Bischofsgeschichte der Hamburger Kirche*:

Auch wird alle neun Jahre in Uppsala ein gemeinsames Fest aller schwedischen Stämme begangen. Für dieses Fest wird niemand von Leistungen befreit. Könige und Stämme, die Gesamtheit und die Einzelnen, alle bringen ihre Opfergaben nach Uppsala.

Die Opferfeier geht folgendermaßen vor sich: Von jeder Art männlicher Lebewesen werden neun Stück dargebracht; mit ihrem Blut pflegt man die Götter zu versöhnen. Die Leiber werden in einem den Tempel umgebenden Haine aufgehängt. Dieser Hain ist den Heiden so heilig, daß man glaubt, jeder einzelne Baum darin habe durch Tod und Verwesung der Schlachtopfer göttliche Kraft gewonnen. Da hängen Hunde, Pferde und Menschen; ein Christ hat mir erzählt, er habe zweiundsiebzig solcher Leichen ungeordnet nebeneinander hängen sehen. Im Übrigen singt man bei solchen Opferfeiern vielerlei unanständige Lieder, die ich deshalb lieber verschweigen will.

In einem Zusatz merkt Adam von Bremen an, eine großer Baum habe in der Nähe des heiligen Hains gestanden; seine weit ausladenden Äste seien das ganze Jahr über begrünt gewesen. An seinen Wurzeln sei eine Quelle entsprungen, in der man Menschenopfer dargebracht habe: Sank das Opfer, ohne eine Spur zu hinterlassen, dann hätten die Götter die Opfergabe angenommen und würden die Gebete der Opfernden erhören. In einer verblüffenden Koinzidenz hat man in der 1970er Jahren unter einem einzeln stehenden großen Baum eine Quelle gefunden, zu der eine Leiter hinunterführte …

In einer anderen berühmten Passage beschreibt Adam von Bremen den goldenen Tempel, der in Uppsala gestanden haben soll:

In diesem ganz aus Gold gefertigten Tempel verehrt das Volk die Bilder dreier Götter; als mächtigster hat in der Mitte des Raumes Thor seinen Thronsitz. Den Platz rechts und links von ihm nehmen Wodan und Frikko ein. Man gibt ihnen folgende Deutung: »Thor«, so heißt es, »herrscht in der Luft; er gebietet Donner und Blitzen, Wind und Regen, Sonnenschein und Frucht. Der zweite, Wodan, die Wut, führt

Kriege und verleiht dem Menschen Kraft gegen seine Feinde. Frikko,
der dritte, schenkt den Menschen Frieden und Lust.« Daher versehen
sie sein Bild auch mit einem ungeheuren Penis. Wodan dagegen stel-
len sie bewaffnet dar wie wir den Mars, Thor endlich gleicht durch
sein Zepter offensichtlich dem Jupiter.

Dies nun klingt reichlich unwahrscheinlich, um nicht zu sagen ver-
dächtig, und nicht nur deshalb, weil die Skandinavier der Wikingerzeit
nicht dazu neigten, ihr Heidentum offensiv darzustellen. Alle germanischen Völker, und auch die Skandinavier, verehrten ihre Götter unter
freiem Himmel, in heiligen Hainen, bei Grabhügeln oder Quellen.
Nichts in der gesamten Überlieferung deutet auf ein so hoch entwickel-
tes, glänzend geschmücktes kultisches Bauwerk hin, wie bei Adam von
Bremen beschrieben. Es spricht vieles dafür, dass er diesen »Tempel«
im Zuge der »interpretatio Romana« aus der antiken und nicht aus der
wikingisch-germanischen Mythologie entlehnt hat.

Dass vielleicht doch in Uppsala so etwas wie ein Tempel gestanden
haben könnte und das just an der Stelle der jetzigen Kirche aus dem
12. Jahrhundert, darauf gibt es doch einen recht verblüffenden, hand-
festen Hinweis: Bei der archäologischen Untersuchung der Kirchen-
fundamente durch Sune Lindqvist stieß man auf die Pfostenlöcher
dreier besonders dicker Pfosten, die den gleichen Durchmesser hatten
wie die alten Pfosten, die heute noch im Glockenturm neben der Kirche zu sehen sind.

Diese Pfostenlöcher weisen auf ein Rechteck von etwa 10 Quadrat-
metern, das keinerlei Beziehung zur architektonischen Struktur der
bestehenden Kirche aufweist. Zugleich gab es ein äußeres Rechteck mit
deutlich kleineren Pfostenlöchern; sie könnten die Stützen für einen
Hebekran gewesen sein, den man beim Bau der Kirche eingesetzt hatte,
denn sie verliefen entlang des Querschiffs. Die drei dickeren Pfostenlöcher hingegen beschreiben eine Flucht quer durch die Basis des
Kirchturms, ohne ein integraler Bestandteil von ihm zu sein.

Wer kann da sicher sein? Vielleicht hatte Adam von Bremen in diesem speziellen Falle doch Recht, und es gab in Uppsala wahrhaftig
einen Tempel, wie Bertil Almgren den Zweiflern listig zu bedenken
gab. Dies allerdings würde die Existenz einer organisierten Berufs-

priesterschaft voraussetzen, für die es jedoch in Literatur und Archäologie der Wikingerzeit keinerlei Belege gibt. Sollte es sie dennoch gegeben haben, wäre das eventuell eine Erklärung dafür, dass Schweden bis ins 12. Jahrhundert hinein eine Bastion des Heidentums gewesen ist – lange nach Einführung des Christentums im übrigen Skandinavien und in den wikingischen Siedlungsgebieten im Westen. Andererseits könnte dieser Umstand aber auch mit der relativen Distanz Schwedens zu den Machtzentren des christlichen Europa zusammenhängen und auch mit der Tatsache, dass die Macht der schwedischen Könige keineswegs absolut war. Ohne die Zustimmung der freien Bauern auf den lokalen Thingversammlungen konnten sie keine neue Religion einführen, wie etwa die Könige in Norwegen, wo die Bekehrung mit Hilfe des Schwertes beschleunigt wurde.

Runensteine an der Wikingerstraße
Eine andere historische Quelle für das wikingerzeitliche Schweden soll an dieser Stelle genannt werden – die Runeninschriften. Rund 3000 solcher Inschriften finden sich in Schweden, fast viermal so viel wie in der gesamten germanischen Welt. Meistenteils sind sie außerordentlich kurze, private Inschriften zum Gedenken verstorbener Verwandter; als chronikalische oder annalistische Mitteilungen waren sie nicht gedacht. Aber immerhin, sie sind zeitgenössische Dokumente, und zusammengenommen reflektieren sie doch Prioritäten und wechselnde Interessenlagen während der Wikingerzeit.

Im speziellen Fall des Wegebaus beschreiben die Runeninschriften eine sich entwickelnde Infrastruktur in Schweden. Wie auch immer die angeblichen Leistungen des Königs Braut-Önund auf diesem Gebiet ausgesehen haben mögen, die Runensteine machen deutlich, dass im 9. Jahrhundert ein Landweg durch Uppland, die so genannte »Wikingerstraße« (*Vikingavägen*), als Ergänzung der traditionellen Kommunikationswege über Wasser und Eis angelegt wurde. Diese Route war durch Runensteine markiert, insbesondere an Brücken (resp. Knüppeldämmen), wo sie als Wegzeichen, zumal im Winter, von besonderem Nutzen waren. Diese Ausweitung des Kommunikationssystems lief parallel mit der Entwicklung landesinterner Strukturen: In der ersten

Hälfte des 11. Jahrhunderts nämlich wurde die seit Beginn der Wikingerzeit anwachsende bäuerliche Bevölkerung in eine beachtliche militärische Organisation eingebunden.

Wir können diese Entwicklung anhand der Runensteine an einem bestimmten Streckenabschnitt der Wikingerstraße im Distrikt Täby bei Stockholm beobachten. Im frühen 11. Jahrhundert oblag die Verantwortung für die Instandhaltung des Abschnitts einem mächtigen lokalen Grundbesitzer namens Jarlabanke. Dieser Mann nahm seine Pflichten sehr ernst und errichtete entlang des Weges etwa zwanzig Runensteine. Zwei prächtige Steinpaare stehen heute noch am angestammten Platz, an einem von Jarlabanke angelegten Damm, der »Jarlabankesbro« (Brücke des Jarlabanke), diese »Brücke« war 115 Meter lang und sieben Meter breit: »Jarlabanke ließ diese Steine aufstellen zum Gedenken an sich selbst als Lebenden. Und er baute diese Brücke für seine Seele. Und er allein hatte ganz Täby. Gott helfe seiner Seele.« Gute Werke dieser praktischen Art belegen den wachsenden Einfluss der christlichen Mission in Schweden. Die Bekehrten wurden ermuntert, sich am Wegebau zu beteiligen, um den Gläubigen bei jedem Wetter den Gang zur Kirche zu ermöglichen.

Die »Wikingerstraße« führte zu den Enden der Welt. Die Runeninschriften belegen, dass die schwedischen Interessen im 9. und 10. Jahrhundert vor allem nach Osten hin ausgerichtet waren. In der ersten Hälfte des 11. Jahrhunderts indessen – in der letzten Phase der Wikingerzeit – wandten sich schwedische Wikinger verstärkt nach England und den Westen. Etwa ein Drittel der erhaltenen Inschriften, die sich mit Handelsaktivitäten und Wikingerzügen außerhalb Schwedens befassen, betreffen die Britischen Inseln und den Weg nach Westen und stammen aus dieser späten Periode. Das passt gut zu den zahlreichen großen Hortfunden mit angelsächsischen Münzen dieser Zeit, die man in Schweden geborgen hat.

In den Inschriften erscheint England fast ebenso oft wie Griechenland (das Byzantinische Reich) – mehr als fünfundzwanzigmal. Männer »starben in Bath« oder »liegen in London begraben«, einige starben »auf dem Weg nach England«, andere »nahmen Dänengeld in England«. Diese Runentexte stehen alle im Zusammenhang mit den erneuten Englandinvasionen der Dänenkönige Sven Gabelbart und

Straßenbau der Wikingerzeit: gepflasterte Wegstrecke im Tal von Risby, Dänemark.

seines Sohnes Knut, denen sich Schweden als Söldner angeschlossen hatten.

Wie weit doch der geografische Horizont dieser schwedischen Wikinger war, wenn sie sich erst einmal in Bewegung gesetzt hatten! Auf dem Runenstein von Broby (»Brückenhof«) im Distrikt Täby, der zum Andenken eines Bauern namens Östen von dessen Frau Estrid errichtet wurde, ist zu lesen: *Es sotti IorsaliR ok andathis uppi i Grikkium –*

»Er besuchte Jerusalem und starb draußen in Griechenland«, vermutlich auf einer Pilgerfahrt. Auf dem Stein von Gripsholm heißt es in stabendem Versmaß:

Sie fuhren mannhaft   fern nach Gold
Gaben im Osten dem   Adler Speise
Starben im Süden   in Serkland (im Sarazenenland?)

Sie waren in der ganzen Welt zu Hause, zahlten aber dafür einen hohen Preis. Die vielleicht prägnanteste Inschrift in diesem Zusammenhang steht auf einem Stein, den ein Vater zum Andenken an seine Söhne errichtet hatte: »Der eine starb im Westen, der andere im Osten«.

Noch ein anderer Runenstein soll hier erwähnt werden. Er wurde in Pilsgård auf Gotland nahe der Hafenbucht Bogevik gefunden. Es handelt sich um einen von vier Brüdern errichteten Stein zum Andenken für Rafn, den fünften Bruder, der in Russland sein Leben gelassen hatte: »Hellbemalt stellten diesen Stein auf Hegbjarn und seine Brüder Roðvisl, Oystain (und) Amund, die Steine aufgestellt haben zur Erinnerung an Rafn südlich vor Rufstain. *Sie kamen weithin in den Aifur.*«

»Sie kamen weithin in den Aifur.« Mit Aifur bezeichneten die Schweden eine der gefürchteten Stromschnellen des Dnjepr im Süden Russlands, wo Boote entweder gefahrvoll hindurchfahren oder über Land geschleppt werden mussten. Die Runeninschrift bietet einen lebendigen Einblick in die Unternehmungen einer Familie von fünf Gotländern, die, ohne Zweifel, Eisen, Felle und Sklaven zu den Märkten des Ostens brachten und arabisches Silber dagegen eintauschten. Einer von ihnen, Rafn, starb in den Wildwassern des Dnjepr. Der Pilsgårdstein machte nicht nur ihn unsterblich, sondern auch alle Abenteurer-Kaufleute der Wikingerzeit, die die Handelsrouten durch die Weiten Russlands eröffnet hatten.

Opfertod einer Sklavin

Es ist unwahrscheinlich, dass die Brüder Rafns Leichnam nach Gotland zurückbrachten, und wenn sie es taten, dürften sie den Körper für den Transport sorgfältig zerlegt haben. Dr. Nylén hat in drei oder vier

Gräbern Hinweise darauf gefunden, dass man Skelette vor dem eigentlichen Begräbnis zerlegt hatte, vermutlich weil der Tod irgendwo in der Fremde erfolgt war. Dass man aber auch in von Schweden weit entfernten Gegenden Tote nach einheimischen Riten bestattete, geht aus einem faszinierenden Bericht über die Begräbniszeremonien für einen in Russland im Jahre 922 verstorbenen Wikingerhäuptling hervor. Der Text stammt aus der Feder des arabischen Diplomaten Ibn Fadlan, Sekretär einer Gesandtschaft des Kalifen von Bagdad zu den Wolgabulgaren. In seinem *Risala* genannten Bericht über die diplomatische Reise schildert er die Begegnung mit einer als *Rus* bezeichneten Gruppe bewaffneter Kaufleute, die man gewöhnlich mit den in Russland agierenden schwedischen Wikingern identifiziert. Allerdings muss angemerkt werden, dass nicht alle russischen Wissenschaftler diese Zuordnung akzeptieren. Eine der Zeremonien, die Ibn Fadlan als Augenzeuge miterlebte, war die Schiffsbestattung eines reichen Mitglieds jener *Rus*. Der Bestattung gingen grausame Opferrituale voraus, für die es sonst in den Quellen keine Parallele gibt:

Ich hörte, dass sie beim Tod ihrer Anführer viele Dinge tun, deren letzte die Verbrennung ist, und ich wollte mehr darüber erfahren. Schließlich unterrichtete man mich vom Tod eines ihrer führenden Männer… Als der eben genannte Mann verstorben war, fragte man seine Sklavinnen: »Wer will mit ihm sterben?« Eine von ihnen antwortete: »Ich.« Als der Tag gekommen war, an dem man den Mann verbrennen wollte, ging ich zu dem Fluss, wo sein Schiff lag. Ich sah, dass sie das Schiff bereits an Land gezogen hatten …

Dann nahm man eine Bank, stellte sie auf das Schiff und bedeckte sie mit gepolsterten Kissen, mit griechischem Seidenbrokat und mit Kopfkissen aus demselben Stoff. Dann kam eine alte Frau herbei, die sie den Todesengel nannten. Sie hatte die Aufgabe, alles Notwendige durchzuführen, und sie sollte die Sklavin töten. Sie trugen den Toten in ein Zelt, das auf dem Schiff stand …

Die Sklavin, die sich als Opfer angeboten hatte, ging von einem Zelt zum anderen, und der Herr eines jeden Zeltes hatte Geschlechtsverkehr mit ihr und sagte: »Sage deinem Herrn, dass ich es aus Liebe zu ihm getan habe.«

Am Freitagnachmittag führten sie die Sklavin zu einem Ding, das wie ein Türrahmen aussah. Sie setzte ihre Füße auf die Hände der Männer, und diese hoben sie hoch, sodass sie über den Rahmen blicken konnte. Als man sie ein drittes Mal so hochgehoben hatte, sagte sie: »Schaut, ich sehe meinen Herrn im Paradies sitzen …, er ruft mich, lasst mich zu ihm gehen.« Man führte sie zum Schiff. Sie zog ihre beiden Armreifen ab und gab sie der Frau, die man den Todesengel nannte und von der sie getötet werden sollte. Männer kamen mit Schilden und Stäben. Die alte Frau ergriff sie bei der Hand und befahl ihr, ins Zelt des toten Herrn zu treten. Sogleich fingen die Männer an, mit den Stäben auf die Schilde zu schlagen, damit das Geschrei der Sklavin nicht zu hören war, denn sonst könnten die anderen Frauen erschrecken und nicht mehr willens sein, selbst einmal mit ihren Herren zu sterben. Dann gingen sechs Männer ins Zelt und verkehrten alle der Reihe nach mit ihr. Nachher wurde sie an der Seite ihres Herrn ausgestreckt. Zwei Männer ergriffen ihre Füße, zwei ihre Hände und das Weib, Todesengel genannt, legte eine Schlinge um ihren Hals, reichte zwei Männern die Enden zum Ziehen, trat selbst mit einem großen, breiten Messer herzu und stieß es immer wieder zwischen ihre Rippen. Die beiden Männer würgten sie mit der Schlinge, bis sie starb.

Nun kam der nächste Verwandte des Verstorbenen, griff ein Stück Holz und zündete es an. Er war vollständig nackt. Er ging rückwärts zum Schiff mit dem brennenden Holz in der Hand und legte Feuer an den Scheiterhaufen unter dem Schiff. Bald brannte dieser lichterloh, dann das Schiff, dann das Zelt und der Mann und das Mädchen und alles, was auf dem Schiff war.

Einer der Rus stand an meiner Seite, und ich hörte, wie er mit dem Dolmetscher redete. Ich fragte den Dolmetscher, was jener gesagt habe. Er antwortete: »Er sagte, ihr Araber wäret töricht.« »Warum?«, fragte ich. Er versetzte: »Weil ihr die Leute, die ihr am meisten liebt und ehrt, in die Erde legt, wo Würmer und Insekten sie auffressen. Aber wir verbrennen sie in einem Augenblick, sodass sie noch in derselben Stunde ins Paradies eingehen.«

Wahrhaftig eine Geschichte von düsterer Faszination. Ihre Interpretation indessen ist in der Wissenschaft umstritten. War dies ein Wikingerbegräbnis? War der von Ibn Fadlan erwähnte Stamm der Rus eine Gruppe schwedischer Wikinger, die sich an der Wolga niedergelassen hatten – oder war es ein slavischer Stamm, der durch Kontakte mit schwedischen Händlern in Russland unter skandinavischen Einfluss geraten war?

Waräger
Das sind entscheidende Fragen. Sie führen uns unmittelbar zu dem wissenschaftlichen Disput (»Warägerfrage«) zwischen »Normannisten« und »Anti-Normannisten«. Es geht dabei um Art und Umfang des skandinavisch-schwedischen Anteils an der Entstehung des altrussischen Staates. Einfach, vielleicht zu einfach, ausgedrückt: Westliche Wissenschaftler neigten dazu anzunehmen, Russland sei von schwedischen Wikingern (»Warägern«) geschaffen worden, während russische Archäologen meinen, der Einfluss schwedischer Händler auf ein bereits seit Jahrhunderten bestehendes slavisches Staatswesen sei äußerst begrenzt gewesen. Beide Seiten verschanzten sich hinter ethnischen Positionen, nutzten die recht magere Quellenlage für ihre jeweiligen Thesen und zogen gegensätzliche Schlüsse aus den archäologischen Befunden. Glücklicherweise gibt es inzwischen Anzeichen dafür, dass die dogmatischen Positionen älterer Generationen flexibler geworden sind.

Die konventionelle westliche Ansicht stützte sich auf dokumentarische Quellen aus Russland selbst, auf die »Geschichte der vergangenen Jahre« (*Povest' vremennych let*), deren älteste erhaltene Fassung aus dem 12. Jahrhundert möglicherweise von einem Mönch namens Nestor (daher auch »Nestorchronik«) im Höhlenkloster von Kiev verfasst wurde. Darin wird erzählt, wie nach der Mitte des 9. Jahrhunderts die »Waräger von jenseits des Meeres« den lokalen slavischen Stämmen Tribut auferlegten und von diesen wieder vertrieben wurden, um später erneut ins Land gerufen zu werden, als Recht und Ordnung zusammenbrachen:

*Dies sind die Erzählungen von den vergangenen Jahren, und in ihnen
wird gehandelt vom Ursprung des Landes der Rus, den ersten Fürsten
von Kiev und von welcher Quelle das Land der Rus seinen Anfang
nahm ...*

*6368–70 (860–862 n. Chr.) Die Tributpflichtigen der Waräger
trieben diese zurück übers Meer, verweigerten weitere Tribute und
gingen daran, sich selbst zu regieren. Aber es gab unter ihnen kein
Recht, und Stamm stand auf gegen Stamm, und es waren unter ihnen
Fehden, und sie begannen, widereinander zu kämpfen. Und sie sprachen zueinander: »Wir wollen uns einen Fürsten suchen, der über
uns herrsche und gerecht richte.« Und gingen über das Meer zu den
Warägern, zu den Rus, denn so hießen die Waräger Rus wie andere
Schweden heißen, andere Norweger und Angeln, andere Gotländer.
Und zu den Rus sprachen sie: »Unser Land ist groß und reich, doch
es ist keine Ordnung in ihm; so kommt und gebietet über uns!«*

*Und drei Brüder wurden erwählt samt ihrer Familien, und sie
nahmen alle Rus mit sich und kamen. Rurik, der ältere, ließ sich in
Novgorod nieder, der zweite, Sineus, in Beloozero, der dritte, Truvor,
in Izborsk.*

*Und von den Warägern erhielt das russische Land seinen Namen,
besonders aber das Gebiet von Novgorod. Die heutigen Bewohner
von Novgorod sind Nachkommen der Waräger, waren aber früher
Slaven.*

*Nach zwei Jahren starben Sineus und sein Bruder Truvor, und
Rurik erhielt alle Macht. Er verteilte die Städte an seine Männer –
Polock an den einen, Rostov an den zweiten, Beloozero an den drit-
ten ...*

Die Nestorchronik ist keine zeitgenössische Quelle. Wie die »historischen« Isländersagas wurde sie lange nach den Ereignissen nieder-
geschrieben und sollte deshalb mit gebührender Vorsicht behandelt
werden. Es sei angemerkt, dass eine leicht abweichende Version der
Chronik, der so genannte *Codex Hypatianus*, existiert:

*Sie nahmen mit sich alle Rus und kamen zuerst zu den Slaven, und sie
bauten die Stadt Ladoga (das heutige Staraja Ladoga). Rurik, der*

älteste von ihnen, siedelte in Ladoga; Sineus, der zweite, ließ sich in Beloozero nieder, und Truvor, der dritte, siedelte in Izborsk. Von diesen Warägern erhielt das Land der Rus seinen Namen. Nach zwei Jahren starb Sineus, ebenso wie sein Bruder Truvor, und Rurik vereinigte alle Macht auf sich. Er kam dann zum Ilmensee und gründete am Fluss Wolchov eine Stadt namens Novgorod...

Wie zur Bestätigung der Nestorchronik gibt es die hartnäckige norröne Tradition, dass Russland eigentlich eine schwedische Schöpfung gewesen sei. In den Sagas wird Russland »Groß-Schweden« genannt, und der finnische Name für Schweden, *Ruotsi*, ist nach Ansicht vieler Etymologen eine Ableitung vom altnordischen *róðr*, »das Rudern (auf Wasserwegen)«. Das Wort scheint noch im Namen der uppländischen Küstenlandschaft Roslagen auf. Die Gelehrten sind sich in diesem Punkt jedoch keineswegs einig. Jedenfalls deckt sich all dies mit der westlichen Hypothese, Russland sei ein dunkler und unterentwickelter Kontinent gewesen, bevor die schwedischen Kaufleute das gewaltige Marktpotenzial des Landes genutzt und es mit den fernöstlichen Handelsrouten verknüpft hätten. Diese Pioniere hätten dann die ersten Städte gegründet, aus denen dann die großen russischen Stadtstaaten Novgorod und Kiev hervorgegangen wären.

Die russische historische Forschung nimmt mehrheitlich einen entgegengesetzten Standpunkt ein. B. A. Rybakov, der Doyen der russischen Archäologie, fasst die anti-normannistische Sicht so zusammen: »Die Rolle der Wikinger bei der Herausbildung des russischen Staates ist als eher gering zu betrachten, denn der russische Staat bestand bereits dreihundert Jahre vor der Ankunft der Wikinger. Ein Stammesbündnis hatte sich im 6. Jahrhundert in der mittleren Dnjepr-Region formiert, und eine der russischen Chroniken erwähnt ein ›Volk der Riesen‹. Dieses ›Volk der Riesen‹ war sozusagen die Keimzelle des späteren Fürstentums Kiev.

In der Folgezeit erweiterte sich dieser Kern, und es ist gut möglich, dass die Wikinger vom Glanz Kievs angezogen wurden, denn Kiev stand in lebhaften Handelsbeziehungen zu Konstantinopel.

Was die Wikinger angeht, gibt es einen entscheidenden Unterschied zwischen Ost- und Westeuropa, denn hier in Russland konnten die

Wikinger nicht ihre blitzartigen Überfälle durchführen, auf die sie spezialisiert waren. Die Flüsse hatten eine zu starke Strömung, und viele Transporte über Land waren nötig. Wenn sie sich den Handelszügen den Dnjepr hinunter ins Schwarze Meer und nach Konstantinopel anschließen wollten, mussten sie die Erlaubnis der Herrscher in Kiev einholen, denn sie allein kontrollierten den Handel mit dem Byzantinischen Reich.«

Es ist jetzt nicht meine Absicht, mich mit der »Warägerfrage« zu befassen. Ruft man sich die großen Handelsrouten von Ost nach West, von Süd nach Nord in Erinnerung, welche die Ostsee mit dem Schwarzen Meer, im weiteren Sinne den Atlantik mit dem Pazifik verbanden, stellt sich die Frage, ob die Wikinger wahrhaftig diese Routen geschaffen haben oder sie nur kontrollierten oder sich nur mit ihnen bereichern wollten. Aus den sonstigen Aktivitäten der Wikinger wird klar, dass sie in ihrem Operationsgebiet die herausragenden Techniker waren mit ihrer hoch entwickelten Schiffbau- und Metallverarbeitungstechnik, die ihnen Vorteile gegenüber ihren Konkurrenten verschaffte. Sie waren begierig nach Reichtum und Erfolg, sie waren die geborenen Pioniere, Leute mit einem sicheren Gespür für Profitmöglichkeiten. Welche Rolle spielten sie in Russland?

Belege zumindest ihrer Präsenz finden sich am Ufer der Neva – in der berühmten Eremitage zu St. Petersburg, einst besser bekannt unter dem Namen Winterpalais. In der Eremitage nun beginnt sich der klassische Konflikt zwischen verschwommenen Sagabelegen und harten archäologischen Fakten aufzulösen.

Eine Fülle wikingerzeitlicher Funde ist in der Eremitage zu sehen: eine Brosche aus Gotland; verzierte Kämme aus Dublin; ein Nadelkästchen, wie man es in Birka gefunden hat; ein Lederschuh; das Fragment einer Brosche, wie man sie in Island und anderen Gegenden trägt; unverkennbare skandinavische Runen auf einem Holzstab, der Teil eines Langbogens, aber auch einfach ein Runenstab (*rúnakefl*) sein könnte wie etwa der Runenstab von Bergen. Er wird in die erste Hälfte des 9. Jahrhunderts datiert. Die Inschrift scheint ein komplizierter skaldischer Vers zu sein, alliterierend und schwer verständlich. Allein die mythologischen Anspielungen sind so dunkel, dass russische und skandinavische Runologen zu gänzlich gegensätzlichen Deutungen gelangen. (In der russischen Lesart: »Funken sprühende Elfe, bleibe unter der Erde«; in der norwegischen Lesart: »Die Zelte von Velerido sind umhüllt von Magie. Nibelungenpfeile werden eine schreckliche Leichenernte mähen.« Das ist durchaus ein Unterschied!)

Fast alle Fundstücke der Eremitage stammen aus Staraja Ladoga (Alt-Ladoga), wo sich, nach dem *Codex Hypatianus*, Rurik zuerst niedergelassen hatte. Die isländischen Sagas nennen diesen Ort *Aldei-gjuborg*, der als Ziel von Angriffen oder als Etappe auf dem Weg nach Kiev und zum Schwarzen Meer beschrieben wird. Er liegt in leicht zu verteidigender Position am linken Ufer des Wolchov, etwa zwölf Kilometer von seiner Mündung in den Ladogasee. Die von einem Erdwall umschlossene alte Siedlung war mit 9.000 qm sehr groß. Ausgedehnte Ausgrabungen fanden dort 1945–1975 statt.

Russen, Finnen und Waräger in Alt-Ladoga

Es steht außer Zweifel, dass Staraja Ladoga ursprünglich eine slavische Siedlung war und von einem finno-ugrischen Stamm um die Mitte des 8. Jahrhunderts gegründet wurde, also ein Jahrhundert vor dem Auftauchen erster wikingischer Spuren an diesem Ort. Die früheste Siedlungsschicht ist nicht-skandinavisch und geht nach Anatolij Kirpichnikov aus St. Petersburg auf eine südslavische Bevölkerung zurück, die aus der Gegend um Novgorod eingewandert war, um sich am Ostseehandel zu beteiligen. Staraja Ladoga bot über die Neva einen leichten Zugang zum Finnischen Meerbusen. In Staraja Ladoga schufen sie eine Insel der Zivilisation, befassten sich aber nicht mit Landwirtschaft, sondern mit Handel und Handwerk. Anatolij Kirpichnikov, der die »normannistische« Kontroverse für nicht mehr relevant hält, nimmt an, dass die Wikinger lediglich Einwanderer waren, die Anteil am Reichtum Staraja Ladogas haben wollten; nach den archäologischen Befunden sind sie zuerst um die Mitte des 9. Jahrhunderts nachweisbar. Seiner Meinung nach steckt in der Überlieferung vom Ruf an Rurik und seine Brüder ein Kern historischer Wahrheit, außer, dass die Siedlung nicht von Rurik gegründet wurde. Gegen Ende des 9. Jahrhunderts jedoch hatten die Rus dazu beigetragen, den Ort in eine russische frühstädtische Siedlung umzuwandeln.

Nach Ansicht russischer Archäologen ist dieser Prozess in Russland nichts Außergewöhnliches, nur, dass Staraja Ladoga wegen seiner Anbindung an die Ostsee das früheste Beispiel ist. Welche Rolle aber spielten dort die Skandinavier? Auf dem Flussufer gegenüber der Siedlung befindet sich ein Gräberfeld von dreizehn Hügeln, die zwischen 1938 und 1940 ausgegraben wurden. Es handelte sich um Brandbestattungen fraglos skandinavischen Typs. Staraja Ladoga ist damit die einzige frühe Siedlung in Russland mit einem eigenen Wikingerfriedhof. Nach A. Kirpichnikov hat man es hier mit einer Begräbnisstätte für das Hofgefolge des Herrschers von Staraja Ladoga zu tun – und zu dieser Zeit war der Herrscher ein Skandinavier, der an der Spitze einer in sich geschlossenen Gruppe niedergelassener Wikinger stand.

Diese These wurde unter Eindruck von Ausgrabungen in der Festung Staraja Ladoga aus dem 15. Jahrhundert entwickelt, die A. Kirpichnikov von 1972 bis 1976 selbst durchführte. Er entdeckte, dass zwei frühere Wallanlagen unter dem heute sichtbaren Wall lagen und dass sich der älteste in die »Wikingerzeit« des ausgehenden 9. Jahrhunderts datieren lässt. Obwohl aber der Bau des ersten Walles ungefähr mit der angeblichen Ankunft Ruriks zusammenfällt, sind die Keramik-, Waffen- und Schmuckfunde dieser Periode nicht skandinavisch – sie sind allesamt slavischen Ursprungs.

A. Kirpichnikovs Interpretation dieser offenkundigen Anomalie bringt jedoch die archäologischen Befunde und die literarischen Quellen zu einer genauen Deckung. Er nimmt an, dass die in Stein aufgeführte Befestigungsanlage in Staraja Ladoga von Ruriks Nachfolger mit dem skandinavisch-slavischen Namen Oleg (das ist der skandinavische Name Helgi) gebaut wurde, der – nach der Nestorchronik – auch die zweite, von Rurik gegründete Stadt übernahm: Novgorod. Oleg hatte das Territorium der Rus bis Kiev ausgedehnt und vereinigte damit die Gebiete der nördlichen Rus mit denen der südlichen Rus. Um die Nordgrenze seines Großreiches zu schützen, ließ er die Festungsanlagen in Staraja Ladoga zur Verteidigung gegen Wikingerpiraten errichten. Zu dieser Zeit jedoch waren die Skandinavier in Staraja Ladoga bereits vollständig slavisiert, und hieraus erklärt sich das Fehlen skandinavischer Fundstücke. Nach diesem Szenario hatte Oleg versucht, auf den Fundamenten eines früheren slavischen Herrschaftsgebietes einen eigenen Staat zu gründen. Mit Hilfe der Festung Staraja Ladoga sollte die zweite Generation Skandinavier das Eindringen neuer Wikingerscharen verhindern!

Die Frage kultureller Assimilation und Absorption steht im Mittelpunkt des Normannistenproblems. Einige große Gräberfelder wurden von russischen Archäologen eingehend untersucht – so etwa 5.000 Grabhügel in Gnezdovo bei Smolensk –, aber wichtige Datierungs- und Interpretationsfragen harren noch ihrer Lösung. Anne Stalsberg von der Univerität Trondheim stellte eine vergleichende Untersuchung des gewaltigen Fundmaterials aus diesen Gräberfeldern an (*Skandinaviske Vikingetidsfunn fra det Gammel-Russiske Riket*, in: Fornvännen 1979). Wie zu erwarten war, konzentrieren sich die skandinavischen Funde auf Zentren entlang der großen Flüsse; was aber macht »skandinavische« Funde aus? Viele der Artefakte sind Zeugnisse einer Mischkultur; der Anteil rein skandinavischer Objekte (Objekte, die nicht durch zufälligen Handelsaustausch erworben wurden) ist sehr klein. Die Anzahl skandinavischer Gräber auf den Friedhöfen liegt lediglich bei fünf Prozent. Zudem existiert ein Datierungsproblem, denn die russischen Archäologen tendieren dazu, ins 10. Jahrhundert zu datieren, was skandinavische Wissenschaftler ins 9. Jahrhundert datieren, wenn ein skandinavischer Kontext vorliegt. Die beiden Datierungssysteme führen somit zu unüberbrückbaren Unterschieden in der historischen Interpretation.

Insgesamt aber kommen Anne Stalbergs Schlussfolgerungen der Position führender russischer Wissenschaftler sehr nahe – dass nämlich die Grabbeigaben und andere Funde eine normalerweise friedliche Beziehung zwischen skandinavischen Ankömmlingen und der einheimischen slavischen Bevölkerung bezeugen. Sie fand keine Belege für Skandinavier als Invasoren, die in einem zuvor herrschaftsfreien Raum einen Staat geschaffen hätten. Die Wikinger bewegten sich in den höheren Schichten der slavischen Gesellschaft und hatten sicher einen Einfluss auf die Entwicklung des altrussischen Staates, ihre Rolle aber war in diesen Kreisen sicherlich nicht so maßgeblich, wie es spätere literarische Quellen nahe legen wollen.

Einige Kilometer nördlich von Staraja Ladoga erhebt sich in einer Biegung des Flusses Wolchov ein Grabhügel, der im Volksmund

»Olegs Hügel« genannt wird. Er wurde bereits 1823 untersucht, und man fand nicht mehr als eine abgebrochene Speerspitze. Dies genügte jedoch, um den Hügel triumphierend mit Ruriks Nachfolger Oleg in Verbindung zu bringen, dem Erbauer der Festung Staraja Ladoga, hatte doch die Nestorchronik das Grab Olegs just an dieser Stelle lokalisiert. Dabei wurde jedoch übersehen, dass Oleg in einer anderen Version der Chronik seine letzte Ruhestätte in Kiev gefunden hat!

Novgorod und Kiev

Die archäologischen Belege aus Novgorod, dem zweiten, angeblich von Rurik gegründeten Ort, sind weniger klar als die aus Staraja Ladoga, aber auch hier zeichnet sich das bereits gewohnte Muster einer von Wikingern übernommenen älteren slavischen Siedlung ab. Novgorod nahm eine äußerst wichtige strategische Position im System der russischen Handelsrouten ein. In den Waldaibergen, etwa 150 Kilometer südlich, kreuzten sich die Wege zwischen dem Wolchov (über den Fluss Lovar), der westlichen Dvina/Düna, dem Dnjepr und der Wolga. Hier lagen die Oberläufe dieser Flüsse, und dies war die Region der großen Schleppstrecken, wo die Händler ihre Schiffe von einem Fluss zum anderen über Land zogen: Die westliche Düna führte zur Bucht von Riga, der Lovar und der Wolchov zum Finnischen Meerbusen, die Wolga zum Kaspischen Meer und nach Zentralasien – dies vielleicht die wichtigste Route für den Erwerb von Münzsilber – und der Dnjepr schließlich führte nach Kiev und ins Schwarze Meer.

Nach der Nestorchronik marschierte der mächtige Oleg mit seinem Heer im Jahre 880 von Novgorod nach Kiev und nahm die Stadt ein: »Oleg machte sich selbst zum Fürsten Kievs und erklärte die Stadt zur Mutter aller russischen Städte. Die Waräger (Skandinavier), Slaven und andere, die ihn begleiteten, wurden Rus genannt. Oleg begann palisadenumwehrte Städte zu bauen und legte den benachbarten Stämmen Tribute auf.« Diese Tribute wurden vermutlich in Form von Fellen, von Münzgeld oder Sklaven bezahlt.

Der um 920 schreibende arabische Geograf Ibn Rustah schildert, wie die Rus von Kiev oder Novgorod in dieser Zeit lebten:

*Die Sophienkathedrale in Novgorod aus dem 11. Jh. Die in ihren
Anfängen stark von Wikingern geprägte Stadt wurde zum größten
Herrschafts- und Handelszentrum des nördlichen Russland.*

Sie haben einen Anführer namens Khagan-Rus. Sie kämpfen gegen die Slaven und benutzen Schiffe für ihre Angriffe; sie nehmen sie als Gefangene, bringen sie zu den Chazaren und verkaufen sie als Sklaven ...

Sie haben keine Dörfer, Güter oder Äcker. Ihre einzige Beschäftigung ist der Handel mit Zobel und Eichhörnchen und anderen Fellen, die sie denjenigen verkaufen, die sie von ihnen kaufen wollen. Als Bezahlung nehmen sie Münzen und befestigen diese an ihren Gürteln. Ihre Kleider sind sauber, und die Männer schmücken sich mit goldenen Armreifen ...

Sie haben viele Städte. Sie sind freigebig mit ihren Besitztümern, behandeln Gäste ehrenvoll und betragen sich freundlich gegenüber Fremden, die bei ihnen Herberge nehmen, und gegenüber allen, die ihre Gastfreundschaft annehmen ...

Wenn einer von den Vornehmen stirbt, beerdigen sie ihn in einem Grab ähnlich einem geräumigen Haus, legen ihn hinein und neben ihn seine Kleider, Goldarmreifen, einen Vorrat an Lebensmitteln, Gefäßen mit Getränken, Münzen und schließlich lebend auch seine Lieblingsfrau. Die Öffnung wird verschlossen und die Frau stirbt, eingeschlossen im Grab.

Die Beschreibung wikingischer Bestattungsbräuche klingt vertraut, ebenso die Beschreibung vom Auftreten der Rus an der Wolga, geschrieben von Ibn Fadlan:

Ich sah die Rus, wie sie auf ihren Handelsreisen herbeikamen und ihr Lager an der Wolga aufschlugen. Nie sah ich Menschen mit einem stattlicheren Körperbau. Sie sind hochgewachsen wie Palmen, rotblond und hellhäutig ...

Jeder trägt eine Axt, einen Dolch und ein Schwert. Ohne diese Waffen sieht man sie nie ... Um den Hals tragen die Frauen Ketten und Ringe. Wenn nämlich ein Mann zehntausend arabische Silbermünzen besitzt, lässt er seiner Frau eine Kette anfertigen.

Von seiner Festung Kiev aus kontrollierte Oleg nun die gesamte Dnjeprroute von Staraja Ladoga bis zum Schwarzen Meer. Um aber durch Warenzölle den größtmöglichen Gewinn zu erzielen, musste die Route gut organisiert sein.

Nach Konstantinopel!

Der Dnjepr fließt ruhig, breit und behäbig durch Kiev, aber der Schein trügt. Wir wissen, dass die Reise nach Süden zum Schwarzen Meer, dem Zugang nach Konstantinopel, extrem gefährlich war. Die Händler versammelten sich im Juni in Kiev, warteten dort auf das Frühjahrshochwasser und setzten sich dann in großen Konvois in Marsch, »um die Gefahren der Reise gemeinsam zu bestehen«, wie es in einer Quelle heißt. Die größte Gefahrenstelle war ein sechzig Kilometer langer Flussabschnitt mit Stromschnellen und Katarakten, wo sie nicht allein den Verlust ihrer Schiffe befürchten mussten, sondern auch den Hinterhalt der dort ansässigen Stämme, denn sie mussten auf dem Landweg die gefährlichsten Punkte umgehen.

Über diese Katarakte können wir in der Schrift *De Administrando Imperio* lesen, die um 950 von niemand Geringerem als dem byzantinischen Kaiser Konstantin Porphyrogennetos verfasst wurde. Er beschreibt darin, wie die Kaufleute versuchen, ihre Boote zwischen den Felsen hindurchzusteuern, wie sie nackt ins Wasser springen, um die Fahrrinne mit ihren bloßen Füßen auszuloten und die Boote mit Hilfe langer Stangen aufrecht hielten. Der Kaiser liefert auch die Namen der einzelnen Katarakte – und es sind allesamt skandinavische Bezeichnungen: *Essupi* (der Verschlinger), *Gelandri* (der Brüller), *Leanti* (der Siedende), *Strukun* (der Renner) – und *Aifur* (der Grimmige), jener Katarakt, der auf dem Runenstein von Pilsgård zum Gedenken an den Tod zumindest eines schwedischen Händlers in den Stromschnellen des Dnjepr genannt wird.

Olegs bedeutendste politische Leistung, zumindest in seinen Augen, war der Vertrag, der ihm vom Byzantinischen Reich, der größten europäischen Macht jener Tage, gewährt wurde. Im Jahre 907 soll er mit einer gewaltigen Flotte den Dnjepr hinuntergefahren sein und das Schwarze Meer mit Kurs auf Konstantinopel überquert haben. Wir erfahren, dass die Verteidiger von Konstantinopel ihn mittels einer eisernen Kette über dem Bosporus zu stoppen versuchten. Aber Olegs

Leute, bereits daran gewöhnt, Schiffe für kürzere Strecken auch über Land zu bewegen, zogen ihre Schiffe einfach an Land, legten Rollen unter und umgingen so das Hindernis. Und als Oleg vor den Toren der Stadt erschien, hielt es der Kaiser für klug, in Verhandlungen einzutreten.

Der hieraus hervorgegangene Vertrag, so wie er in der *Nestorchronik* überliefert ist, beginnt mit einem Trommelwirbel skandinavischer Namen: »Wir, die Rus, Karli, Ingjald, Farúlf, Vermund, Hróðleif ...« – die fünfzehn Gesandten Olegs, des Großfürsten von Kiew. Der Vertrag räumte den russischen Händlern äußerst günstige Bedingungen ein in Bezug auf Einreisepapiere, Warenzölle, Zugang zu Märkten und Vorräten, Schiffsausrüstungen und so fort. Auch wurde festgelegt, dass man ihnen so viele freie Bäder gewähren solle, wie sie wünschten – sie waren ein reinliches Volk, diese Wikinger, trotz ihres Schmuddelimages!

Mit einem kühnen Streich hatte Oleg diplomatische Kontakte zwischen den russischen Reichen Kiew und Novgorod, dem Russland der großen Handelsroute Ostsee–Schwarzmeer, und der größten Macht der westlichen Welt hergestellt – dem Byzantinischen Reich, dem Nachfolger Roms.

Die Skandinavier nannten Konstantinopel *Miklagarður*, die »Große Stadt«. Das aber war eine Untertreibung. Es war die *Größte* Stadt, die eigentliche Metropolis: eine schon damals kosmopolitische und polyglotte Stadt, im wahrsten Sinne des Wortes eine Brücke zwischen Ost und West über die Wasser des Bosporus. Seit der osmanischen Eroberung im 15. Jahrhundert trägt sie den Namen Istanbul; ihr ursprünglicher Name war Byzantium, bis der römische Kaiser Konstantin im 4. Jahrhundert die Hauptstadt des Römischen Reiches dorthin verlegte und ihr seinen Namen gab. Alle diese Namen beschwören die Größe und Majestät vergangener Reiche, das wikingische *Miklagarður* indessen umschreibt treffend die Quintessenz: die Große Stadt.

Damals – wie auch heute noch – war die Stadt ein denkwürdig schöner Ort, mit unzähligen Kuppeln und Kirchen, Zinnen und Türmen. Hier waren weltliche und geistliche Macht angesiedelt, hier konnte man Reichtümer erwerben, die alle Träume wikingischer Habgier übertrafen. Konstantinopel war das Mekka, der große Anziehungspunkt für Händler und Söldner aus allen Teilen der Welt. Konstantinopel war das Babylon jener Zeit, und es lässt sich leicht vorstellen, welchen überwältigenden Eindruck die Stadt auf Menschen machen musste, die nur das raue Leben auf Schiffen und in einfachen Handelsplätzen gewöhnt waren: die betörende Mischung von Luxus und Käuflichkeit, von Schacher und Raufhandel, von West und Ost. Kein Wunder also, dass die Stadt zur Legende wurde, sogar für die Sagaschreiber des so weit entfernten Island. Und kein Wunder, dass man es als Ehre ansah, in die Elitetruppe der Warägergarde aufgenommen zu werden, der meist aus skandinavischen Kriegern bestehenden Leibgarde der byzantinischen Kaiser.

Die Wikinger wurden vom Lockruf des Geldes und der Macht zu Hunderten, vielleicht zu Tausenden, angezogen. Und doch hinterließen sie bemerkenswert wenige Spuren ihrer umfangreichen Präsenz in Konstantinopel, genauer gesagt: nirgendwo – nur an der Hagia Sophia, dem hervorragendsten Kirchenbau der Stadt. Im Jahre 1967 identifizierte der große schwedische Runologe Sven B. F. Jansson eine der Zufallsgraffiti an den Mauern der Hagia Sophia als eine runische Inschrift. Der größte Teil war unleserlich, aber die ersten Zeichen der Inschrift ließen sich entziffern: A-L-F-T-A-N, der Personenname »Hálfdan«, »Halb-Däne«, ein weit verbreiteter Name der Wikingerzeit.

Wir wissen nicht, wie der Rest der Inschrift lautete, aber man kann sich ohne weiteres einen gelangweilten jungen Wikinger vorstellen, der vor tausend Jahren auf der Südgalerie der Hagia Sophia einem nicht enden wollenden Gottesdienst in einer ihm unverständlichen Sprache beiwohnte und nebenbei in den Marmor der Kirche seine persönliche Botschaft an die Nachwelt einritzte: »*Hálfdan war hier.*«

FÜNFTES KAPITEL

ENGLAND IM VISIER

Von den ersten dänischen Einfällen
bis zu Alfred dem Großen

Händler oder Feinde? Wikinger im Hafen

*Als der fromme König Brihtric über Wessex herrschte (768–802) ...
erschien überraschend eine kleine Flotte von Dänen, aus drei schnellen Schiffen bestehend, an der Küste; und dies war das erste Mal,
dass sie kamen. Als der Amtswalter des Königs, der in der Stadt
Dorchester war, dies hörte, stieg er mit einem kleinen Gefolge zu
Pferd und eilte zum Hafen, denn er glaubte, es seien Händler und
nicht Feinde; und mit gebieterischem Befehl ordnete er an, sie zum
Hof des Königs zu bringen. Aber er und seine Männer wurden
von ihnen auf der Stelle getötet. Der Name des Amtswalters war
Beaduheard.* ANGELSÄCHSISCHE CHRONIK, ÆTHELWEARD-VERSION

»Und dies war das erste Mal, dass sie kamen.« Mit diesen Worten
berichtet eine lateinische Fassung der Angelsächsischen Chronik vom
ausgehenden 10. Jahrhundert über den ersten Wikingerüberfall in England zweihundert Jahre zuvor. Als Schauplatz des Geschehens denkt
man sich den Hafen Portland am Ärmelkanal in der Bucht von Weymouth in Dorset.

Die Angelsächsische Chronik wurde zuerst in Wessex, möglicherweise in Winchester, im Jahre 982 auf Anregung König Alfreds des
Großen von Wessex (871–899) kompiliert. In ihrer ursprünglichen
Form befasste sie sich ausschließlich mit den politischen Angelegenheiten der Westsachsen und insbesondere mit König Alfreds langwierigen
Kämpfen gegen die Wikinger, die drohten, sein Königreich zu überrennen. Was sich jenseits der Grenzen von Wessex abspielte, kümmerte

den Chronisten wenig. So erwähnt er mit keinem Wort den Überfall auf das northumbrische Kloster Lindisfarne im Jahre 793, der für alle anderen den Beginn der Wikingerzeit markierte. Für ihn begann die Zeit der Wikingereinfälle mit der Ermordung eines königlichen Zoll- und Steuereinnehmers im Hafen Portland –, denn Portland lag in Wessex, und Lindisfarne eben nicht.

Im Grunde hege ich insgeheim ein gewisses Verständnis für die Mannschaft dieser drei skandinavischen Schiffe (im Übrigen waren es aller Wahrscheinlichkeit nach Norweger und keine Dänen; die Chronik nennt generell alle Skandinavier »Dänen«). Diese Männer waren in offenen Booten Hunderte von Kilometern über die Nordsee gefahren; alles, was sie wollten, war vielleicht nur ein freundlicher Empfang in Weymouth und einige Biere in der Schenke. Es ist durchaus wahrscheinlich, dass sie wahrhaftig »Händler und nicht Feinde« waren – zumindest bis Beaduheard auf der Bildfläche erschien. Sie fühlten sich von diesem Verwaltungsmenschen kujoniert, der dazu noch versuchte, sie ins neun Meilen entfernte Dorchester in Marsch zu setzen. Es kam, wie es kommen musste: Erst flogen die Fäuste, dann wurden die Waffen gezückt. So war der Zwischenfall in Portland wahrscheinlich kein »Wikingerüberfall«, sondern eine ganz gewöhnliche Hafenkeilerei, die dann aus dem Ruder lief und im Nachhinein glorifiziert wurde, weil Skandinavier daran beteiligt waren.

Es ist eine in vielerlei Hinsicht erhellende Episode. Während die anfänglichen Überfälle auf kirchliche Zentren durch ungebundene wikingische Plünderer in der ganzen damaligen Welt Schlagzeilen machten, legt die Portland-Episode nahe, dass frühe Wikingergruppen mindestens ebenso stark an Handelsgeschäften interessiert waren. Gelegentliche Piraterie gegen die einheimische Küstenschifffahrt richtete nach und nach die Aufmerksamkeit der Wikinger landeinwärts zu den Küstengebieten. Der Vorfall gilt nicht so sehr als Vorläufer sporadischer Angriffe auf kirchliche Einrichtungen der 790er Jahre, sondern als Beginn planmäßiger und zunehmend regelmäßigerer dänischer Angriffe auf wichtige Handelsplätze auf dem Kontinent ab den 830er Jahren.

Dass es im angelsächsischen England einen königlichen *exactor* wie Beaduheard gab, ist symptomatisch für die wachsende Bedeutung von

Einkünften aus Abgaben und Zöllen für die Schatulle des Königs. Es war Aufgabe dieses Amtswalters, die Bewegungen und Geschäfte dieser Reisekaufleute zu beobachten und im Namen des Königs die entsprechenden Steuern einzuziehen. Im gesamten 8. Jahrhundert gibt es literarische und archäologische Belege für die Entwicklung ehemaliger römischer urbaner Zentren wie London und York sowie für die Gründung spezialisierter Handelshäfen wie Ipswich am Fluss Orwell und *Hamwih* (Vorläufer von Southampton) am Westufer des Flusses Itchen in Hampshire. Am Ende des 8. Jahrhunderts bot England vielversprechende Aussichten für alle, die sich im europäischen Handel engagieren wollten. Für die nächsten zweieinhalb Jahrhunderte standen dann auch die Britischen Inseln im Mittelpunkt wikingischer Unternehmungen: die frühesten Überfälle, die frühesten skandinavischen Niederlassungen, die großräumigsten Eroberungen – alles spielte sich dort ab. Es war in Britannien, wo die Vorstöße der Norweger und Dänen zusammentrafen und sich vermischten.

König Offa von Mercien
In der zweiten Hälfte des 8. Jahrhunderts war Mercia (Mercien) das dominierende Königreich in England, und die herausragende politische Figur war Offa, König von Mercia (757–796). Am Ende seines Lebens war er der unangefochtene Herrscher über alle englischen Gebiete bis hinauf zum Humber: *rex Anglorum* (König der Engländer), und sogar in einem Dokument *rex totius Anglorum patriae* (König von ganz England). Unter den frühen englischen Königen war er einer der bemerkenswertesten; seine Herrschaftsstellung in England ließ ihn selbst Kaiser Karl dem Großen als ebenbürtig erscheinen. Seine Regierungszeit ist nicht annähernd so gut dokumentiert wie die Alfreds des Großen ein Jahrhundert später, aber wie auch Alfred war er ein kluger und geschickter Staatsmann, ein umsichtiger Gesetzgeber und ein bedeutender Förderer der Gelehrsamkeit und Künste.

Ein Teil seiner Leistungen lässt sich an seinen Münzprägungen ablesen. Im 8. Jahrhundert hatten die englischen Könige ihre eigenen Münzen entwickelt, die nicht nur ihrer jeweiligen Regierungszeit eine buchstäbliche Prägung verliehen, sondern auch den Binnen- und

Außenhandel mit königlicher Billigung ausstatteten. Offa wandelte das umlaufende englische Geld in eine Währung, die überall in Europa akzeptiert wurde. Sein Silberpenny (*sceatta*) geriet zu einer schweren, soliden, stabilen und elegant geprägten Münze. Offas Münzmeister stellten eine der schönsten Münzen her, die in England jemals entstanden sind, und setzten damit Maßstäbe für die nächsten 500 Jahre. Die Prägetätigkeit unter König Offa brachte auch ein hübsches Nebenprodukt hervor: eine nach dem Vorbild des arabischen Golddinars geschaffene Goldmünze, von der man ein Exemplar in Rom gefunden hat. Es scheint, dass der Münzmeister nicht wusste, dass das von ihm kopierte »Schneckenmuster« auf der Münze eigentlich arabische Schriftzüge waren. Daher kommt es, dass der Name des christlichen Königs von Mercia, *Offa rex*, von einer auf dem Kopf stehenden arabischen Umschrift umgeben ist: »Es gibt keinen Gott außer Allah, und Mohammed ist sein Prophet!« Die Datierung lautet 157 nach der Hedschra, also 774 nach Christi Geburt.

Offas Name wird traditionell mit dem massivsten erhaltenen Bauwerk der angelsächsischen Periode in Verbindung gebracht, mit dem beindruckendsten Bauprojekt eines angelsächsischen Königs: Offa's Dyke. Dieses Baudenkmal ist das längste der in Britannien bekannten großen Grenzbefestigungssysteme, ein Wall-Graben-Erdwerk, das sich etwa 180 Kilometer zwischen den Flüssen Dee und Severn erstreckt und die Grenze zwischen Mercia und Wales markiert. Eine unmittelbare Verknüpfung Offas mit Offa's Dyke ist nicht belegt, abgesehen von der walisischen Tradition, die Grenzanlage Clawwd Offa zu nennen, und der Notiz bei Asser, dem Biografen König Alfreds, Offa habe einen großen *vallum* von Meer zu Meer zwischen Mercia und Wales bauen lassen. Allerdings ist kein anderer Herrscher dieser Zeit denkbar, der Macht und Ressourcen besessen hätte, ein solches Unternehmen durchzuführen. Ein Gutteil von Offa's Dyke ist verschwunden und selbst die sichtbaren Teile sind bis auf wenige Reste zerstört. Aber noch ist genug zu sehen, um sich einen Einruck von der königlichen Macht und gesellschaftlichen Organisation machen zu können, über die der Bauherr offenbar verfügte. Offa's Dyke war die Entsprechung zum Danewerk in Süddänemark, dessen früheste Teile ein halbes Jahrhundert zuvor entstanden sind.

Der besagte Vergleich mit dem Danewerk hat zumindest eine gewisse Berechtigung: Die mercischen Erbauer von Offa's Dyke waren Verwandte der dänischen Erbauer des Danewerks, denn auch ihre Vorfahren entstammten dem Volksstamm der Angeln, deren Siedlungsgebiet das heutige Schleswig-Holstein war, eben die Region des Danewerks. Es waren die Angeln, die Jüten und die Sachsen, die England nach mehreren mächtigen Einwanderungswellen im 5. Jahrhundert übernommen hatten, als man die römischen Legionen zur Verteidigung Roms von der Insel abgezogen hatte. Die Eindringlinge fanden ein sturmreifes Land am Rande des Zusammenbruchs vor: die Städte verlassen, die Verwaltungsstrukturen zerbrochen, die politischen Führer untereinander zerstritten, ständige Angriffe aus dem Norden und Westen durch Pikten und Briten. Und jetzt, im 9. Jahrhundert, schien sich die Geschichte zu wiederholen. Wiederum war England von der Nordsee her Ziel von Angriffen.

Das Große Heer der Wikinger – Bedrohung zu Wasser und zu Lande
Nach den ersten sporadischen norwegischen Raubzügen gegen Ende des 8. Jahrhunderts blieb England vorderhand von wikingischen Angriffen verschont, nicht aber von Kriegshandlungen im Inneren. Zu dieser Zeit konzentrierten sich die Norweger darauf, Stützpunkte und Siedlungen auf den schottischen Inseln zu errichten. Der nächste Ansturm auf England kam dann auch nicht aus Norwegen, sondern aus Dänemark im Zuge der ersten dänischen Angriffe auf Dorestad und Kontinentaleuropa im Jahre 834. Im darauf folgenden Jahr 835 »verwüsteten die Heiden Sheppey«, eine Insel im Bereich der Themsemündung (*Angelsächsische Chronik*). In den nächsten fünfzehn Jahren richteten sich Wikingerzüge gegen Ziele beiderseits des Ärmelkanals; zahlreiche Raubzüge im Südosten Englands werden in den Quellen erwähnt: Hamwih (Southampton) und Portland 840, London und Rochester 842.

Diese Raubzüge waren reine Sommerunternehmungen. Im Jahre 850 jedoch kam es zu einer verhängnisvollen neuen Entwicklung, als dänische Wikinger zum ersten Mal in England, auf der Themseinsel Thanet, überwinterten. Damit waren die Raubzüge keine Saisonbeschäftigung mehr, sondern eine Art höchst lukrativer Lebensform. Zum Jahre 865 berichtet die Angelsächsiche Chronik zum ersten Mal vom »Dänengeld« (Dänensteuer), als die Leute von Kent eine Summe Geldes an eine Truppe dänischer Wikinger zahlte, damit sie wieder abzögen und sie in Ruhe ließen – eine Abmachung, welche die Dänen, so ist überliefert, dann auch prompt nicht einhielten.

Im Herbst des Jahres 865 trug sich noch Bedrohlicheres zu: die planvolle Invasion einer dänischen Armee, die nicht auf schnelle Beute aus war, sondern auf dauerhafte Eroberung:

865. Und in diesem selben Jahr kam ein großes heidnisches Heer (micel here) nach England und nahm Winterquartier in Ostanglien; und dort beschafften sie sich Pferde, und die Ostanglier schlossen Frieden mit ihnen. ANGELSÄCHSISCHE CHRONIK

Die Mannschaftsstärke des »Großen Heeres« ist schwer abzuschätzen. Professor Peter Sawyer hat überzeugend dargelegt (in: *The Age of the Vikings*, 1971), dass es sich höchstens um Hunderte, nicht aber um Tausende gehandelt haben kann. Wichtig aber ist, dass sich nunmehr der Charakter der Wikingereinfälle drastisch – aus englischer Sicht dramatisch – veränderte:

Jetzt verließen die Dänen ihre Schiffe als ihr wichtigstes Transportmittel und wandelten sich zu einer berittenen und höchst mobilen Landstreitmacht. Die Bedeutung dieser neuen Bedrohung scheint den Engländern wohl bewusst gewesen zu sein, denn archäologische Befunde belegen für die nächste Dekade einen fünffachen Anstieg von Münzhorten, die ihre Eigentümer vergraben und niemals wieder aufgefunden haben.

Die gesamten Vorgänge um das Große Heer müssen aus verstreuten Quellen zusammengesetzt werden. Es scheint, dass das Invasionsheer von drei Brüdern angeführt wurde, von Hálfdan, Ubbi und Ívar dem Knochenlosen, die sich nach irischen Quellen in Irland einen üblen Namen gemacht hatten (vgl. Kap. 6). Diese Brüder sollen angeblich die Söhne eines gewissen Ragnar gewesen sein – vielleicht jenes Ragnar, der Paris im Jahre 845 angegriffen hatte (vgl. Kapitel 3).

Nachdem es in Ostanglien überwintert hatte, zog das Heer mehr als dreihundert Kilometer nordwärts zu seinem Hauptziel, dem Königreich Northumbria jenseits des Flusses Humber. Am Allerheiligentag, dem 1. November 866, fielen sie in York ein, der Hauptstadt des Königreiches, als die Stadt überfüllt war von feiernden Menschen, von Gottesdienstbesuchern und Händlern aus allen Teilen Yorkshires. Offenkundig hatte man den Wikingern keinen Widerstand geleistet, denn die Northumbrier waren zu dieser Zeit in einen Bürgerkrieg verwickelt: König Osbert war vom Volk zu Gunsten von König Ælla vertrieben worden, »einem König nicht-königlichen Geblüts«, wie die Angelsächsische Chronik berichtet. Die Wikinger hatten ein untrügliches Gespür für innere Schwächen ihrer Angriffsziele, und so konnten sie unbemerkt nach York eindringen, während die Nordhumbrier damit beschäftigt waren, sich gegenseitig zu bekämpfen. Nachdem sie die Stadt in ihre Hand gebracht hatten, besserten sie die alten römischen Befestigungsmauern aus, saßen dort den ganzen Winter über und erwarteten den unvermeidlichen Gegenangriff, sobald die Nordhumbrier ihre Differenzen beigelegt hätten.

Der erwartete Angriff erfolgte am 21. März 867. Die beiden vorübergehend versöhnten Rivalen Osbert und Ælla attackierten die Stadt gemeinsam. Teile des nordhumbrischen Heeres durchbrachen die Verteidigungslinien, aber kaum waren sie innerhalb der Mauern, wurden sie in großer Zahl niedergemacht; Osbert und Ælla fielen im Kampf. Das einst mächtige Königreich Northumbria befand sich nun in der Hand der Wikinger.

Ragnar der Rächer und Ívar der Knochenlose

Das ist die nüchterne historische Tatsache. Die Legende aber ist niemals zufrieden mit solcher Prosa. Nach einer späten isländischen Sagatradition war die Eroberung Yorks durch die Dänen ein bewusster, gegen König Ælla gerichteter Racheakt der Söhne eines der schillerndsten Wikinger überhaupt – Ragnar *lóðbrók*, Ragnar Pelzhose. Dieser Ragnar (wohl nicht jener Ragnar von Paris) war der namengebende Held einer legendarischen Saga, die sich überall in Skandinavien höchster Beliebtheit erfreute. Er soll ein berühmter Dänenkönig gewesen sein, auch wenn es keine historischen Belege über ihn gibt. Seinen

Beinamen hatte er von seinen Beinkleidern, die seine Gemahlin für ihn aus besonders dickem Fell geschneidert, in Pech gekocht und in Sand gewälzt hatte als nicht brennbaren Schutz vor dem Feueratem eines Drachens, den er erschlagen sollte.

In seinen alten Tagen soll Ragnar Pelzhose eifersüchtig auf die Kriegstaten seiner kampfestüchtigen Söhne gewesen sein; so stach er in See und segelte nach Northumbria, um sich ein wenig Sagaruhm zu erwerben. Offenkundig hatte er aber da schon seinen Zenit als Krieger überschritten. Nach einigen Scharmützeln wurde er in einer Schlacht von König Ælla besiegt und als Gefangener nach York gebracht. Er weigerte sich, seinen Namen zu nennen, und um seine Zunge zu lösen, ließ ihn Ælla in eine Schlangengrube werfen.

Das wirkte, aber nicht so, wie es Ælla beabsichtigt hatte. Als die Schlangen über Ragnar hinwegkrochen und ihn mit ihren Giftzähnen bissen, sang er das »Sterbelied des Ragnar *lóðbrók*«, auch *Krákumál* genannt, mit dem Refrain am Anfang jeder Strophe: »Ich schlug mit dem Schwert!« Und mit sterbender Stimme stieß er eine dunkle Prophezeiung aus: »Wie die Ferkel grunzen würden, wüssten sie von der Not des Ebers!«

Menschenopfer für Odin: der Blutadler

Und jetzt, so erzählt die Saga weiter, wüteten die Ferkel in Northumbria, schnaubten mit gesträubten Borsten nach Rache für ihren Vater. Sie ergriffen den niederträchtigen Ælla, und Ívar der Knochenlose soll sich für ihn einen grauenvollen, grausamen Tod ausgedacht haben: Die Brüder weihten den König dem Allvater Odin, indem sie ihm den »Blutadler« in den Rücken schnitten: Sie hackten die Rippen von der Wirbelsäule, zogen die Lungen heraus und spreizten sie über die Schulterblätter wie Flügel. Dieses grausame Ritual (ebenso makaber wie die Hinrichtungen im Mittelalter durch Erhängen, Ausdärmen und Vierteilen) hat schon immer die Phantasie derjenigen angeregt, die über Wikinger gelesen und geschrieben haben. Indessen muss gesagt werden, dass es dafür nicht den Hauch eines dokumentarischen Belegs gibt, vielmehr dürfte alles der makabren Einbildungskraft der späten Sagaautoren entsprungen sein.

Merkwürdig genug, das nordische Motiv »Rache-für-Ragnar« wurde in der englischen Überlieferung von Ælla auf König Edmund von Ostanglien übertragen. In der englischen Version ist es Edmund, nicht Ælla, den man (fälschlicherweise, wie sich herausstellte) für Ragnars Tod verantwortlich machte; und Ragnars Söhne bereiteten ihm einen so qualvollen Tod, dass er sofort zu einem heiligen Märtyrer erhoben wurde. Gesichert ist, dass im Jahre 870 das dänische Heer in Ostanglien einfiel und das Land eroberte; König Edmund fiel, als er sich der Invasion entgegenstellte.

Wie gewohnt kümmert sich die Angelsächsische Chronik nur am Rande um die Ereignisse in Ostanglien; es heißt dort nur: »... und sie erschlugen den König«. Die ein Jahrhundert nach den Ereignissen von Abbo von Fleury verfasste *Passio Sancti Edmundi* spricht ihm einen Märtyrertod zu, der an die Leiden des heiligen Sebastian erinnert: Man stellte ihn mit dem Rücken gegen einen Baum wie auf einer Streckbank (*eculeus*) und benutzte ihn als Zielscheibe für Bogenschützen, bis er wie ein Igel mit Pfeilen gespickt war. Als man ihn endlich halb tot vom Baumstamm ablöste, war sein Rücken vollständig aufgerissen, und man konnte seinen Brustkorb sehen. Hier liegt eine augenfällige lautliche Ähnlichkeit vor zwischen dem »Adler« (*aquila*), der in Ællas Rücken geschnitten wurde, und dem »Streckgestell« (*eculeus*), an das man Edmunds Rücken spannte, auch zeigte sich der »Blutadler«-Effekt, als man Edmunds durchbohrten Körper vom Baum löste.

Wie sich auch immer der Tod Edmunds zugetragen haben mochte, entweder durch Marter, wie die Legende behauptet, oder in der Schlacht, wie die Angelsächsische Chronik berichtet (nach der Überlieferung bei Hoxne in Suffolk), sein Fall markiert das Ende des einheimischen christlichen Königtums in Ostangeln. Die Ostangeln, die sich fünf Jahre zuvor schmählich dem Wiking Ívar und seinen Leuten ergeben und ihn mit Pferden versorgt hatten, fanden sich jetzt, zusammen mit den Northumbriern, fest unter dänischem Joch.

Kampf um Wessex

Mit dem Norden und dem Osten Englands im Griff wandten sich die dänischen Invasoren nun gegen Wessex. Zugleich scheint sich eine Veränderung bei den *dramatis personae* vollzogen zu haben: Nach der Eroberung von Ostanglien (East Anglia) scheint sich Ívar von seiner Truppe getrennt zu haben; er begab sich nach Norden zu seinen Freunden aus Irland und beteiligte sich 870 an der Belagerung und Zerstörung der Strathclyde-Festung Dumbarton in Schottland. Von dort aus ging er nach Dublin, um die Führung über die Wikinger in Irland zu übernehmen; er starb dort im Jahre 873 (vgl. Kapitel 6). Die Annalen von Ulster bezeichnen ihn als *rex Nordmannorum totius Hiberniae et Britanniae*, »König der Normannen in Irland und Britannien«. Das bedeutet: Er war effektiv der Herrscher über die wikingischen Enklaven in Irland und England mit ihren Hauptorten Dublin und York.

Ívars Rückkehr nach Irland wurde von der Ankunft eines neuen dänischen Heeres – des »Großen Sommerheeres« (*mycel sumer lida*) – im Jahre 871 unter Führung eines gewissen Guthorm kompensiert. Diese neue Invasionsarmee vereinigte sich mit dem bereits in Ostanglien stehenden »Großen Heidenheer«, und beide rüsteten sich zu einem Angriff auf Wessex. Das ganze Jahr über bekämpften sich Wikinger und Angelsachsen in einer Serie von Zusammenstößen, die jedoch unentschieden ausgingen. Am Ende der Saison dann, im Herbst 871, waren beide Seiten bereit, dem Ringen ein Ende zu setzen: Die Westsachsen, jetzt unter der Führung ihres jungen Königs Alfred, schlossen Frieden – zweifellos gegen eine ordentliche Dänengeldzahlung –, und die Wikinger zogen sich nach London zurück.

Damit hatte Alfred die bitter nötige Zeit für sich und sein Königreich Wessex gewonnen: zur Konsolidierung, zur Neugruppierung, zur Vorbereitung tiefer gestaffelter Verteidigungslinien. Alfred wusste, dass Wessex früher oder später das gleiche Schicksal ereilen würde wie Northumbria und East Anglia. Als die Situation schließlich eintrat, gewann er wegen einer Reihe politischer und militärischer Ereignisse an anderen Schauplätzen mehr Zeit, als er erwarten konnte.

Im Jahre 872 gab es in Northumbria eine Revolte gegen die dänische Herrschaft. Das vereinigte Dänenheer zog im folgenden Jahr nordwärts, schlug den Aufstand nieder und richtete seine Aufmerksamkeit nach Mercia, das verzweifelt versuchte, das Unvermeidliche durch jährliche Zahlungen des Dänengeldes zu verhindern. Das Ende kam im Jahre 874: Das Wikingerheer zog mit aller Macht gegen Repton, jagte den mercischen König Burgred übers Meer, »eroberte das ganze Königreich« und setzte dort mit Ceolwulf einen Marionettenherrscher ein.

Inzwischen war auch das Große Heer bereit, gegen Wessex zu ziehen, um die Eroberung ganz Englands zu vollenden und das Land aufzuteilen: Die Führer des Wikingerheeres, Hálfdan und Guthorm (von Ubbi ist noch nicht die Rede), waren sich offenkundig einig, England in zwei Wikingerreiche nördlich und südlich des Humber zu teilen. Guthorm verlegte sein »Großes Sommerheer« 871 nach East Anglia, nach Cambridge, um sich auf die Einverleibung von Wessex vorzubereiten, und Halfdan führte seine dänischen Veteranen des »Großen Heidenheeres« von 865 zurück nach Northumbrien.

Nachdem er vom Tod seines Bruders Ívar gehört hatte, beabsichtigte Halfdan, sich als Wikingerfürst über Northumbria und Irland zu etablieren, bezog Winterquartier am Tyne und unternahm Vorstöße tief nach Strathclyde hinein bis nach Dumbarton, wie es auch Ívar getan hatte, um ganz Südwest-Schottland in seine Hand zu bringen. Nach den Irischen Annalen versuchte er auch vergeblich, die Kontrolle über das wikingische Dublin zu erlangen, das norwegische Wikinger nach Ívars Tod übernommen hatten.

Es scheint jedoch, dass zu dieser Zeit Halfdans kriegsmüde Männer genug von Kriegszügen hatten. Zehn Jahre waren sie nun auf Kriegsfahrt und hatten sich zweimal durch ganz England gekämpft. Nunmehr waren sie bereit, sich niederzulassen:

876 … Und in diesem Jahr verteilte Halfdan Land in Northumbria, und sie begannen zu pflügen und sich selbst ihren Lebensunterhalt zu verschaffen. ANGELSÄCHSISCHE CHRONIK

Halfdan, der rastlose Wiking, versuchte erneut, Ívars Königreich in Dublin an sich zu reißen, aber sein und seiner Männer Glück hatten ihn verlassen; er wurde bei einem kleineren Seegefecht vor der Küste Irlands im Jahre 877 getötet. In der Zwischenzeit war die Mehrzahl des ehemaligen »Großen Heidenheeres« von 865 eifrig dabei, sich auf ihren neuen Besitztümern in Northumbria einzurichten und ihre Schwerter gegen Pflugscharen einzutauschen. Sie und ihre Nachkommen sollten eine deutliche und dauerhafte Wirkung auf die physische, soziale und kulturelle Landschaft Nordenglands ausüben, namentlich auf York, die Hauptstadt Northumbrias, welche die Wikinger *Jórvík* nannten.

York, Metropole der Wikinger

York war die erste bedeutende englische Stadt, die von den Wikingern eingenommen und bewohnt wurde. Ihre Spuren sind heute noch sichtbar. Die Stadt war unter dem Namen Eburacum die nördliche Legionsbasis des Römischen Britannien ab 71 n. Chr. – ein stark befestigter, rund zwanzig Hektar großer Ort am Nordufer der Ouse, an der Stelle gelegen, wo die große Nord-Süd-Landverbindung den schiffbaren Fluss kreuzt.

Was den Wikingern an York gefiel, war genau das, was auch den Römern an York gefallen hatte: Es war ein hoch strategischer, leicht zu verteidigender Platz auf einer Landspitze zwischen der Ouse und ihrem Nebenfluss Fosse. Die Wikinger erweiterten den Umfang der Stadt nach Südosten hin beträchtlich; sie bauten eine neue Brücke über die Ouse, um den Verkehr über die heute noch so benannte Micklegate, »Große Straße«, durch die alte Römersiedlung hindurchzuleiten. Neue Befestigungen wurden zum Schutz der neuen Vorstädte gebaut und damit die römisch-anglischen Palisadenwälle erweitert und verstärkt.

Unter der Herrschaft der Wikinger verdoppelte sich der Umfang der Stadt. Sie entwickelte sich mit geschätzten 30.000 Einwohnern zur größten Handelsstadt Britanniens und zu einem der größten Handelszentren Westeuropas. Sie war zudem der wichtigste Standort für den Handel der Skandinavier auf den Britischen Inseln. Die Kais am Ouseufer wurden erweitert, Holzhäuser und Werkstätten entstanden im Umkreis der von den Angeln erbauten Steinkirche. Nach dem *Leben des Heiligen Oswald* war York um das Jahr 1000 »ausgeschmückt mit den Schätzen von Kaufleuten, die aus allen Himmelsrichtungen herbeikamen, vor allem vom Volk der Dänen«.

In dieser Zeit wird die physische Gestalt der Stadt festgelegt, ein Grundriss, dem spätere Stadtplaner ohne Veränderungen folgten. Die Straßennamen erzählen ihre eigene Geschichte, vor allem solche, die mit dem Element »-gate« (von altnordisch *gata*, »Gasse«/ »Straße«) enden. Sie erinnern an Straßenzüge aus der Wikingerzeit, deren grundlegender Verlauf sich in der dicht gedrängten Altstadt niemals verändert hat: Walmgate, Skeldergate (»Schildmachergasse« oder »Brettergasse«), Goodramgate (»Guthormgasse«), Hungate (ursprünglich *Hundagata*, »Hundegasse«) und ganz besonders Coppergate (»Böttchergasse«), die Gasse der Holzverarbeiter.

Die Coppergate ist von besonderer Bedeutung, weil sie in der 1970er und 1980er Jahren Schauplatz der ergiebigsten wikingerzeitlichen Ausgrabungen war, die jemals außerhalb Skandinaviens durchgeführt wurden. Wegen der Nähe zum Zusammenfluss von Ouse und Fosse herrschten an dieser Stelle immer feuchte Bodenverhältnisse. Nachfolgende Generationen haben das Gebiet aufgeschüttet, um es über dem Wasserspiegel zu halten. Das Ergebnis war, dass die Coppergate gut abgeschlossene und bestens erhaltene Siedlungsschichten bis zu einer Tiefe von 10 Metern aufweist.

Die Ausgrabungen im Bereich der Coppergate haben ein ganz neues Licht auf einen Aspekt der Wikingerzeit geworfen, der stets ignoriert wurde – der urbane Wiking, der Wiking als Handwerker und Künstler, der Wiking als Kaufmann und nicht als Plünderer, als Mensch und nicht als Mythos.

Die frühesten skandinavischen Siedler in der Coppergate bauten ihre Häuser aus Flechtwerk und Holzpfosten, die mit Lehm beschichtet wurden, um sie wasserfest zu machen. Die nächste Generation baute bereits festere Behausungen: Die Wände bestanden aus soliden Eichenbrettern, die horizontal auf dicke Fundamentbalken gelegt und von innen durch senkrechte Stützen gehalten wurden. Diese mit der Giebelseite zur Straße stehenden Coppergatehäuser sind die frühesten wikingerzeitlichen Holzkonstruktionen, die man in England gefunden hat. Die Wände standen noch aufrecht bis zu einem Meter Höhe. Eine Giebelfront war wie ein Packen Spielkarten umgestürzt, es blieben aber immer noch fast zwei Meter von der ursprünglichen Konstruktion stehen.

Diese Häuser, deren Holzteile geborgen und in Becken mit Polyäthylenglykol konserviert wurden, hat man in der Coppergate wieder aufgebaut. Es sind kombinierte Wohn- und Werkstatträume, die wie

Wikingerstadt York (Jórvík). Die Ausgrabungen in der Coppergate.

ein Halbkellergeschoss in die Erde eingelassen waren und eine Abmessung von sieben auf drei Meter aufweisen. Der Fußboden eines der Häuser bestand aus einem Gemisch aus Weidenzweigen und Reisig, das man als eine Art früher Hohlraumisolierung interpretierte, eine in Dänemark noch bis in jüngste Zeit angewendete Technik. Die Gebäude lassen sich mit Sicherheit durch zwei um 980 unter König Æthelred geschlagene Silbermünzen ins 10. Jahrhundert datieren.

Das York der Wikingerzeit erwies sich als eine archäologische Fundgrube. An verschiedenen anderen Stellen förderte man Beweise für eine blühende Gewerbestadt zu Tage: Es gab eine Ledergerberei für die Schuhherstellung, eine Manufaktur für Schlittschuhe aus Tierknochen, eine Werkstatt für Kämme aus Knochen und Geweih, viele von ihnen hübsch verziert. Ganz im Gegensatz zu ihrem Image als zottelige, ungewaschene Gesellen scheinen sich die Wikinger durchaus um Körperhygiene gekümmert zu haben. Ein englischer Chronist des 13. Jahrhunderts, Johann von Wallingford, beklagt sich regelrecht darüber. Er berichtet, die Wikinger hätten immerzu ihre Haare gekämmt, hätten sich häufig gebadet und ihre Unterkleider gewechselt und hätten damit bei der örtlichen Damenwelt einen großen Vorteil gegenüber ihren angelsächsischen Rivalen gehabt! Man hat früher angenommen, das Leben im wikingerzeitlichen Jórvík habe wegen insektenverseuchter Abfälle in den Gassen sehr unangenehm und unkomfortabel gewesen sein müssen. Gewiss hat man Käfer und Fliegen in Erdproben der Wikingerzeit gefunden, aber das von frühen Kommentatoren entworfene Bild von Dreck und Verwahrlosung musste nach neueren Forschungen zur Beschaffenheit der damaligen Umwelt modifiziert werden. Es ist in diesem Zusammenhang sicher von Bedeutung, dass das Wort für »Samstag« in den skandinavischen Sprachen (*lørdag*, *lördag*) auf dem altnordischen Wort *laugardagur*, »Laugentag«, mithin »Badetag«, basiert.

Die Funde aus dem York der Wikinger haben wegen ihrer Qualität und ihrer Quantität verblüfft. Sie haben die zuvor in Britannien gefundenen wikingerzeitlichen Artefakte mehr als verdoppelt. Sie alle deuten auf ein friedliches Gemeinwesen von Handwerkern und Händlern hin. So gab es eine Werkstätte, die sich auf die Herstellung von Metallwaren spezialisiert hatte; einer der dortigen Funde war eine zerbrochene Gussform für eine dreiblättrige Brosche. Ein anderer Fund unterstreicht die merkantile Bedeutung der Stadt: eine kleine Bronzewaage komplett mit Kette und Waagschalen, die man zusammenklappen und in eine Tasche stecken konnte – ein grundlegender Ausrüstungsgegenstand für einen wikingischen Händler, der damit das ihm angebotene Edelmetall abwiegen konnte.

In der Coppergate, der »Straße der Holzverarbeiter«, erwies sich ein Haus als ein kleiner Schreinereibetrieb; es wurden Holzschnipsel und Holzspäne gefunden, gedrechselte Holzkugeln und Plättchen sowie Hohlmesser und andere Werkzeuge zur Herstellung dieser Gegenstände. Der Hinterraum des Nachbarhauses beherbergte die Werkstatt eines Juweliers, wo man Anhänger aus Pechkohleplättchen, Bernsteinkügelchen und die verschiedensten Fingerringe herstellte. Der Bernstein wurde vermutlich im Rohzustand aus dem Ostseegebiet importiert, während die Pechkohle (Jett) wohl aus dem siebzig Kilometer entfernten Whitby kam.

Zwei Funde sind besonders erhellend, denn sie haben eine Geschichte zu erzählen. Da ist einmal ein kleiner Bleistreifen, der vom Münzmeister zum Testen der Münzprägeformen benutzt wurde, welche seine Lehrlinge angefertigt hatten. Der Münzmeister hieß Frothric und hatte den Auftrag, Münzen für *Eadwig rex* (955–959) zu schlagen. Auf dem in der Coppergate gefundenen Bleistreifen findet sich nun der perfekte Abruck der Vorder- und der Rückseite dieser Münze. Man muss sich vor Augen halten, dass es kompliziert ist, solche Prägeformen anzufertigen, denn sie müssen spiegelbildlich angelegt werden, damit man die Münze korrekt mit ihnen schlagen kann. Als Frothric die Prägeformen überprüfte, dürfte er festgestellt haben, dass die Vorderseite mit der Umschrift *Eadwig rex* und einem Kreuz richtig ausgeführt war, sein eigener Name jedoch auf der Rückseite stand auf dem Kopf. Voller Zorn, so könnte man es sich vorstellen, drückte er den Streifen zusammen und schleuderte ihn aus dem Fenster auf die Coppergate, wo ihn tausend Jahre später die Archäologen wiederfanden.

Der andere Fund hat eher mit Vergnügen zu tun – eine wikingerzeitliche Panflöte. Sie wurde aus einem einzigen Holzblock gefertigt, in den man fünf Löcher bohrte. Ein geübter Musiker kann mit ihrer Hilfe eine Tonleiter von fünf Tönen erzeugen – A, B, Cis, D und E (oder F; die fünfte Flöte ist defekt). Einmal abgesehen von einer Glocke aus eben dieser Zeit, beschert uns die Panflöte aus der Coppergate das einzige bislang entdeckte musikalische Klangerlebnis aus der Wikingerzeit.

Die Funde aus York trugen auch dazu bei, den tief gehenden Einfluss der skandinavischen Kunst auf die einheimischen Kunststile des angelsächsischen England festzustellen. Über 500 skulptierte, als »angelsächsisch« bezeichnete Steine wurden in Nordengland gefunden, die meisten von ihnen in York und in Yorkshire. Die wikingischen Kunsthandwerker pflegten in ihren Heimatländern mit Holz zu arbeiten, nicht mit Stein, als sie aber nach England kamen, ließen sie sich von den einheimischen Steinmetzen inspirieren und übertrugen ihre Kunst auf ein neues Medium.

Die Skandinavier brachten einen Kunststil mit, der heute »Jellingstil« genannt wird (vgl. Kapitel 3) und der den gängigen angelsächsischen Kunstformen neue Kraft und neues Leben verlieh. Ein berühmtes Beispiel dieser gegenseitigen kulturellen Befruchtung ist das Kreuz von Middleton: Es zeigt eine eher trübselig ausschauende Schlange auf der Rückseite und einen Wikingerkrieger mit seinem konischen Helm, mit Speer und Schwert, Axt und Schild. Früher glaubte man, es handele sich um einen für die Bestattung hergerichteten Wikingerkrieger in seinem Sarg – ein christliches Begräbnis also mit heidnischen Grabbeigaben. Heute meint man, dass die Figur einen Krieger auf seinem zeremoniellen Hochsitz zeigt – das würde erklären, warum seine Beine so verkürzt aussehen. Über seinem Schoß hält oder trägt er ein *screamasax* genanntes Kurzschwert. Nun haben Archäologen an der Yorker Parliament Street eine schön verzierte Scheide einer solchen *screamasax* ausgegraben, deren Beschläge zeigen, dass die Waffe nicht vom Gürtel herabhing, sondern längsseits des Gürtels auf gleicher Höhe getragen wurde.

Der historisch gesehen vielleicht wichtigste Fund aus der Coppergate ist ein Stein mit einer eingravierten Tierfigur im Jellingstil. Von Bedeutung ist, dass er zu einem in das 10. Jahrhundert datierbaren Fundzusammenhang gehört und damit entscheidend dazu beiträgt, alle anderen in Yorkshire gefundenen anglo-skandinavischen Skulpturen zu datieren.

Die Coppergate-Ausgrabungen in York haben endgültig das landläufige Bild vom Wiking als einem geistlosen, barbarischen Schlagetot revidiert. Diese Funde betonen die positive Wirkung der Wikinger auf die angelsächsische Kultur. Aber nur durch den Vorteil eines historischen Rückblicks können wir Heutigen die konstruktiven Aspekte der Wikingereinfälle in der zweiten Hälfte des 9. Jahrhunderts angemessen würdigen. Für die Zeitgenossen dürften diese Aspekte kaum unmittelbar erfahrbar oder gar willkommen gewesen sein, schon gar nicht dem bedrängten König Alfred von Wessex.

Alfred der Große

Alfred war im April 871 auf den Thron von Wessex gekommen, als der erste dänische Angriff auf Wessex unter Halfdan und seinem neuen Verbündeten, König Guthorm mit seinem »Großen Sommerheer«, in vollem Gange war. 871 war ein schweres Jahr für die Westsachsen. Das in Reading lagernde Heer unternahm einen Angriff nach dem anderen – einmal gewannen sie, einmal verloren sie. Die *Angelsächsische Chronik* äußert sich in gewohnter Einsilbigkeit:

Und im Laufe dieses Jahres wurden im Königreich südlich der Themse neun Schlachten gegen den Feind geschlagen ... Und in diesem Jahr schlossen die Westsachsen mit dem Feind Frieden.

Landläufig sieht man in Alfreds Königreich Wessex die letzte Bastion auf englischem Boden, welche die Sache Englands gegen die Invasionen der Fremden verteidigte. Nichts davon trifft zu. Es war lediglich ein Königreich *in* England, lose organisiert ohne eigentliche Identität und stets in Erwartung, genauso erledigt zu werden wie zuvor schon Northumbria, East Anglia und Mercia. Der große Unterschied lag allein im Charakter und in der Persönlichkeit des neuen Königs Alfred, so wie er in den Werken seines Propagandisten – des Kompilators der Angelsächsischen Chronik – und seines Biografen Asser von St. David's in Pembrokeshire präsentiert wird. Asser, ein Kleriker aus Wales, wirkte in den letzten zehn Jahren Alfreds als dessen Tutor, geistlicher Beistand und Vertrauter.

Alfred war der fünfte und jüngste Sohn des westsächsischen Königs Æthelwulf (839–858). Im Alter von fünf Jahren schickte man ihn auf eine zeremonielle Pilgerfahrt nach Rom als symbolische Vergeiselung an das göttliche Schicksal. Papst Leo IV. wirkte bei seiner Firmung als Pate des Knaben und stattete ihn mit dem Ehrentitel und den Insignien eines römischen Konsuls aus. Zwei Jahre später war er wiederum in

Rom, dieses Mal mit seinem Vater, der die Verteidigung seines Königreichs gegen die Wikinger zunehmend seinen ältesten Söhnen Æthelstan und Æthelbald überlassen hatte. Auf dem Rückweg verbrachten sie einige Monate am Hofe des Frankenkaisers Karls des Kahlen. Man vereinbarte dort eine vorteilhafte fränkisch-westsächsische Zusammenarbeit im Kampf gegen die Wikinger beiderseits des Kanals, und diese politische Allianz wurde mit der Vermählung zwischen König Æthelwulf und Judith, der zwölfjährigen Tochter Karls des Kahlen, besiegelt. Währenddessen kam der junge Alfred mit fränkischer Kultur in Berührung, die seine zukünftige Regierungszeit beeinflussen sollte, etwa bei der Kompilation der Angelsächsischen Chronik nach dem Vorbild der Fränkischen Reichsannalen.

Als Æthelwulf und Alfred nach England zurückkehrten, befand sich Wessex in höchsten politischen und militärischen Schwierigkeiten. Der älteste Sohn Æthelstan war gestorben; der zweitälteste Sohn Æthelbald bestand auf der Teilung des Königreichs in Ost-Wessex und West-Wessex. Æthelwulf starb im Jahre 858, Æthelbald zwei Jahre später. Dem dritten Sohn, Æthelbert, gelang zwar die Vereinigung der Krone Wessex, und seine Regierungszeit blieb zudem von wikingischen Einfällen weitgehend unbehelligt, aber sie währte nur kurz. Er starb im Jahre 865, eben in jenem Jahr, als das »Große Heidenheer« mit Eroberungsabsichten in Ostanglien landete. Nachfolger Æthelberts wurde Æthelred, der vierte Sohn Æthelwulfs. Alfred, inzwischen ein erfahrener Krieger von sechzehn Jahren, wurde zu seinem *secondarius*, seinem stellvertretenden Kommandeur, ernannt.

Alfred bestieg den Thron von Wessex, nachdem sein Bruder kurz nach Ostern 871 gestorben war – in jenem »Jahr der Schlachten«, als die kombinierten, in Reading verschanzten Wikingerheere den Westsachsen eine Reihe von Schlachten um die Kontrolle des Landes lieferte. Zwar hatte König Æthelred Söhne, aber sie waren noch minderjährig, und so war Alfred – der einzige erwachsene Überlebende der Königsdynastie von Wessex – sein natürlicher Nachfolger in dieser Krisenzeit.

876 war Guthorm vom »Großen Sommerheer«, der sich in Cambridge festgesetzt hatte, bereit für einen weiteren Angriff auf Wessex. Sein Heer verließ Cambridge und überwand die westsächsischen Ver-

teidigungen mit einigen blitzartigen Vorstößen durch das gesamte Land und nahm Quartier in Warham an der Küste von Dorset. Alfred folgte den Wikingern vorsichtig, hielt Distanz zu ihnen, ohne sich auf einen Kampf mit dem Dänenheer einzulassen. Ein Friedensvertrag wurde geschlossen und sofort wieder gebrochen: Die Dänen brachen aus Warham aus und zogen sich auf Exeter zurück. Alfred folgte ihnen weiterhin mit Vorsicht, es kam zu einem erneuten Friedensschluss, und dieses Mal verließen die Wikinger Wessex, nachdem Alfred eine große Summe Lösegeldes bezahlt hatte. Das Wikingerheer kehrte nach Mercia zurück und überwinterte 877/78 in der Umgebung von Gloucester. Teile des Heeres scheinen weiter nach Osten vorgedrungen zu sein und ließen sich in den östlichen Midlands nieder. In diese Phase der Auseinandersetzungen wird gewöhnlich die Gründung der dänischen »Five Boroughs« datiert: Lincoln, Nottingham, Derby, Leicester und Stamford.

Guthorms Vorstöße nach Wessex scheinen recht erfolglos gewesen zu sein. Ursprünglich war jedoch wohl geplant, die Verbindung zu einer von Westen, von Irland oder Südwales, herkommenden Wikingerflotte herzustellen, die sich mit dem Landheer bei Poole Harbour vereinigen wollte. Eine solche Vereinigung fand indessen niemals statt; als die Flotte zum Landheer in Exeter vorstoßen wollte, geriet sie vor Swanage in einen schweren Sturm, und 120 Schiffe gingen verloren – so berichtet es die Angelsächsische Chronik. Auch wenn die Zahl übertrieben sein dürfte, eine kombinierte Operation zu Wasser und zu Lande gegen Wessex war jedenfalls fehlgeschlagen.

Mittlerweile war Guthorm wohl zur Überzeugung gekommen, dass der Schlüssel zu Wessex in der Person Alfreds selbst liegen musste. Anfang des Jahres 878 – des entscheidenden Jahres für die Herrschaft Alfreds und Wendepunkt der Geschichte Englands in der Wikingerzeit – setzte sich Guthorm in Marsch. Es war sein dritter Versuch, Wessex an sich zu reißen:

878. In diesem Jahr, zu Mittwinter nach den Zwölfnächten, kam das Feindesheer unbemerkt nach Chippenham und eroberte und besetzte das Land der Westsachsen und vertrieb einen großen Teil der Leute übers Meer und unterwarf die meisten der anderen – außer König

Alfred. Alfred zog sich mit wenigen seiner Leute unter Mühen durch Wälder und unwegsame Gegenden zum Zufluchtsort in den Sümpfen zurück. ANGELSÄCHSISCHE CHRONIK

Diese Mittwinter-Invasion gleich nach dem Weihnachtsfest war ein brillanter taktischer Coup. Das sächsische Aufgebot war nach dem Vertrag von Exeter nach Hause geschickt worden; Alfred feierte das Weihnachtsfest in seinem Königshof zu Chippenham in Wiltshire, nur beschützt von einer Leibgarde ausgewählter Gefolgsleute. Er scheint von Guthorms unerwarteter Ankunft überrascht worden zu sein, es gelang ihm aber, in die unwegsame Moorlandschaft von Somerset zu entkommen, und obwohl der Widerstand in Wessex in sich zusammenbrach, weil der König auf der Flucht war, erwies sich die Tatsache, dass man Alfred nicht zu fassen bekam, als entscheidend für die weitere Entwicklung. Solange man den charismatischen Alfred nicht in Händen hatte, konnte er zu jeder Zeit zum Sammelpunkt einer Widerstandsbewegung gegen die Wikinger werden.

Schon bald hat man versucht, Alfred durch eine Zangenbewegung in eine Falle tappen zu lassen. Die Angelsächsische Chronik berichtet von der Ankunft einer Flotte aus Südwales im nördlichen Devon unter dem Kommando des düsteren Ubbi, des Bruders von Ívar und Halfdan. Unerwarteterweise jedoch bezog Ubbis Mannschaft heftige Prügel von einem entschlossen auftretenden lokalen Aufgebot, das die Wikinger in der Festung Countisbury bei Minehead belagert hatte: Wessex war noch nicht vollständig verloren.

Aber immer noch waren Wessex und König Alfred in Gefahr:

Zu dieser Zeit führte König Alfred mit nur wenigen seiner Edlen, einigen Soldaten und Vasallen ein gefahrvolles Leben voller Bedrängnis in den Wäldern und Sümpfen von Somerset. Er hatte nicht das Notwendige zum Leben, außer dem, was er offen oder durch Diebstahl nehmen konnte, durch Überfälle auf die Heiden und sogar auch Christen, die sich der heidnischen Herrschaft unterworfen hatten. ASSER, VITA ALFREDI

Im Spätwinter und Frühjahr 878 trat Alfred als Guerillaführer auf, nutzte die Vorteile des Geländes für Überfälle auf den Feind von seiner Basis in den Sumpfgebieten Somersets bei Athelney. Irgendwann im Frühjahr des Jahres 878 baute er sich eine kleine Befestigung auf der Insel Athelney, einer kleinen, damals von Sümpfen umgebenen Anhöhe am Fluss Parrett, um sich eine sichere Basis für seine Guerillaüberfälle zu schaffen. Später erwies er dem Platz seine Dankbarkeit und ließ dort ein königliches Kloster errichten.

Die Art und Weise, wie Alfred seinen Thron zurückgewann, grenzt an ein Wunder. Seine Position im März 878 muss gänzlich hoffnungslos gewesen sein. Als aber die Frühjahrsaussaat vorüber war, gelang es ihm, ein lokales Heeresaufgebot für eine direkte Konfrontation mit Guthorm aufzustellen. Guthorms Mannschaft war inzwischen zusammengeschmolzen, weil sich viele Kämpfer ringsum im Land als Siedler niedergelassen hatten. Die Rollen zwischen Wikingern und Westsachsen hatten sich ins Gegenteil verkehrt: Jetzt war es Alfred, der den Eindringlingen zusetzte.

Sieben Wochen nach Ostern, Anfang Mai 878, erhielt Alfred Zuzug von Aufgeboten aus Somerset, Wiltshire und Hampshire und vereinigte sich mit diesen Kräften am »Egbertstein« am Südende des Forsts von Selwood:

Und als sie den König erblickten, empfingen sie ihn wie einen vom Tode Auferstandenen nach so vielen Drangsalen, und große Freude erfüllte sie. ASSER, VITA ALFREDI

Schach den Dänen!

Es war eine gewaltige Streitmacht, die sich da versammelt hatte, und sie war wohl etwa so stark wie Guthorms Heer. Alfred rückte am Rande der Ebene von Salisbury in nordöstlicher Richtung auf Guthorms Lager bei Chippenham vor, wo Alfred zuvor vom Angriff Guthorms überrascht worden war. Guthorms Heer stellte sich ihm vor dem Lager entgegen. Das Treffen fand irgendwo im Hügelland bei Edington (angelsächsisch *Ethandun*) statt, nur wenige Kilomter von Chippenham entfernt. Und dort, so die Angelsächsische Chronik,

»kämpfte er gegen das gesamte Heer der Feinde und jagte es in die Flucht.« Die Dänen flüchteten sich, von Alfred verfolgt, in ihre Lager zurück und baten nach einer Belagerung, die zwei Wochen dauerte, um Frieden.

In ihrer Arbeit *The Importance of the Battle of Edington* (1977) argumentiert Dorothy Whitelock, Doyenne der angelsächsischen Forschung in England, schlüssig, dass Edington einer der Wendepunkte in den englischen Geschichte war. Dieser Sieg und Alfreds hartnäckige Weigerung, sich den Wikingern zu ergeben, retteten Wessex vor dänischer Oberherrschaft und schufen die Grundlage dafür, dass Alfred und seine Nachfolger die von Wikingern gehaltenen Gebiete im Norden und Osten zurückerobern konnten. Ohne Alfred und Edington wäre England ohne Zweifel zu einem Land der Wikinger geworden.

Friedensordnung zweier Nationen – Angelsachsenland und Danelag

Die Kapitulation der Dänen nach der Schlacht von Edington mündete in einen Friedensvertrag, der weit reichende politische Auswirkungen haben sollte. Die Dänen verpflichteten sich nicht nur, Wessex zu räumen; Guthorm und dreißig seiner obersten Heerführer nahmen zudem das Christentum an. Im Herbst zog sich das Dänenheer wie versprochen nach Cirencester in Mercia zurück, und im darauf folgenden Jahr 879 rückte es weiter nach Osten vor und begann mit der systematischen Besiedlung Ostangliens. Für das »Große Sommerheer« von 871 wie auch für das in Northumbria siedelnde »Große Heidenheer« von 865 war die Zeit des unsteten Wikingerlebens vorüber.

Alfred hatte nicht so sehr die Invasoren »besiegt«, vielmehr war er zu einer Verständigung mit ihnen gekommen. Der Vertrag akzeptierte die Anwesenheit der Dänen in England als Faktum; es war ein Vertrag zwischen zwei gleich starken Mächten, nur dass Edington König Alfred mit höherem Prestige ausgestattet hatte und er nun zu einem nicht zu umgehenden Machtfaktor geworden war. In nicht geringer Selbstüberschätzung fühlte sich Alfred sogar ermutigt, im Jahre 880 eine Münze mit der Inschrift *Ælfred rex Anglorum* (»Alfred, König der Engländer«) herauszugeben. Er war gewiss nicht »König der Engländer« nach unserem heutigen Verständnis, er hatte aber das Fun-

Alfred der Große als Spielmann verkleidet im Lager des Dänen Guthrum (Guthorm). Das Historiengemälde von Daniel Maclise schildert eine im 19. Jh. beliebte, historisch aber nicht verbürgte Episode aus den Kriegen zwischen Angelsachsen und Wikingern.

dament für die Königsdynastie von Wessex gelegt, die schließlich die Königsherrschaft über ein vereinigtes anglo-skandinavisches England errichten sollte.

Davor aber war Alfred realistisch genug zu akzeptieren, dass England in Wahrheit aus zwei Nationen bestand, der sächsischen und der dänisch-skandinavischen. In einem neuen, mit Guthorm 885–886 ausgehandelten Vertrag wurde die Teilung des Landes formell anerkannt. Es war die erste offizielle Definition der Grenzen des skandinavischen Herrschaftsgebietes in England, das später als »Danelaw/Danelag« (»Rechtsgebiet der Dänen«) bekannt wurde. Die Grenze zwischen dem wikingisch-dänischen England und dem angelsächsischen England sollte »die Themse hoch (bis London) verlaufen, dann am Fluss Lea entlang bis zu seiner Quelle und dann in gerader Linie bis Bedford, dann den Fluss Ouse hinauf bis zur (alten Römerstraße) Watling Street«.

Diese grundsätzliche Anerkennung dänischer Präsenz in England erleichterte jedoch die Probleme Alfreds nicht – sie diente nur ihrer näheren Bestimmung. Keineswegs waren die Wikingerangriffe zum Stillstand gekommen, aber Alfred hatte jetzt einen größeren Handlungsspielraum gewonnen, mehr Zeit, eine kohärente Strategie, ja eine Philosophie zu entwickeln, wie er sich das künftige England vorstellte.

Was soll ich zu den Städten und Marktorten sagen, die er wiederherstellte, und von den anderen, die er dort erbauen ließ, wo vorher nichts dergleichen gewesen war? Oder von den Werken in Gold und Silber, die er auf unvergleichliche Weise unter seiner Leitung herstellen ließ? Oder von den königlichen Bauten und Hallen, die auf seinen Befehl in Stein und Holz aufgeführt wurden? Oder von den Königshöfen, in Stein gebaut, die er nach seiner Anweisung von ihren früheren Plätzen an geeignetere Orte – und viel schöner gestaltet – verlegen ließ? ASSER, VITA ALFREDI

Assers rhetorische Fragen können jetzt zumindest teilweise beantwortet werden. Neuere archäologische Entdeckungen zusammen mit den Aufschlüssen in zeitgenössischen Dokumenten liefern ein immer klareres Bild von Alfreds Leistungen.

Burgenbauer und Gelehrter

Von Alfreds königlichen Residenzen wissen wir wenig. Aber von seinen »Städten und Marktorten« wissen wir sehr viel mehr. Alfred schuf ein System befestigter Orte, die so genannten *burhs* (neuenglisch »borough«), um seinem Reich eine tief gestaffelte Verteidigung zu verschaffen. Einige dieser Befestigungen wurden mit Wall und Graben neu errichtet, andere, wie Bath, Exeter und Winchester, nutzten die noch aus römischer Zeit existierenden Befestigungsanlagen.

Eine Aufstellung über Alfreds *burhs* ist in einem bemerkenswerten Dokument, der kurz nach Alfreds Tod kompilierten *Burghal Hidage*, überliefert. Mit *hide* (»Hufe«) bezeichnete man eine Einheit Ackerland, die ausreichend war, eine bäuerliche Familie zu ernähren. Jede *hide* hatte einen waffenfähigen Mann für die Verteidigung eines *burh* zu stellen. Jedem Mann wurde etwa ein Meter Wall-/Mauerabschnitt zur Verteidigung zugewiesen. Wenn also die *Burghal Hidage* beispielsweise Winchester mit 2400 *hides* veranschlagt, können wir daraus schließen, dass der Umfang der zu verteidigenden Wall-/Maueranlage 3000 Meter betragen musste – und die römischen Mauern von Winchester bestätigen diese Zahl exakt.

Die *Burghal Hidage* zeigt, dass der Kern des Königreichs Wessex von etwa dreißig dieser *burhs* verteidigt wurde und dass kein Dorf weiter als dreißig Kilometer von einem *burh* entfernt lag. Archäologische Ausgrabungen in Warham, jener Stadt in Dorset, die Guthorm bei seinem Einfall in Wessex 876 eingenommen hatte, haben große, in Alfreds Regierungszeit errichtete Erdwälle von etwa 700 Metern Länge zu Tage gefördert – eine genaue Entsprechung zu der in der *Burghal Hidage* angegebenen Länge.

Die Einrichtung der *burhs* in Wessex bedeutete, dass sich Alfred bei einem Angriff auf eine stehende lokale Verteidigungsorganisation stützen konnte, die so lange Widerstand zu leisten hatte, bis er eine Entsatzarmee, das *fyrd*-Aufgebot, zur Entlastung aussenden würde. Weil der *fyrd* die Tendenz hatte, auseinander zu laufen, wenn das Land bestellt oder geerntet werden musste, teilte Alfred das gesamte Aufgebot in zwei Teile: Ein Teil sollte im Mobilisierungszustand bleiben, während der andere Teil frei war, zu Hause landwirtschaftliche Arbeiten zu verrichten. Das klingt alles recht selbstverständlich und einfach, aber in den Tagen Alfreds bedeutete das eine revolutionäre Reform der Landesverteidigung – eine Lektion, die man nach bitteren Erfahrungen gelernt hatte.

Alfreds zweites großes Verdienst war die durch ihn angeregte Renaissance von Gelehrsamkeit und Literatur in England sowie der einheimischen Sprache, des Angelsächsischen. Wie nahezu alle zu dieser Zeit war auch Alfred in seiner Jugend illiterat. Asser jedoch beschreibt ihn als einen während seines ganzen Lebens um Wissen und Gelehrsamkeit bemühten Menschen, und als Alfred dann lesen und schreiben gelernt hatte, gab es kein Halten mehr für ihn. Die Anregung zur Abfassung der Angelsächsischen Chronik stammt aller Wahrscheinlichkeit nach von Alfred. Die früheste Kompilation der Chronik von 892 entstand wohl im Skriptorium seiner Königsresidenz in Winchester.

Nicht zufrieden mit dieser Übung in königlicher Propaganda für Wessex, begann Alfred damit, selbst lateinische Bücher zu übersetzen – erbauliche Bücher zum Nutzen von Klerikern und Laien. Seine erste Unternehmung war die Übersetzung der *Cura Pastoralis* Papst Gregors I. des Großen (590–604), ein Handbuch über die Pflichten von Bischöfen und Klerikern:

Als ich mich daran erinnerte, wie die Kenntnis der lateinischen Sprache einst überall in England im Niedergang begriffen war…, begann ich inmitten mannigfacher anderer Sorgen über dieses Königreich ein Buch ins Englische zu wenden, das in Lateinisch Pastoralis *und im Englischen* Hirtenbuch *genannt wird, bisweilen Wort für Wort, bisweilen in Paraphrasen… Und ich werde eine Abschrift senden an jeden Bischof in meinem Reich, und jeder erhält dazu ein wertvolles Lesestäbchen (æstel)…* ALFRED, VORREDE ZUR CURA PASTORALIS

Vor etwa dreihundert Jahren fand man in der Nähe von Athelney in Somerset ein prächtiges Schmuckstück. Dieses »Alfred-Juwel« ist vielleicht das bekannteste Kunstobjekt des angelsächsischen England; es wird jetzt im Ashmolean Museum zu Oxford aufgewahrt. Es handelt sich um ein kleines Objekt. Hinter einer Schutzplatte aus Bergkristall befindet sich eine birnenförmige Figur, die man entweder als Christus, die Weisheit repräsentierend, interpretiert oder als eine Personifizierung eines der fünf Sinne des Menschen – des Augensinnes. Außen herum zieht sich eine angelsächsische Inschrift in Goldlettern: AELFRED MEC HEHT GEWYRCAN – »Alfred hat mich gemacht«. Sie mündet in einer goldenen Halterung in Form eines Eberkopfes. In der Tülle ist eine Muffe mit einer durchgesteckten Nietverbindung, eine Art offenes Röhrchen, das offenkundig ein Stäbchen aus Elfenbein oder Holz trug.

Dekorationsstil und Inschrift passen gut in die Zeit Alfreds, und obwohl nicht sicher ist, ob dieses Schmuckstück wirklich für König Alfred oder vielleicht für irgendeinen anonymen Adligen aus Wessex gemacht wurde, ist es doch sehr verführerisch, das Stück mit den kostbaren Lesestäbchen in Verbindung zu bringen, die Alfred zusammen mit den Kopien der *Cura Pastoralis* an die Bischöfe seines Landes hatte versenden lassen. Alles hängt an der Erklärung des angelsächsischen Wortes *æstel* »Lesestäbchen« oder »Buchzeichen«. Kostbar war der Juwel auf jeden Fall: In seiner Vorrede erklärte Alfred, jedes sei fünfzig *mancuses* Wert; ein *mancus* entsprach der Summe von dreißig Goldpennies, und jeder *mancus* hatte den Kaufwert eines Ochsen.

Ich möchte gerne glauben, dass wir es hier mit einem der *æstels* König Alfreds zu tun haben. Es dürfte bei kirchlichen Zeremonien verwendet worden sein – einmal, um die versammelten Gläubigen zu beeindrucken, dann aber auch, um den Bischöfen mit schlechtem Augenlicht oder bei schlechten Lichtverhältnissen zu helfen, die jeweilige Textstelle im oft schwer lesbaren Manuskript aufzufinden.

Durch ein gütiges Geschick ist eine der Originalkopien von Alfreds Übersetzung der *Cura Pastoralis* auf uns gekommen: das Wærferth, dem Bischof von Worcester (889–899) übergebene Exemplar. Es liegt nun in der Bodleian Library in Oxford und ist unter seiner Signatur (Bodleian Hatton 20) bekannt. Welch eine Kostbarkeit!

In Großbuchstaben steht auf der ersten Seite die Legende: »Dieses Buch ist für Worcester.« Und dann die Botschaft:

König Alfred entbietet seinen Gruß Bischof Wærferth mit diesen Worten liebender Freundschaft. Und ich lasse dich wissen, dass mir oft in den Sinn kam, welch weise Männer es früher überall in England

gab, sowohl geistlichen wie weltlichen Standes, und welch glückliche
Zeiten damals in England herrschten, und wie die Könige, welche in
jenen Tagen über das Land herrschten, Gott und seinen Dienern
Gehorsam zollten ...

Alfreds Engagement als Schutzherr der Gelehrsamkeit und Wissenschaften machte ihn in den Augen seiner Encomiasten, allen voran Asser, nur noch liebenswerter. Alfred ist heute zum Liebling der Nation geworden; er gehört zu den wenigen historischen Persönlichkeiten, deren Ruf durch die Geschichtswissenschaft nicht nur bestätigt, sondern sogar noch vergrößert wurde. Er war intelligent, geschickt, weitsichtig, energisch und ein komplexer Charakter.

Niemand, so denke ich, wird den wunderbaren Nachruf in Abrede stellen, den im 12. Jahrhundert der englische Chronist Heinrich von Huntingdon schrieb und der in Assers *Vita Alfredi* eingefügt wurde:

O Alfred, Du Waffengewaltiger, Deine angeborene Erlauchtheit
spendete Dir die Ehre der Rechtschaffenheit und auch die Mühsal
der Rechtschaffenheit, und Mühsal hat Dir einen immerwährenden
Namen verliehen. Deine Freuden waren stets mit Leid vermischt,
Deine Hoffnung stets mit Furcht. Wenn Du erobertest, fürchtetest Du
die kommende Schlacht; wenn Du unterlagst, rüstetest Du zum kom
menden Kampf. Deine Kleider waren immer von Schweiß befleckt,
Dein Schwert immer von Blut – so groß die Bürde Deiner Herrschaft.
Nirgendwo auf dieser großen Welt war es jemandem wie Dir je
erlaubt, so mannigfaltige Not zu kosten ...

Alfred starb im Oktober 899. In den letzten Jahren seiner Regierungszeit hatte er sich mit neuen Angriffen der Wikinger auseinander zu setzen – mit einem umherziehenden Heer, das den Kontinent terrorisiert hatte und jetzt begierig auf neue Eroberungen war. Es kam im Jahre 892 von Boulogne herüber und hielt an der Südküste von Kent auf den Fluss Lymne zu, während eine andere Flotte – man hatte sich ohne Zweifel abgesprochen – in die Themsemündung einfuhr. Die Absicht war klar – es ging gegen Ostanglien, wobei der Ostteil von Wessex durch eine Zangenbewegung abgeschnitten und schließlich von Skandinaviern besiedelt werden sollte. Indessen, Alfreds neue Verteidigungseinrichtungen zu Lande und zu Wasser konnten den Stoß parieren. Zum Jahre 896 verkündet die *Angelsächsische Chronik*, nicht ohne Erleichterung, den Ausgang dieser Invasion des neuen »Großen Heidenheeres« von 892:

In diesem Sommer zerstreute sich das Heer, einige gingen nach Ostanglien, andere nach Northumbrien, und diejenigen ohne Geldmittel beschafften sich dort Schiffe und segelten nach Süden übers Meer zur Seine. Durch die Gnade Gottes hat das Große Heer die Englischen nicht gänzlich überwältigt.

Es war dieses »Heer«, das schließlich die Normandie als dauerhafte wikingische Eroberung übernehmen sollte (vgl. Kapitel 10). Zunächst aber war England in Sicherheit – und das hatte es König Alfred dem Großen zu verdanken.

SECHSTES KAPITEL

IM LANDE DER KELTEN
UND ANGELSACHSEN

Die Wikingerreiche in Irland,
auf der Isle of Man und in York

Die Iren und die Wikinger

Scharf weht der Abendwind,
weiß sind die Locken des Meeres;
ich fürchte nicht, dass Wikinghorden
das Meer befahren in solcher Nacht.

Diese anrührende irische Strophe aus dem 9. Jahrhundert kritzelte ein
Mönch an den Rand eines Manuskripts, das jetzt in der Klosterbiblio-
thek zu St. Gallen aufbewahrt wird. Der Sturm würde die Wikinger
von ihren Raubzügen abhalten – kein Pirat würde sich in einer solchen
Nacht auf dem Meer blicken lassen. Die Strophe ist eine beredte Spie-
gelung der anderen Seite des Bildes – die Schönwettertage, wenn die
See voll ist von Wikingerschiffen –, und sie ist wesentlich eindrucks-
voller als die Rhetorik des irischen Werkes *Krieg der Iren mit den*
Fremden (Cogadh Gáedhel re Gallaibh) aus dem 12. Jahrhundert:

Auch wenn da hundert hartgestählte Eisenhäupter auf einem Nacken
säßen und hundert scharfe, gierige, niemals rostende eherne Zungen
in jedem Haupte wären und hundert lauttönende, ewig strömende
Stimmen von jeder Zunge hervorkämen, sie könnten weder berichten,
noch sagen, noch erzählen, noch verzeichnen, was alle Völker in
Irland gemeinsam erduldeten – Männer und Frauen, Laien und
Priester, Alte und Junge, Hohe und Niedere – von der Not und dem
Schaden und der Bedrängnis in jedwedem Haus von diesem unbarm-
herzigen, wutentbrannten, fremden, gänzlich heidnischen Volk.

Über tausend Jahre später befand sich das irische Volk, bildlich gesprochen, wiederum »in Waffen« wegen dieses »unbarmherzigen, wutentbrannten, fremden, gänzlich heidnischen Volkes«, eben der Wikinger. Im Sommer 1978 marschierten 20.000 Iren bei strömendem Regen durch die Straßen Dublins und protestierten gegen eine neue Form des wikingischen »Vandalismus« – diesmal aber kam der Vandalimus von der anderen Seite. Dublin demonstrierte gegen eine Entscheidung der Stadtverwaltung von Dublin, vier städtische Gebäude auf einer archäologischen Fundstätte namens Wood Quay im Herzen der mittelalterlichen Altstadt von Dublin zu errichten. Dieser Platz war gerade zu einem nationalen Geschichtsdenkmal erklärt worden, weil es sich um einen wikingerzeitlichen Fundort handelte: Das einst so verhasste Volk hatte man im Nachhinein naturalisiert und betrachtete es als einen integralen Bestandteil des irischen Geschichtserbes.

Dublin – eine blühende Wikingerstadt

Nach den Irischen Annalen wurde Dublin im Jahre 841 als *longphort* (Schiffsfestung) der Wikinger an einer Furt über den Fluss Liffey gegründet, an einem Platz, den die Iren Dubh-Linn »Schwarzer Tümpel« nannten. In den frühen 1960er Jahren förderten die von Brendán Ó Ríordáin, dem Direktor des Irischen Nationalmuseums, geleiteten Ausgrabungen im Schatten der Christ Church Cathedral ergiebige Spuren der Stadt aus dem 10. und 11. Jahrhundert ans Tageslicht.

Wood Quay, das ab 1974 ausgegraben wurde, ist der späteste dieser wikingischen städtischen Siedlungskerne. Dass sich ein solcher Bürgerprotest entwickeln konnte, bezeugt das wachsende Bewusstsein von der Bedeutung der wikingerzeitlichen Stadtgeschichte Dublins. Gut 200.000 Unterschriften kamen für eine Petition zusammen, die Wood Quay vor der Überbauung retten sollte. Der Oberste Gerichtshof entschied zwar im Jahre 1979, dass die Bebauung fortgesetzt werden dürfe, die Archäologen erhielten aber für Ausgrabungen und Dokumentationen Zugang zu dem Gelände.

Neben der archäologischen Bedeutung der Stätte ist bereits der Name Wood Quay (»Holzkai«) von Bedeutung, befindet sich der Ort doch mehr als hundert Meter vom heutigen Lauf des Liffey entfernt.

Die Erklärung ist einfach: Als die Wikinger Dublin im Jahre 841 gründeten, war der Liffey wesentlich breiter als heute. Bei den Ausgrabungen stieß man dann auch auf einen Damm, der sich quer über das Ausgrabungsgelände entlang der damaligen Uferlinie hinzog und um 950 entstanden sein dürfte. Er bestand aus Erde und Kieselsteinen, die mit Uferschlamm gebunden waren; im Inneren war er mit Holzpfosten stabilisert, und die gesamte Anlage wurde durch Wellenbrecher aus Flechtwerk geschützt.

Dies war jedoch nicht der wikingische *longphort* von 841, der wohl etwas weiter flussabwärts lag. Wood Quay zeigt aber, dass die Wikinger von Dublin im Laufe eines Jahrhunderts dabei waren, am Liffey Landgewinnung zu betreiben, um eine stabile Uferfront herzustellen. Aber das war erst der Anfang. Um das Jahr 1000 wurde ein Damm weiter vorne im Flussbett gebaut, und ein Jahrhundert später bauten die Normannen einen dritten Damm, eine stabile Steinkonstruktion von über drei Metern Höhe. Außerhalb der frühen Stadtumwallung gewannen die Normannen immer mehr Land hinter einer Staffelung von hölzernen Kais, die fast an den jetzigen Lauf des Liffey heranreichten.

Der schnelle Ausbau von Dublins Uferfront illustriert deutlich, auf welche Weise die Wikinger die auf Vieh- und Weidewirtschaft basierende irische Wirtschaft veränderten und Dublin zu einem wichtigen Wikingerhandelsplatz machten. Dublin war der erste Handelsort auf der Insel, aber keineswegs der letzte: Die Wikinger gründeten eine Reihe anderer befestigter Handelshäfen, deren Namen noch heute ihren skandinavischen Ursprung verraten – Waterford, Wexford (*Veigsfjörður*), Wicklow (*Víkingaló*) und Limerick (*Hlymrekur*). Eine Zeit lang war Limerick als Sitz eines Wikingerfürsten Rivalin von Dublin. Mit der Ankunft der Skandinavier gewann Irland Anschluss an die Hauptströme europäischen Handels, und die altirische Ordnung änderte sich unwiderruflich.

St. Patricks keltische Heimat

Das Irland, welches die Wikinger vorfanden, war ein keltisches Land. Die Kelten Mitteleuropas stießen um das 5. Jahrhundert v. Chr. auf die

Britischen Inseln vor, vielleicht sogar auch früher. Sie brachten ein neues »Spitzenprodukt« mit – Eisen, aus dem man wesentlich bessere Waffen schmieden konnte als aus Bronze. In Irland legten die Kelten Tausende befestigter Plätze an, wie etwa die *crannógs* (künstliche Inseln in Binnenseen), kleine Rundfestungen (nicht mehr als befestigte Wohnstätten) oder ausgedehnte und imposante Höhenfestungen mit Mauer und Graben. Gesellschaftlich und politisch gesehen scheinen die Neuankömmlinge ein System von Priesterkönigen etabliert zu haben, die weltliche und religiöse Macht in sich vereinigten.

Die berühmteste dieser großen Höhenfestungen ist Tara, das »Tara der Könige«, *Teamhair na Ríogh*, im County Meath nördlich von Dublin. In vorchristlicher Zeit war Tara der religiöse/königliche Sitz der irischen Hochkönige, respektive all derer, die beanspruchten, Hochkönige von Irland zu sein, und die mit diesem Anspruch Abgaben von den Bauern ringsum einzogen. Tara ist ein beeindruckender Platz, ein grasbewachsener Hügel von einigen hundert Metern Höhe mit einem prächtigen Blick über das zentrale Tiefland Irlands, das zu den reichsten Weidegebieten Westeuropas gehört.

Auf dem »Hill of Tara« liegen verstreut eine Anzahl Erdwerke und Hügel, alle versehen mit klingenden traditionellen Namen wie Hügel der Geiseln, die Königliche Einfriedung, der Königssitz, der Lía Fáil (der Krönungsstein der Hochkönige, der unter ihren Füßen laut brüllte, wenn ihre Thronbesteigung akzeptiert war), Cormacs Haus und so fort. Alle diese Namen beziehen sich auf legendäre Personen und Ereignisse aus dem Heroic Age des vorchristlichen Irland, also etwa des 3. Jahrhunderts n. Chr. Die archäologischen Funde jedoch deuten darauf hin, dass der Hill of Tara schon lange vor Ankunft der Kelten ein Ort von religiöser Bedeutung gewesen sein muss und dass die sakralen Hochkönige die Stätte in ihrem Bemühen übernahmen, ihr eigenes Kultzentrum an die Stelle der einheimischen Bestattungskulte zu setzen.

Wie auch immer die Realität Taras ausgesehen haben mag, die Idee von Tara war immer ein wirkungsvolles Symbol für die einzigartige Geschichte Irlands. Von Tara aus soll der Hochkönig Laoghaire ein hell leuchtendes Licht über dem fünfzehn Kilometer entfernten Slanehügel gesehen haben – es war die Ankündigung der vom heiligen

Patrick im Jahre 433 entzündeten neuen Religion. Dieses Licht sollte sich als die Morgenröte der großen Epoche des keltischen Christentums erweisen.

Im Gefolge des heiligen Patrick entstanden überall in Irland zahllose Klöster. Es waren selbstversorgende, selbstverwaltete monastische Gemeinschaften, die sich rasch zu Zentren der Gelehrsamkeit und Schriftkultur entwickelten. Nach allem, was man sagen kann, waren diese klösterlichen Gemeinschaften überraschend klein: Gruppen bienenkorbförmiger Hütten oder Zellen (*clocháns*), von einer Rundmauer umgeben. Erstaunlich ist, dass in diesen kleinen Gemeinschaften ein enormer Reichtum an Kunstwerken entstand – so etwa der herrliche Ardagh-Kelch aus dem frühen 8. Jahrhundert oder großartig illuminierte Handschriften wie das Book of Kells (um 800) und viele andere Kostbarkeiten.

In ihrer kleinen, umschlossenen Welt lebten die Mönche der irischen Frühkirche ein exemplarisches Leben in Disziplin und Askese. Sie studierten und bereicherten die Zeugnisse der antiken Bildung und Wissenschaft, die vor der Zerstörung des Römischen Reiches im Zuge der Völkerwanderung im 5. Jahrhundert gerettet werden konnten. Sie förderten den Gebrauch der Volkssprache, indem sie Erzählungen und Legenden aus der heidnischen Vergangenheit Irlands aufzeichneten. Sie kopierten die Evangelien und Psalter in schönen Handschriften und beschrieben deren freie Ränder mit naturpoetischer Lyrik von großer Anmut und Intensität. Metallschmiede schufen ihre beispiellosen Kunstwerke, Steinmetze die zahllosen Hochkreuze, die noch heute die irische Landschaft verschönern.

Alles geschah im Geiste des Bußgedankens. Ihre Arbeit diente dem Ruhme Gottes und der Vergebung der Sünden. Und in demselben Verlangen nach Buße und Weltflucht entschlossen sie sich selbst zum Rückzug aus ihrem Heimatland. Die extremste Form dieser Selbstexilierung, der »peregrinatio«, war es, Segel zu setzen und in ihren mit Häuten bespannten Booten, den *currachs*, in unbekannte Gewässer vorzustoßen, immer auf der Suche nach einer unbewohnten Insel, auf der sie für den Rest ihrer Tage als Eremiten leben könnten. Auf diesem Wege erreichten irische Einsiedlermönche im ausgehenden 8. Jahrhundert die Färöer und Island – hundert Jahre vor den Skandinaviern –,

Das Book of Kells, um 800, berühmtestes Zeugnis der Kunst des alten Irland. Bildseite: Der heilige Johannes als Schreiber des Evangeliums. Trinity College, Dublin.

und der heilige Brendan, so wird behauptet, könnte durchaus auch den Atlantik überquert haben. Andere Weltflüchtige unternahmen es, den Christenglauben unter heidnischen Völkern zu verbreiten, wie etwa der heilige Columban in Schottland, um überall im Europa des Dunklen Zeitalters die Frohe Botschaft zu verkünden. Irische Mönche gründeten Klöster in England, dem Frankenreich, sogar in Italien.

So sah das Heroic Age des irischen Christentums aus: eine großartige kulturelle Blüte, die Irland zum herausragenden Zentrum des Christentums in Westeuropa machte. All das – so ist die landläufige Meinung – haben die Wikingereinfälle rücksichtslos und brutal zertrümmert:

Die See spie über Erin solche Fluten von Fremden aus, dass kein Hafen, kein Anlegeplatz, keine Festung, kein Zufluchtsort zu finden ist, die nicht von Wikingern und Seeräubern überschwemmt worden wären …, und sie machten Beuteland und Schwertland und Eroberungsland aus Erin über die Länge und die Breite des Landes hin; und sie verheerten die Lande ihrer Häuptlinge, ihre Kirchen und Heiligtümer, und sie zermalmten ihre Altäre, ihre Reliquienschreine und ihre Bücher.

Gnadenlose Plünderer?

Der erste belegte Wikingerüberfall auf Irland ereignete sich im Jahre 795 mit einem Angriff auf die Insel *Rechru* – entweder Lambey Island nördlich von Dublin oder, wahrscheinlicher, Rathlin Island vor der Nordostküste. Es war wohl das Werk norwegischer »*gentiles*« (wie die irischen Annalisten sie nannten), die von den Orkneys oder Hebriden kommend die Westküste Schottlands entlangstreiften, auf ihrem Weg die Inseln Skye und Iona angriffen sowie die Inselklöster von Inishmurray im irischen Sligo und von Inishbofin im irischen Donegal.

Für die nächsten fünfzig Jahre erwähnen die Irischen Annalen eine Reihe von Überfällen auf irische Klöster und Siedlungen, zunächst sporadisch, dann in zunehmender Häufigkeit und Intensität. Sie verursachten zweifellos erhebliche Zerstörungen – vielleicht aber doch nicht so große, wie spätere Chronisten behaupteten. Im gesamten 8. Jahrhundert waren irische Gesellschaft und irische Politik tief gehenden Veränderungen unterworfen; kriegerische Stämme und ihre Kleinkönige kämpften um Vergrößerung ihrer Territorien gegeneinander. Viehdiebstahl war endemisch und gehörte genauso zum bäuerlichen Alltag wie die Aussaat im Frühling und die Ernte im Herbst. Natürlich wurden auch die Klöster in diese ständigen Streitigkeiten hineingezogen, denn sie waren die »Volksbanken« der damaligen Zeit, der Verwahrungsort von Eigentum und Vieh und Erntegütern und der wertvollen Kircheninventarien. Sie entwickelten sich auch zu bedeutenden politischen und wirtschaftlichen Faktoren eigenen Rechts, zu weltlichen und geistlichen Machtzentren. Lange bevor der erste Skandinavier seinen Fuß auf irischen Boden setzte, gefielen sich die Iren selbst darin, die Klöster rivalisierender Stämme in Brand zu setzen: Immerhin verzeichnen die Irischen Annalen mindestens dreißig solcher Entweihungen vor dem Überfall auf *Rechru* im Jahre 795. Auch die Kirchenleute beteiligten sich nach Kräften an den inneren Streitereien: Im Jahre 807 beispielsweise lieferten sich die Klöster Cork und Clonfert eine regelrechte Feldschlacht, in deren Verlauf »zahlreiche Kirchenleute und Obere von Cork niedergemacht wurden«. Wie es A. T. Lucas, der frühere Direktor des Irischen Nationalmuseums, formuliert: »Ein kurzer Einblick in die Verhältnisse des Landes muss sogar eine auf eigene Faust operierende Wikingerschar gelehrt haben, dass ein Überfall auf ein irisches Kloster ein absolut normales Geschäft darstellte.«

Es sieht so aus, als ob Klosterplünderungen nicht unbedingt im Vordergrund wikingischer Bestrebungen standen, sie waren wohl eher ein lukratives Nebenprodukt. Zweifellos waren die Wikinger auch an Siedelland interessiert, das man sich entweder durch Eroberung oder durch Kauf sicherte. Auch scheinen sie keineswegs immer unwillkommen gewesen zu sein: Irische Häuptlinge nutzten sie immer wieder als Verbündete gegen ihre eigenen Feinde oder zur Stärkung ihrer eigenen politischen Ambitionen, und so gab es auf allen gesellschaftlichen Ebenen irisch-skandinavische Heiraten und Konkubinatsverhältnisse.

Ein solches Bild indessen erhalten wir aus dem *Krieg der Iren gegen die Fremden* nicht. Das Werk präsentiert die Wikinger als lasterhafte Eindringlinge und Räuber, die irischen Häuptlinge dagegen als edel gesinnte Patrioten, die ihre Heimat mit selbstlosem Mut verteidigten.

Das im 12. Jahrhundert als nationales Preislied geschriebene Werk ist eine Propagandaschrift und als historische Quelle nur bedingt verlässlich. Aber die Faszination seiner Rhetorik hat das Wikingerbild aller nachfolgenden Generationen bis in unsere Zeit geprägt. Die Historiker betrachten diese Periode der irischen Geschichte inzwischen wesentlich objektiver und kommen zum Schluss, dass die Iren und die Wikinger sehr viele Gemeinsamkeiten hatten. In diesem Lichte wird auch die simple Annahme, jeder in einem skandinavischen Grab gefundene irische »Schatz« müsse aus einer irischen Kirche gestohlen worden sein, neu bewertet. Einige »kirchliche« Objekte gelten nunmehr als »weltlich« und nicht unbedingt als Beutestücke, während anerkannte Stücke aus einem Kirchenschatz nicht unbedingt Plündergut sein müssen. Ein entsprechender Fall ist ein kleiner irischer Kastenschrein mit einer Runeninschrift: »Ranveig gehört dieses Kästchen.« Hat man es geraubt und einer Angebeteten als Schmuckkästchen verehrt? So dürfte es wohl nicht gewesen sein, denn als man das Kästchen fand, enthielt es noch heilige Reliquien und war ehrfurchtsvoll in ein Seidentuch eingewickelt! Aller Wahrscheinlichkeit nach handelte es sich um ein absolut rechtmäßiges Geschenk, vielleicht sogar an eine Kirche in Skandinavien.

Eines der berühmtesten vom *Krieg der Iren gegen die Fremden* hervorgerufenes Phantasiegebilde ist die Geschichte von der Ankunft des norwegischen »Seekönigs« Turgeis (Turgesius) in Irland mit »einer großen königlichen Flotte« in den 830er Jahren: Er soll erst Armagh, dann Ulster erobert haben; er verheerte Connacht und Meath; er schwang sich zum König aller Fremden in Erin auf. Sieben Jahre lang verbreitete er Unglück in Irland, und dann wurde er, wie alte Prophezeiungen vorhergesagt hatten, gefangen und im Lough Owel ertränkt. Das ist Sensationsstoff – eben der Stoff der Legende: Turgesius' Karriere ist reine Fiktion, und sie ist obendrein anachronistisch, denn im 9. Jahrhundert gab es in Norwegen keine Königsmacht, die vor der Zeit Harald Schönhaars eine derartige Schiffsexpedition in westliche Gewässer hätte organisieren können.

Besonders widersinnig ist der Vorwurf, er habe eine bewusste und offenkundige antichristliche Haltung an den Tag gelegt. So soll er die Abtei Armagh nicht nur ausgeraubt, sondern sich an Stelle des Abtes

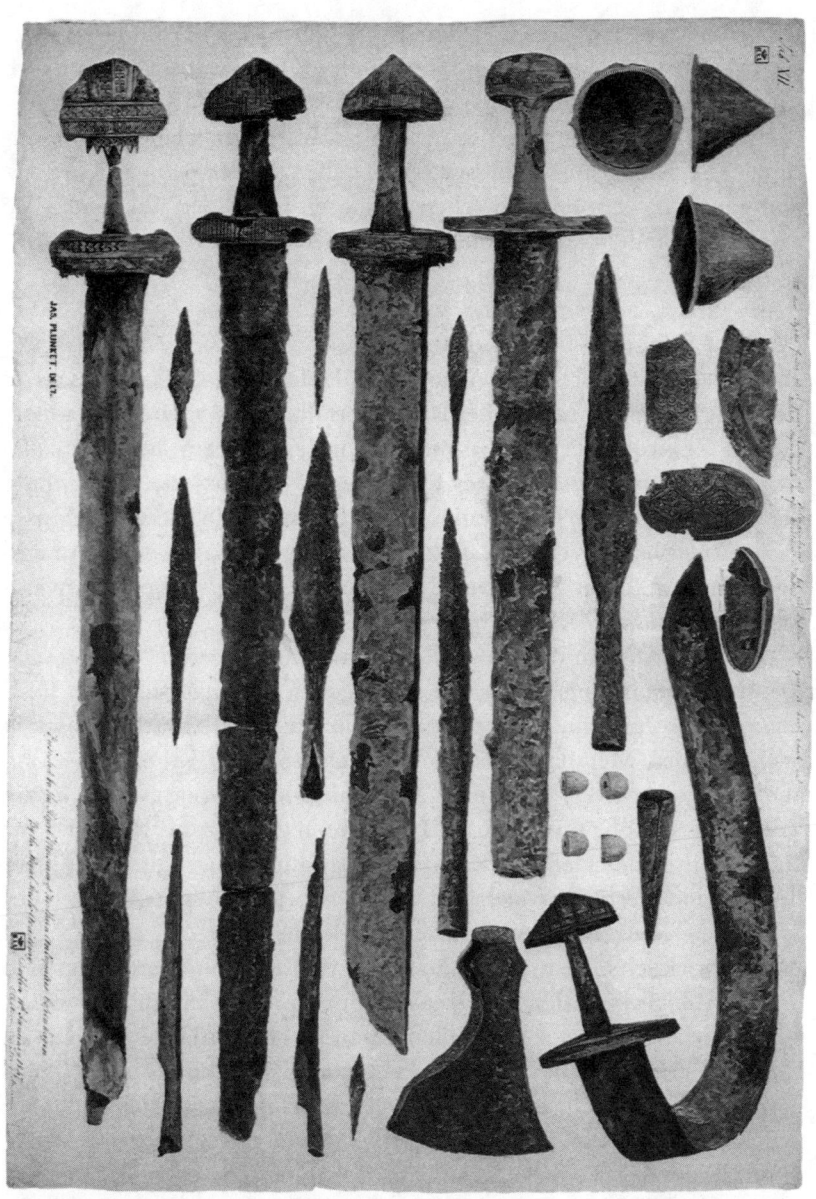

Waffen von Wikingerkriegern aus dem Gräberfeld von Kilmainham-Islandbridge (Irland), 9. Jh., auf einem Aquarell des 19. Jh.

als heidnischer Hohepriester eingesetzt haben; nach Plünderung des großen Klosters Clonmacnoise im County Offaly soll seine Frau vom Altar aus heidnische Zaubersprüche und diabolische Orakel ausgestoßen haben. Weiterhin lastet man ihm an, fast ganz Irland zur Verehrung des Heidengottes Thor bewegt zu haben. Das nun entspricht ganz und gar nicht dem unfanatischen religiösen Ethos der Wikinger – sie waren alles andere, aber keine Prediger.

Iren und Wikinger – eine Kultursymbiose?

Die andere Seite der Clonmacnoise-Medaille ist die Tatsache, dass es trotz wikingischer und irischer Raubüberfälle zu einem großen monastischen Zentrum der Gelehrsamkeit wurde, bei dem sich auch alle Aspekte positiver wikingischer Erfahrungen zeigten – die Vermählung der irischen und der skandinavischen Kunststile. Eines der Ergebnisse dieser fruchtbaren Vereinigung künstlerischen Könnens ist der prächtige Krummstab der Äbte von Clonmacnoise in einer Weiterentwicklung des skandinavischen Ringerike-Stils.

Irische Kunsthandwerker pflegten und verfeinerten wikingische Kunststile noch lange nach der eigentlichen Wikingerzeit. Die Endphase, der so genannte Urnes-Stil, erlebte eine letzte Blüte in irischen ornamentalen Metallarbeiten, deutlich sichtbar am Kreuz von Cong aus dem County Mayo. Es ist ein Prozessionskreuz von fünfundsiebzig Zentimetern Höhe und in den 1120er Jahren gefertigt als Reliquiar für einen Splitter des Heiligen Kreuzes: Fadendünne Tierfiguren winden, drehen und verbeißen sich auf den Dekorplättchen, während der Schaft des Kreuzes in einem stilisierten Tierrachen steckt.

Das wirkliche Ausmaß wikingischen Einflusses in Irland zeigt sich in der Anlage befestigter Küstenstützpunkte, die sich zu den ersten Städten Irlands entwickelten, allen voran Dublin im Jahre 841. Dieser Umstand unterstreicht, dass das Hauptziel der Wikinger nicht Plündern, sondern Siedeln war. Die Aussicht auf Handelsmöglichkeiten auf neuen Märkten war genauso verlockend wie gelegentliche Gewinne durch Raubzüge. Es liegen deutliche archäologische Erkenntnisse vor, dass sich zur Zeit der Gründung Dublins bereits Gruppen von Skandinaviern in Irland niedergelassen hatten.

Die wichtigsten Befunde in diesem Zusammenhang stammen von dem ausgedehnten Wikingerfriedhof in Kilmainham/Islandbridge am Westrand Dublins. Er datiert aus der Mitte des 9. Jahrhunderts, und obwohl die Gräber eher zufällig bei Gleisarbeiten im 19. Jahrhundert entdeckt und niemals systematisch untersucht wurden, besagt doch die Menge der Funde, dass es sich hier um einen der größten wikingischen Nekropolen handeln muss, die jemals auf den Britischen Inseln entdeckt wurden.

Lediglich die Grabbeigaben eines einzigen Grabes sind sachgerecht dokumentiert: Sie bestanden aus einem Schwert, einem Speer, einer Axt, einem Schildbuckel und einer Bronzefibel, also aus den typischen Utensilien eines Wikingerkriegers. Das Irische Nationalmuseum verfügt jedoch über eine reiche Sammlung von Objekten aus Islandbridge, aus denen man sich einen Begriff von der Art und der Größe der Siedlung machen kann: Da gibt es vierzig Schwerter des 9. Jahrhunderts, meist norwegischer, aber auch fränkischer Herstellung mit silberverzierten Knäufen; fünfunddreißig Speerspitzen und sechsundzwanzig Schildbuckel sowie zwei Axtklingen. Dass es sich um eine dauerhafte Siedlung handeln musste, bezeugen in den Gräbern gefundene Frauentrachten mit typisch skandinavischen Ovalbroschen, Buckelfibeln und Glasperlenketten; hinzu kommen Haushaltsgegenstände, steinerne Spinnwirtel, Nadelkästchen und Werkzeug für die Leinbearbeitung.

Es waren indessen nicht nur Krieger und Frauen, die in Islandbridge lebten und starben. Viele waren auch Handwerker, die mit ihrem Handwerkszeug begraben wurden – Schmiedezangen, Zangen, Hämmer, Scheren, Sicheln. Andere waren Kaufleute, denn man fand zusammenklappbare Bronzewaagen, deren Schalen innen verzinnt waren, und dazu hübsch gefertige Gewichte mit Bleikern, mit Glas und Email verziert. Mit solchen Waagen wog man Edelsteine und Edelmetall, insbesondere Silber. Ausländisches Silber war, neben Sklaven, der wichtigste Handelsartikel der Wikinger, wie aus über einhundert wikingerzeitlichen Hortfunden, mehr als einhundertfünfzig Einzelfunden von Gold und Silber und dem vermehrten Gebrauch von Silberornamentik im Irland des 9. und 10. Jahrhunderts hervorgeht.

Der von den Wikingern ins Land gebrachte Reichtum tritt uns auch in zeitgenössischen schriftlichen Dokumenten entgegen. Als die Wikingerbasis in Limerick von den Iren im ausgehenden 10. Jahrhundert zerstört wurde, wird berichtet, die Sieger hätten von den Wikingern »ihre Schmuckstücke, ihre fremdländischen und schönen Sättel, ihr Gold und Silber, ihre wundervoll gewebten Tuche in allen Farben und jeglicher Machart, ihre so angenehmen mannigfaltigen Seidenstoffe in Scharlachrot und Grün« erbeutet.

Wikingerleben in Dublin

Im Jahre 1962 verabschiedete die Stadtverwaltung von Dublin ein groß angelegtes Neubauprogramm für das Areal um die Christ Church-Kathedrale im Herzen des ehemaligen mittelalterlichen Stadtareals. Schon bei der Verlegung der Abwasserkanäle förderte man wikingisches Fundmaterial zu Tage, desgleichen bei der Niederlegung alter Häuserblocks an der Südseite der High Street. Dem Irischen Nationalmuseum wurde gestattet, auf den freien Flächen Ausgrabungen durchzuführen. Dr. Ó Ríordáin grub dort 1962–63, dann noch einmal zwischen 1967 und 1972. 1969 war eine weitere Fläche auf der Ostseite der Winetavern Street zum Liffey hin frei geworden, wo dann ebenfalls zwischen 1969 und 1973 Ausgrabungen stattfanden.

Die Keller der Häuser aus dem 18. Jahrhundert hatten den Grund bis zu einer Tiefe von 2,5 Metern unter Straßenniveau zerstört und damit alle Siedlungsschichten bis um das Jahr 1300. Unter diesem Horizont aber gab es eine zwei Meter mächtige Besiedlungsschicht, in der rund 30.000 Artefakte eingeschlossen waren sowie die Reste einer großen Anzahl von Strukturen verschiedenster Art aus dem 9. und frühen 10. Jahrhundert. Sie alle wiesen dank des hohen organischen Gehalts (Tannine und Phosphate) des Siedlungsschutts einen erstaunlich guten Erhaltungszustand auf; außerdem hatte das gesamte Areal permanent unter Wasser gestanden – also ideale Bedingungen für die Archäologen. Aus der untersten Schicht, gleich folgend auf den originalen gewachsenen Boden, tauchte ein lebendiges Bild der frühesten Wikingersiedlung am abschüssigen Gelände um die Christ Church auf – das Handwerkerviertel aus dem 10. und 11. Jahrhundert, der Blütezeit des wikingerzeitlichen Dublin.

Die Ausgrabungen sicherten die Grundrisse von Häusern und

Wegen sowie wahre Fundmengen, die Auskunft über Handel und Handwerk in der Siedlung gaben. Beinahe alle Häuser und Werkstätten waren in Pfosten-/Flechtwerk-Konstruktionen gehalten, bestehend aus einer Reihe in Abständen paarweise gesetzter senkrechter Pfosten, die mit einem horizontalen Flechtwerk aus Hasel-, Ulmen- oder Eschenzweigen verbunden waren und die man mit einem Lehmverputz versehen hatte, um die Wände wasserdicht zu machen. Es handelte sich um rechteckige, einstöckige Gebäude, deren Größe zwischen 3,8 Meter auf 3,2 Meter bis zu 8 Meter auf 6 Meter variierte. Die Türöffnungen verfügten über Holzschwellen mit schweren, genuteten Türpfosten aus Eichenholz auf jeder Seite, in welche die Flechtwand eingefügt werden konnte. Die mit Steinen umgebene Feuerstelle – wenn es denn eine gab – war gewöhnlich in der Mitte des Fußbodens eingelassen; der Fußboden selbst war mit Binsen ausgelegt. Die »Straßen« zwischen den Häusern waren nicht mehr als höchstens einen Meter breite Fußsteige, die entweder mit Steinen oder mit Holzplanken belegt waren.

Hier arbeiteten und lebten die Handwerker. Ein Haus war von Generationen von Schuhmachern bewohnt, die eine dicke Schicht von Lederabfällen, weggeworfenen Sohlen und Oberledern hinterlassen hatten. Ein anderes Haus beherbergte die Wohn- und Arbeitsstätte eines Kammmachers und Bearbeiters von Knochenmaterial, voller Abfälle und unfertiger Werkstücke. Holzbearbeiter hinterließen in ihrem Haus auf einer Drehbank gefertigte Näpfe und Teller; Metall verarbeitende Werkstätten geben sich durch zerbrochene Hohlformen (einschließlich einer Specksteinmatrix zum Guss von Thorshammer-Amuletten) und Tiegel aus gebranntem Lehm für das Schmelzen und Gießen von Bronze zu erkennen.

Eine besonders interessante Fundgruppe besteht aus »Motivstücken«, das heißt in Knochen eingeritzte Entwürfe, Musterskizzen und fertige Muster, die man später als Formen für den Metallguss verwendete. Über fünfzig solcher Motivstücke wurden gefunden, alle bedeckt mit geometrischen oder zoomorphen Musterornamenten; sie zeigen alle eine enge Verbindung zu den zeitgenössischen Formen irischer Metallarbeiten und irischer Buchmalerei. Die Motivstücke fand man in den Schichten des späten 10., des 11. und 12. Jahrhunderts, und sie demonstrieren den wachsenden Einfluss skandinavischer Kunststile auf die einheimischen Stile und konstituieren letztlich eine besondere hiberno-skandinavische Ornamentik.

Die Funde in der Winetavern Street weiter unterhalb der High Street repräsentieren ein früheres Stadium der Besiedlung an diesem Ort. Es scheint deshalb, dass sich die Wikingersiedlung Dublin nach und nach den Abhang hinauf bis zur High Street und zur heutigen Kathedrale hin ausgebreitet hat.

Ó Ríordáins Entdeckungen verursachten gewaltiges Aufsehen in der Fachwelt. Sie erweiterten das Wissen über den urbanen Wiking immens und lieferten ein eingehendes Bild über den Alltag in der Wikingerzeit, den die zeitgenössischen Dokumente mit ihrer beständigen Betonung von Gewalt und Zerstörung verdunkelt hatten. Zur selben Zeit gingen irische Historiker wie A. T. Lucas und Donnchadh Ó Corráin, um nur zwei zu nennen, daran, die Aussagen der schriftlichen Quellen neu zu bewerten und in ein realistischeres Licht zu rücken. Und allmählich begannen auch die Menschen in Dublin den bemerkenswerten Beitrag zu erkennen, den die Wikinger zu ihrem historischen Erbe geleistet hatten.

Ab 1974 nahm man östlich der Winetavern Street weitere Ausgrabungen in den Bereichen Wood Quay und Fishamble Street vor und erforschte dabei die Holzquais am Liffey. Ein neu errichtetes Museum nahm die Funde der verschiedenen Ausgrabungsstätten in Dublin auf – die zahlreichen Gegenstände des täglichen Gebrauchs, häufig verziert im nunmehr gut bekannten hiberno-skandinavischen Stil, sowie Silbermünzen nach angelsächsischem Vorbild aus der ersten irischen Münzprägestätte, die von König Sigtrygg Seidenbart, einem Norweger, im Jahre 997 eingerichtet worden war.

Diese Münzen scheinen eher für den Handel mit England als für den Handel mit den Iren bestimmt gewesen zu sein. Für lange Zeit hatten die wikingischen Handelsorte in Irland, namentlich Dublin, engere Verbindungen zu Skandinavien und dem skandinavischen York in Nordengland als mit ihren unmittelbaren irischen Nachbarn, obwohl sie immer wieder in die Wirren irischer Fehden und Kriege hineingezogen wurden, die so charakteristisch für diese Periode der irischen Geschichte waren. Dublin blieb der Ausgangspunkt für die skandinavischen territorialen Ambitionen nicht nur in Irland, sondern auch in Nordengland und Südschottland. Eine Reihe Wikingerhäuptlinge, Norweger und Dänen, setzte sich dort als »Könige« von Dublin über längere und kürzere Zeitspannen fest. Von Dublin aus griffen Männer wie Ívar der Knochenlose den befestigten Ort Dumbarton in Schottland an, und hier träumten sie den ehrgeizigen Traum eines vereinigten Wikingerreiches von Irland und Northumbrien.

Brian Bóru und Sigtrygg Seidenbart – die Schlacht von Clontarf

Von Zeit zu Zeit unternahmen die Wikinger von Dublin aus Vorstöße ins Hinterland, um ihre territorialen Grenzen zu erweitern. Im Jahre 980 allerdings wurden sie in der Schlacht von Tara vom irischen Hochkönig Maelsechnaill (Malachias) besiegt, und im Jahre 1014 standen sie in der legendären Schlacht von Clontarf bei Dublin dem mächtigsten irischen Herrscher, Brian Bóru, gegenüber – dieses große Gemetzel ist in die literarische Tradition Irlands und Islands eingegangen. Der aufstrebende König Brian Bóru von Munster hatte sich schon viele Jahre bemüht, die Position des Hochkönigs von Irland zu erlangen und seine Konkurrenten zu verdrängen. Er unterwarf die Wikingerherrschaft von Waterford und wollte sich nun Dublins als seines künftigen Königssitzes bemächtigen; die Wikinger nahmen die Herausforderung an und scheinen darin einen Kampf um Seele und Herz Irlands gesehen zu haben.

Mit Clontarf war der Zenit des wikingischen Einflusses in Irland überschritten, jedoch noch nicht sein Ende erreicht. König Sigtrygg Seidenbart von Dublin hatte ein mächtiges Bündnis von Wikingergruppen, auch von jenseits des Meeres, für diesen Kampf zustande gebracht und beobachtete den Verlauf der Schlacht von den Wällen Dublins aus, statt sich selbst ins Kampfgetümmel zu stürzen. Das war klug, denn der Kampf endete mit einem vollständigen Sieg der Iren. Trotz seiner Niederlage konnte Sigtrygg Dublin halten und hier noch gut zwei Jahrzehnte die Herrschaft ausüben. Wie schon sein Vater Olaf IV. Kvaran förderte Sigtrygg das Christentum in Dublin und ebnete so die Gegensätze zwischen Iren und Skandinaviern ein. Die Tage wikingischer Herrschaft als Enklave auf irischem Boden neigten sich dem Ende zu; Brian Bórus Nachfolger versuchten jedoch nicht, die Eindringlinge systematisch aus Irland zu verjagen. Dublin blieb ein hiberno-skandinavisches Zentrum, und die Landungsbrücken bildeten weiterhin Irlands wichtigsten Zugang zum damaligen Welthandel, zu dessen Teil die Wikinger die Insel gemacht hatten. Clontarf erwies sich als Beginn einer neuen wirtschaftlichen Blütezeit Dublins. Die Wikinger konzentrierten ihre Kräfte mehr denn je auf den Handel, wovon die Ausgrabungen an der Wood Quay beredtes Zeugnis ablegen.

Eines der wikingischen Kontingente in dem Bündnis, das Sigtrygg Seidenbart in der Schlacht von Clontarf unterstützte, kam, wie wir aus den isländischen Sagas wissen, von der Isle of Man. Zwei der Anführer sind namentlich bekannt – Brodir und Ospak. Durch Weissagungen vor dem kommenden Gemetzel gewarnt, schlug sich Ospak beizeiten auf die Seite Brian Bórus; Brodir dagegen hielt treu zu Sigtrygg, und sogar in der Niederlage sicherte er sich einen Platz in der Geschichte als der Mann, der König Brian Bóru erschlug. Der irische König hatte bewusst nicht an der Schlacht teilgenommen, weil sie am Karfreitag geschlagen wurde. Stattdessen hatte er den Tag in einem Wald im Gebet verbracht, nur geschützt von dem Schildwall seiner engsten Gefolgsleute. In der allgemeinen Flucht der geschlagenen Wikinger kam Brodir von Man an diesen Ort, brach durch den Schildwall und tötete den König. Die Iren ergriffen den Königsmörder und bereiteten ihm einen qualvollen Tod – man schlitzte den Bauch des Wikings auf, zog die Därme heraus und trieb ihn um einen Baum herum, wobei er sich in seine eigenen Därme verwickelte.

Das Inselreich von Man

Die Insel Man war zu dieser Zeit ein Irland en miniature, ein Wikingerreich im Kleinen. Wir wissen nur wenig von der Geschichte Mans am Beginn der Wikingerzeit, außer dass die Insel von christlichen Kelten bewohnt war und dass sie, inmitten der Irischen See gelegen, als Etappe auf dem Westweg der Wikinger lag. Die Wirtschaft beruhte, wie in Irland auch, auf der Weidewirtschaft, und es ist anzunehmen, dass die Insel ab 800 ebenfalls dem üblichen Muster wikingischer Überfälle und Besiedlung unterlag.

Die Insel hat eine Fläche von lediglich 590 Quadratkilometern; sie liegt etwa gleich weit von Irland, Schottland, England und Wales entfernt, und die Küsten dieser Länder sind deutlich vom höchsten Punkt der Insel, dem Gipfel des Snæfell (620 Meter), aus zu sehen. Zu diesen vier Reichen fügt der Lokalstolz noch ein fünftes hinzu: das Königreich des Himmels! Nach Norden hin breiten sich glaziale Ebenen mit gutem Ackerland aus sowie sandige Buchten als ideale Landungsplätze für Wikingerschiffe, im Norden der Insel konzentriert sich dann auch die skandinavische Besiedlung.

Im Südwesten liegt Tynwald Hill bei St. John's. Der Name Tynwald geht auf das altnordische »Thingvöllur« zurück, was so viel bedeutet wie Thingebene – ähnlich wie Dingwall im Norden Schottlands, Thingwall auf den Shetland-Inseln und insbesondere wie Thingvellir in Island. Traditionell war Tynwald Hill der Ort der wikingischen Thingversammlung, die in jedem Sommer zum Zwecke der Gesetzgebung und der Rechtsprechung unter freiem Himmel zusammentrat, vergleichbar dem Allthing in Island. Und noch heute trifft sich das moderne Inselparlament (bekannt unter dem Namen Tynwald) am Alten Mittsommertag (5. Juli) an diesem Platz unter freiem Himmel, um in einem zeremoniellen Akt alle Gesetze zu bestätigen, die im Laufe des Jahres verabschiedet wurden. Immer noch ist die Isle of Man ein souveränes Land unter der britischen Krone, eigentlich aber eine Krondomäne, und ist nicht Teil des Vereinigten Königreiches. Die Insel entsendet keine Abgeordneten ins Parlament nach Westminster, sie hat vielmehr einen von der britischen Krone ernannten Gouverneur, denn der britische Monarch trägt seit 1765 den Titel »Lord of Mann«, als die »Regalia« der Insel für 70.000 Pfund an die Krone verkauft wurden. Im Jahre 1828 wurden auch die Herrschaftsrechte für 417.000 Pfund verkauft.

Im Juli 1979 feierte die Isle of Man das tausendjährige Jubiläum des Tynwald und damit die Tatsache, die älteste Parlamentsversammlung der Welt mit ungebrochener Tradition zu sein (das im Jahre 930 eingerichtete isländische Allthing wurde 1798 aufgehoben und nach Reykjavík verlegt). Die Feierlichkeiten wurden unter Anwesenheit des »Lord of Mann«, Ihrer Majestät Königin Elisabeth, mit dem gebührenden Pomp und Prunk begangen. Die Bedeutung des Anlasses wurde noch erhöht durch die Ankunft des Wikingerschiffes »Odin's Raven«, das nach abenteuerlicher Fahrt über die Nordsee von Trondheim in Norwegen eigens zur Jahrtausendfeier herübergekommen war.

Es liegt kein spezieller Grund vor, weshalb ausgerechnet das Jahr 979 als Gründungsjahr des Tynwald ausgewählt wurde. Das Datum ist aus der Luft gegriffen: Den Leuten aus Man schien die Zeit reif für ein Millenium, sie betrieben die Sache und hatten ihre Jahrtausendfeier! Auch wenn es keine schriftlichen Belege gibt, es ist dennoch wahrscheinlich, dass das Tynwald als wikingische Thingversammlung bereits am Ende des 10. Jahrhunderts existierte. Die skandinavische Besiedlung kann zweifellos ins ausgehende 9. Jahrhundert datiert werden.

Über die Art und Weise der ersten skandinavischen Einwanderung hat es erheblichen akademischen Streit gegeben. Einige Ortsnamenforscher wie etwa Margaret Gelling aus Birmingham haben aus dem Fehlen vornordischer, keltischer Ortsnamen geschlossen, dass die Wikinger die einheimische Bevölkerung weitgehend vernichtet hätten und dass die gälische Sprache erst nach dem Ende der norwegischen Herrschaft im 13. Jahrhundert erneut eingeführt worden wäre. Marshall Cubbon vom Manx Museum hat dieser Ansicht widersprochen, weil sich die Befunde der Ortsnamenforschung nicht mit den Befunden der Archäologie decken. Es ließe sich nämlich archäologisch nachweisen, dass weite Teile der einheimischen Inselbevölkerung, freilich unter skandinavischer Oberherrschaft, überlebt hätten.

Einige fünfundzwanzig wikingische Gräber und Gräberfelder sind auf der Insel Man bekannt – sie legen nahe, dass die ersten skandinavischen Ankömmlinge einheimische Keltinnen heirateten, die ihre Kinder oder Enkel als Christen aufzogen und ihnen keltische Namen gaben. Die einzigen zweifellos heidnischen Wikingergräber stammen aus der zweiten Hälfte des 9. Jahrhunderts, wie etwa das prächtige Schiffsgrab von Balladoole in Arbory im Süden der Insel, in dem ein Mann mit seinen persönlichen Wertgegenständen und Pferdegeschirr niedergelegt war (überraschenderweise ohne Waffen), sowie eine Frau. Das weibliche Skelett liefert keinen Hinweis auf die Todesart, aber ihre Präsenz bei einer Schiffsbestattung macht ein Opfer wahrscheinlich.

Ein Grab jedoch birgt ohne jeden Zweifel ein Menschenopfer. Es handelt sich um einen Grabhügel im Hof Ballateare im Kirchspiel Jurby, der in die zweite Hälfte des 9. Jahrhunderts datiert wird. Über Generationen hin blieb er unangetastet, trotz seiner hinderlichen Lage, weil man ihn für einen »Elfenhügel« hielt. In den 1940er Jahren wurde er von dem auf Man internierten deutschen Archäologen Gerhard Bersu ergraben. Der Hügel war die Grablege eines reichen skandinavischen Bauern; im Sarg lagen alle seine Waffen – der Schild, drei Speere, ein ornamentiertes Schwert in einer schön gearbeiteten Scheide. Das Schwert und einer der Speere hatte man vor der Niederlegung absichtlich in drei Teile zerbrochen – ein rituelles »Töten« der Waffen mit der Absicht, entweder potenzielle Grabräuber zu warnen oder um sie unbrauchbar zu machen, falls der Mann nach seinem Tod »lief« und die Lebenden heimsuchte. Nachdem man den Sarg ins Grab gesenkt hatte, häufte man einen kreisrunden Erdhaufen darüber. Vor Vollendung des Hügels jedoch wurde noch ein anderer Leichnam darin niedergelegt: Es war der Körper einer jungen Frau in den Zwanzigern, das Gesicht nach unten und die Arme über den Kopf ausgestreckt. Ihr Schädel war mit einer Axt oder einem Schwert – vielleicht mit dem anschließend zerbrochenen Schwert – sorgfältig aufgeschnitten. Offenkundig handelte es sich um eine Sklavin, möglicherweise eine Konkubine, die ausgewählt wurde (oder die sich selbst zur Verfügung gestellt hatte), ihrem Herrn ins Jenseits zu folgen, zusammen mit einem Ochsen, einem Pferd, einem Schaf und einem Hund. Ihr versehrter Schädel, heute ausgestellt im Manx Museum in Douglas, ist der einzige Beleg für ein skandinavisches Menschenopfer auf den Inseln ringsum.

Die Periode des »Hochheidentums« währte nicht lange. Im 10. Jahrhundert bereits begruben die Wikinger ihre Toten in christlichen Friedhöfen, behielten aber einige heidnische Begräbnissitten bei, wie etwa die Beigabe eines Schwertes. Es gibt hier keine Anzeichen einer religiösen Krisenzeit oder erzwungener Konversionen wie in einigen anderen skandinavischen Gebieten.

Über die politische Position der Isle of Man wissen wir nichts. Für das Ende des 9. Jahrhunderts muss angenommen werden, dass die strategische Bedeutung der Isle of Man für den Kampf um Irland erkannt und genutzt wurde. Snorri Sturluson berichtet, König Harald Schönhaar habe sich bei seiner Strafaktion gegen wikingische Piratennester im Westen auf die Insel Man gestürzt, aber keine Seeräuber mehr ange-troffen. Die dokumentierte Geschichte der Isle of Man beginnt erst 1066 mit dem *Chronicon Regum Manniae et Insularum* (»Chronicle of Man«); sie beginnt mit der Ankunft des in Island geborenen Godred Crovan, der – auf der Verliererseite – an der Schlacht von Stamford Bridge (vgl. Kapitel 10) teilgenommen hatte. Dieser zweifellos histori-sche Godred Crovan riss 1079 nach dreimaligem Anlauf in der Schlacht von Skyhill bei Ramsey an der Nordostküste die Macht über die Insel an sich. Mit Skyhill und Godred etablierte sich eine skandina-vische Dynastie, deren Herrschaft fast zweihundert Jahre währen sollte.

Für die Periode vor 1066 können wir uns nur auf archäologische Quellen beziehen, die allerdings in Man reicher ausfallen als in allen anderen skandinavischen Siedlungsgebieten im Westen. Zu den wich-tigsten dieser Quellen gehören die behauenen Gedenkkreuze der Insel. Sie sind die augenfälligsten Altertümer, welche die Isle of Man zu bie-ten hat. Etwa zweihundert davon haben sich überall auf der Insel auf Kirchhöfen und in Kirchen erhalten. Sie reichen von der frühchristlich-keltischen Periode im 7. Jahrhundert über die Periode skandinavischer Besiedlung bis ins frühe 11. Jahrhundert.

Historisch gesehen das Interessanteste ist eine große Grabplatte aus dunklem örtlichem Schieferstein, die jetzt in einer Ecke des Querschif-fes von Kirk Michael steht. Es gibt nicht weniger als zwölf Kreuze in Kirk Michael, das berühmteste jedoch ist der so genannte »Gaut's Stein«. Ihn zeichnet weniger die klare und käftige Ornamentik aus, sondern eine Runeninschrift: »Maelbrigði, der Sohn des Schmiedes Athakan, errichtete dieses Kreuz für seine eigene Seele (errettet von der Sünde?); *en Kauth kirthi:thano:auk:ala:in Mann* – aber Gaut machte dieses und alle in Man.«

Gaut der Steinmetz

Plötzlich, aus einer anonymen Vergangenheit, tritt uns der Name eines skandinavischen Steinmetzen entgegen, der dieses Kreuz gefertigt hat: Es ist ein Mann namens Gaut. Von einem anderen signierten Stein, aus Kirk Andreas, erfahren wir seine Herkunft: »Gaut machte (dieses), der

Kreuz von Gosforth in Nordwestengland, 10. Jh. Das wohl von einem skandinavischen Steinmetz geschaffene Hochkreuz vereint nordische und keltische Einflüsse, heidnische und christliche Motive.

Sohn Björns von Kuli« (vielleicht die Hebrideninsel Coll). Und weil er auf dem Kreuz von Kirk Andreas behauptete, »alle« nordischen Runenkreuze (um 950) auf Man hergestellt zu haben, wissen wir, dass dieser wikingische Einwanderer Gaut Björnsson der Gründer einer ganzen Steinmetzschule auf Man gewesen ist, die es für ein Jahrhundert lang zu großartigen künstlerischen Leistungen gebracht hat. In seinem »Inselstudio« verschmolz er traditionelle keltische Motive mit skandinavischen Dekorformen. Gauts eigener Stil war geradeheraus und einfach und so klar zu identifizieren, dass ihm eine Reihe unsignierter Steine zugeschrieben werden konnten. Charakteristisch sind seine Kreuze mit kreisrundem Kreuzkopf, in Flachrelief ausgestaltet und mit ineinader verwobenen Bändern dekoriert. Der Kreuzschaft ist mit »Ringketten«-Mustern verziert, die aus drei umeinander geflochtene Ketten bestehen – dies sollte zum üblichen Dekor vieler Manx-Kreuze werden.

Andere Manx-Steine belegen, wie neu christianisierte skandinavische Steinmetze ihre Steine mit Motiven aus ihrer heidnischen Mythologie und Heldensage dekorierten. Vier Bildsteine, die von Jurby, Andreas, Maughold und Malew, zeigen Szenen aus der Sage von Sigurd dem Drachentöter, jenem Held, der den Drachen Fáfnir erschlug, um den Nibelungenschatz zu gewinnen; der Stein von Kirk Andreas zeigt Allvater Odin mit einem Raben auf der Schulter, sein Fuß steckt bereits im Rachen des wilden Wolfes Fenrir, der ihn im prophezeiten Endzeitkampf (»Götterdämmerung«) verschlingen wird. Auf der Rückseite tritt eine gegürtete Figur mit hochgerecktem Kreuz und Buch, begleitet von einem großen Fisch, eine Schlange in den Staub – ein gängiges frühchristliches Motiv. Die Gegenüberstellung der beiden Szenen repräsentiert sehr effektvoll das Konzept von der Herrschaft Christi an Stelle der Herrschaft Odins.

Die Ähnlichkeit der Manx-Kreuze aus dem 10. Jahrhundert mit anglo-skandinavischen Kreuzen in Nordengland ist nicht zu übersehen, weshalb man annimmt, dass Gaut Björnsson seine Kunst dort erlernt hat. Trotz der denkbaren Identifizierung seines Geburtsortes *Kuli* mit der Hebrideninsel Coll gehen viele davon aus, dass er in Nordengland, etwa in Cumberland oder Westmoreland, geboren wurde, wo der Einfluss skandinavischer Einwanderer aus Irland und den schottischen Inseln gerade im 10. Jahrhundert besonders stark gewesen ist. Andere meinen, Gaut habe als Flüchtling nach der Schlacht von Brunanburh im Jahre 937 auf Man Zuflucht gesucht.

Angelsachsen und Wikinger im Kampf um die Macht – die Schlacht von Brunanburh

Brunanburh war eine der entscheidenden Schlachten des europäischen Mittelalters. Sie endete in einer katastrophalen Niederlage einer Allianz aus Wikingergruppen aus dem Norden und Westen der Britischen Inseln; Sieger war der Enkel Alfreds des Großen, Æthelstan von Wessex, sicher der charismatischste der angelsächsischen Kriegerkönige des 10. Jahrhunderts.

Nach König Alfreds Tod im Oktober 899 verfolgten seine Kinder – sein Sohn Eduard der Ältere von Wessex (899–924) und seine Tochter Æthelflæd, Gemahlin Æthelreds, des Ealdorman von Mercia – die Strategie ihres Vaters, die Dänen im Danelaw/Danelag energisch unter Druck zu setzen. Nach dem entscheidenden Sieg in der Schlacht von Tettenhall bei Wednesbury im Jahre 910 verlegten sie befestigte Siedlungen immer weiter in die dänischen Gebiete hinein, um allen eventuellen dänischen Vorstößen einen Riegel vorzuschieben. Um 918, dem Todesjahr Æthelflæds, befand sich das Danelawgebiet südlich des Humber wieder in englischer Hand. Im Jahre 920 nahm Eduard der Ältere die formelle Unterwerfung der Schotten unter König Konstantin II. entgegen, der Briten von Strathclyde unter König Owain, des ganzen Volkes von Northumbria sowie des Wikings Rögnvald von Dublin, des neu installierten Herrschers von York. Das war ein beachtlicher politischer Fortschritt. Schließlich war das gesamte Danelaw inzwischen zurückerobert, und Alfreds Sohn wurde als der mächtigste Herrscher in Britannien anerkannt.

In der Zwischenzeit jedoch hatte in Nordengland die skandinavische Achse Dublin–York ein deutliche Stärkung erfahren, als skandinavische Siedler von jenseits der Irischen See den Nordwesten Englands zu besiedeln begannen und eine Verbindung zur skandinavischen Bevölkerung in Northumbria herstellten. Um 903 wurde ein großer Hort aus über 7000 Silbermünzen und Hacksilber im Gewicht von

40 Kilogramm – der größte jemals aufgefundene Wikingerhort – in Lancashire am Ufer des Flusses Ribble bei einem Ort namens Cuerdale niedergelegt; der Cuerdale-Hort (jetzt im Britischen Museum) muss der Schatzfonds einer Gruppe von skandinavischen Einwanderern aus Irland gewesen sein. Im 10. Jahrhundert wurden die Küstengebiete Lancashires überrannt. Die skandinavische Präsenz im Nordwesten wird durch überaus zahlreiche skandinavische Ortsnamen bezeugt sowie durch Steinkreuze in skandinavischem Stil, wie beispielsweise das berühmte Kreuz von Gosforth in Cumberland.

Die skandinavische Einwanderung von Westen her war nun ein Hauptproblem, dem sich der Nachfolger Eduards des Älteren, sein Sohn Æthelstan (924–939), annehmen musste. Dieser König war eine kraftvolle Persönlichkeit, der nicht nur das strategische Talent seines Vaters geerbt hatte, sondern auch die Humanität, den Kunstsinn und die Kirchentreue seines Großvaters. Er war am Hof seiner Tante in Mercia erzogen worden und erschien den traditionell mit Wessex verfeindeten Merciern mehr als akzeptabel. Er war eifrig bemüht, gute Beziehungen zu ausländischen Herrschern zu unterhalten; so hatte er ein freundschaftliches Verhältnis zum alten König Harald Schönhaar von Norwegen, der sogar seinen jüngsten Sohn Hákon an Æthelstans Hof erziehen ließ (in der isländisch/norwegischen Geschichtsschreibung heißt er deshalb »Hákon Aðalsteins fóstri«, Hákon, der Ziehsohn Æthelstans). Als nun Æthelstan daranging, sich mit der Wikingergefahr aus dem Norden zu befassen, bemühte er sich um einen Verbündeten anderer Art – den heiligen Cuthbert von Lindisfarne.

St. Cuthbert – Patron der Angelsachsen

Der heilige Cuthbert (gestorben 687), Prior und Patron des Klosters Lindisfarne auf Holy Island, war ein postumes Opfer des ersten Wikingerüberfalls auf England (vgl. Kapitel 2) geworden. Seine Vita von Beda Venerabilis hatte seinen Ruhm über ganz England und den Kontinent verbreitet. Seine Reliquien überstanden den Angriff auf Lindisfarne im Jahre 793 unversehrt, später verbrachte man sie zur Sicherheit aufs Festland, zuerst nach Norham am Tweed, dann nach Carlisle, und schließlich nach siebenjähriger Irrfahrt nach Chester-le-Street, bis sie ihre endgültige Ruhestätte in der Kathedrale von Durham fanden.

Æthelstan zögerte nicht lange, seine ersten Vorstöße nach Norden zu unternehmen. 926 verheiratete er eine seiner Töchter an Sigtrygg, Rögnvalds Nachfolger in York. Die Verbindung dauerte nicht lange, denn Sigtrygg starb im folgenden Jahr, woraufhin sein Sohn Olaf Sigtryggsson (aus der Ehe mit einer früheren Frau) versuchte, seinen Herrschaftsanspruch mit Gewalt und mit Unterstützung seines Onkels Guthfrith, dem norwegischen König von Dublin, durchzusetzen. Æthelstan setze unverzüglich seine Truppen in Marsch und vertrieb beide aus York, zerstörte die Befestigungen und erlangte die Oberherrschaft über Northumbria. Sieben Jahre später konsolidierte er seine Herrschaft mit einer raschen Invasion Schottlands; sein Heer stieß ungehindert bis Kincarddineshire, nördlich des Firth of Forth, vor, während seine Flotte die Ostküste bis hinauf nach Caithness verheerte.

Auf seiner Expedition nach Norden förderte er insbesondere den Kult des heiligen Cuthbert sowie andere northumbrische Heiligenkulte. Cuthberts Patrimonium in Chester-le-Street hatte Land an die heidnischen Wikinger verloren, und so geriet St. Cuthbert zum patriotischen Sammelpunkt gegen die heidnischen Invasoren. Das Heiligtum St. Cuthberts stattete Æthelstan mit wertvollen Schenkungen aus, neben liturgischen Geräten auch Geld, das Königsgut von Wearmouth, weiterhin einige Bücher, darunter Bedas Vita des heiligen Cuthbert mit einer Illumination, die Æthelstan als Stifter darstellt (jetzt im Corpus Christi College, Cambridge), sowie liturgische Gewänder, die auf Geheiß seiner Tante Æthelflæd von Mercia hergestellt worden waren.

Im Jahre 934 übernahm Olaf Guthfrithsson, der Sohn jenes aus York vertriebenen Guthfrith, die Führung der Wikinger von Dublin. Kurz nach seiner Machtübernahme organisierte er ein machtvolles Bündnis gegen Æthelstan. Von Irland aus landete er mit einer großen Flotte im Nordosten Englands, vereinigte sich mit dem Schottenkönig Konstantin II. und den Briten von Strathclyde unter König Owain. Dermaßen gestärkt überrannte das Wikingerheer die Stadt York und rückte in die Midlands vor.

Æthelstan bot den gesamten Heerbann der Mercier und der Westsachsen auf und zog, von seinem Halbbruder Prinz Edmund begleitet, den Wikingern entgegen. Die beiden Heere trafen sich an einem Platz, den die Engländer *Brunanburh* nannten. Dieser Name steht in der Literatur und in der Volksüberlieferung für die blutigste Schlacht, die jemals auf englischem Boden geschlagen wurde:

> *Æthelstan der König,   Herr der Earls*
> *Und Ringgeber der Männer,   zur Seite sein Bruder,*
> *Edmund der Edeling,   gewannen unsterblichen Ruhm*
> *In wütender Schlacht   mit der Schwerter Klingen*
> *Zu Brunanburh: es barsten durch den Schildwall,*
> *Hieben auf Schilde   mit wohlgeschärften Schwertern*
> *Die Söhne Eduards …*
>
> *… viele Männer lagen da,*
> *Hingefällt durch Speere,   nordische Krieger,*
> *Mit durchbohrten Schilden;   auch Männer Schottlands,*
> *Ermattet vom Kampf …*
> *Und so die Brüder,   beide zusammen,*
> *König und Edeling,   kehrten heim*
> *Ins Lande Wessex,   als Kampfes Sieger.*
> *Sie ließen zurück,   zur Labsal bei den Leichen*
> *Den hornschnäbligen Raben,   schwarz sein Gefieder,*
> *Den weißschwänzigen Adler,   gewandet in Grau,*
> *Den hungrigen Kampffalken,   und dieses schwarze Tier,*
> *Den Waldwolf.   Niemals zuvor*
> *Auf dieser Insel,   wie die alten Weisen*
> *Uns sagen in Büchern,   erlitt ein Heer*
> *Größeres Schlachten …*
>
> ANGELSÄCHSISCHE CHRONIK

Ungewöhnlicherweise wurde diese zeitgenössische Dichtung, »The Battle of Brunanburh«, direkt in die Angelsächsische Chronik unter dem Jahr 937 eingefügt – ein Hinweis darauf, welche Bedeutung die Angelsachsen dem glänzenden Sieg Æthelstans beimaßen. Aber abgesehen davon wissen wir nur wenig über die Schlacht selbst. Fünf Könige und sieben Earls von Dublin fanden den Tod, nur Olaf Guthfrithsson überlebte und floh zurück nach Dublin; auch Konstantin II. überlebte, nicht aber sein Sohn. Die Lage des Ortes Brunanburh, an dem die Schlacht stattfand, ist in Vergessenheit geraten; die Forschung lokalisiert das Schlachtfeld irgendwo zwischen dem Solway Firth, Derby und Birmingham.

Egil Skallagrímsson und Erik Blutaxt

Aber aus dem Nebel der Ungewissheit, der die Umstände der Schlacht umhüllt, taucht eine große Figur auf: Egil Skallagrímsson, Krieger und Dichter aus Island. Er ist der namengebende Held einer der großartigsten isländischen Sagas, der *Egils saga Skallagrímssonar*, die nach Ansicht vieler von keinem Geringeren als Snorri Sturluson verfasst worden sein soll. Nach Angaben der Saga focht Egil als Wikingersöldner auf Seiten der Sieger. Er blieb lange genug in England, um beträchtliche Belohnungen (und Kompensation für seinen bei Brunanburh gefallenen Bruder) vom siegreichen König Æthelstan zu erhalten; danach kehrte er nach Island zurück, um später, in der Königshalle der Wikingerkönige von York, einen spektakulären Auftritt zu inszenieren.

Die *Egils saga* ist eine große epische Erzählung, eine archetypische Geschichte wikingischen Wagemuts und heroischer Leidenschaft vor dem Hintergrund der anglo-skandinavischen Geschichte des 10. Jahrhunderts. Die Saga berichtet, wie Egils Vater und Großvater aus Norwegen verjagt wurden, weil sie der wachsenden Macht König Harald Schönhaars getrotzt hatten. Sie emigrierten nach Island, ließen sich am Borgarfjörður nieder und gründeten den Stammhof Borg. Später begab sich Egil nach Norwegen, um Ruhm und Reichtum zu erlangen, dort aber fiel er bei König Erik Blutaxt (*blóðöx*), Harald Schönhaars ältestem Sohn, in Ungnade und zog auch den Hass von Eriks herrschsüchtiger Gemahlin Gunhild, einer Königin vom Schlage der Lady Macbeth, auf sich. In vielen Überfällen auf Höfe und Ländereien des Königs tötete Egil zahlreiche Gefolgsleute des Königs, einen Sohn des Königs und den Sohn von Gunhilds Bruder und verließ Norwegen als Geächteter, nachdem er Erik Blutaxt eine letzte schwere Beleidigung zugefügt hatte: Er errichtete eine Schmähstange, in die er runische Verwünschungen gegen den König und sein ganzes Geschlecht einritzte, und beschwor die Landesgeister Norwegens, den König von seinem Thron zu jagen.

Dieser Egil war eine komplexe Persönlichkeit: ein gewalttätiger und gieriger Mann und doch fähig zu tiefer und dauerhafter Liebe, ein roher Bauer mit einem genialen Dichtertalent – einer Dichtkunst, die so zärtlich sein konnte, wie seine Kampfeswut unbändig – so, wie er etwa den Tod seiner beiden Söhne (einer ist im Fjord ertrunken) beklagen kann und dabei seinen Groll gegen seinen Gott Odin wendet:

Schwer ist's mir,   die Zunge zu rühren
Oder emporzuheben   Liedes Waagarm (= die Dichtkunst)
Nicht kann man hoffen   auf Vidurs Diebsgut (= die Dichtung)
Noch es hervorziehn   aus der Sinne Versteck.

Denn mein Geschlecht   steht am Ende,
Gleich sturmzerschlagnen   Ahornen im Wald.
Nicht froh ist der Mann,   der vom Hause hinab
Eines toten Gesippen   Glieder trägt.

Eine bittre Lücke   brach die Woge mir
In meines Vaters   Verwandtenzaun.
Leer seh ich und offen   statt meines Sohnes
Die Bresche stehen,   die die See mir schlug.

Viel hat das Meer   mir geraubt
Bitter zu nennen   ist der Verwandten Tod
Nachdem verschwand   auf der Freuden Pfad
Des Lebens beraubt   meiner Familie Schild.

Gut stand ich   mit Speeres Herrn (= Odin)
Sicher ward ich,   ihm zu trauen,
Bis zerriß   der Freund der Wagen,
Siegs Entscheider (= Odin),   die Freundschaft mir.

EGILS SAGA, AUSZUG AUS SONATORREK (»DER SÖHNE VERLUST«);
ÜBERSETZT VON KURT SCHIER

In Norwegen erwies sich Eriks Herrschaft als kurz und gewalttätig. Schon vor seiner Thronbesteigung rechtfertigte er seinen Beinamen, indem er viele seiner Halbbrüder und Thronrivalen tötete. Alle vornehmen Familien im Lande machte er sich zu Feinden. Im Jahre 947 trat ein Herausforderer auf, der ihm die Krone streitig machte: Harald Schönhaars jüngster Sohn Hákon, der Ziehsohn Æthelstans. Aller Freunde beraubt, floh Erik Blutaxt aus dem Land und ging nach York in Northumbrien.

Trotz der Niederlage von Brunanburh waren die northumbrischen Wikinger immer noch stark, und immer noch stand York im Zentrum ihrer Ambitionen. Nach Æthelstans Tod im Jahre 939 übten erneut norwegische Wikingerkönige in York eine – chaotische und instabile – Herrschaft aus. Die skandinavische Bevölkerung in Northumbria versprach sich daher mit der Ankunft eines »richtigen« Königs aus dem norwegischen Herrscherhaus Sicherheit und Unabhängigkeit von Wessex, und ohne zu zögern akzeptierten sie Erik als ihren König.

Und dann, ganz plötzlich, erscheint Egil Skallagrímsson scheinbar aus dem Nichts und hält seinen Einzug in die Königshalle von York, geradewegs in die Fänge seines Erzfeindes Erik Blutaxt. Eigentlich war er aus Island herübergekommen, um sich seinem ehemaligen Gefolgsherrn, König Æthelstan, anzuschließen, ohne jedoch zu wissen, dass Æthelstan bereits zehn Jahre tot war. Auf dem Weg nach Süden hatte er in der Humbermündung, achtzig Kilometer von York entfernt, Schiffbruch erlitten. Sein Stolz indessen ließ es nicht zu, sich wie ein Dieb durch Eriks Reich zu stehlen, und außerdem fühlte er sich getrieben, seinem Widersacher noch einmal in einem letzten Zusammenprall der Willenskraft entgegenzutreten – die ultimative Konfrontation zwischen gemeinem Mann und König.

Königin Gunhild wollte ihn auf der Stelle töten lassen: »Erinnerst du dich jetzt nicht daran, König, was Egil getan hat: Deine Freunde und Verwandten hat er erschlagen und über alles andere deinen Sohn, und dich selbst hat er geschmäht – oder wo hat man schon von solchen Vergehen gegen einen königlichen Mann gehört?« Erik Blutaxt verzichtete auf sofortige Rache und gewährte ihm, in einer Nacht seine Missetaten wieder gutzumachen. Egil nutzte diese Nacht, so erzählt die Saga, und dichtete zur Rettung seines Lebens ein Preislied von zwanzig Strophen, eine *drápa*, auf Erik Blutaxt, um den Zorn des Königs zu besänftigen. Am nächsten Morgen trug er in der Königshalle die »Haupteslösung« (*Höfuðlausn*) vor, jenes Preislied aller Preislieder, das er in der Nacht gedichtet hatte:

Gib Acht, König, hier
– Ehre bring ich dir –,
Welche Kunst meine Worte zeigen,
Wenn die Krieger alle schweigen.
Weithin ist vielen bekannt,
Welche Kämpfe der König bestand.
Oft fielen Odins Blicke da
Auf der Gefallenen Schar.

Getöse der Schwerter entstand
An der Schilde blitzendem Rand.
Des Kampfes Wogen schlugen empor;
Der König drang da mutig vor.
Des Waffensturmes Gesang
Wild über das Land erklang.

Der Waffen Biss
Tief Wunden riss.
Aus Heldentum
Wuchs Eiriks Ruhm.

Die Feuer des Arms (= Goldringe) er zerbricht,
Es schont den funkelnden Handstein (= Gold) er nicht.
Den Ringen ist er nicht hold;
Nicht ruhen lässt er das Gold.
Der Hände glitzernden Kies (= Gold/Silber)
Er gern seinen Kriegern ließ.
Mit Frodis Mehl (= Gold) er erfreute
Die Menge der tapferen Leute.

Egils saga, Auszug aus Höfuðlausn; übersetzt v. Rolf Heller

Die Übersetzung ist nicht in der Lage, die Metaphorik und den Klang der Skaldendichtung angemessen wiederzugeben. Die *Höfuðlausn* jedenfalls führt metrisch gesehen etwas gänzlich Neues in die altnordische Dichtung ein: Neben den Silbenreimen und Assonanzen innerhalb der aus zwei Kurzzeilen bestehenden Langzeile und dem Stabreim auf den betonten Silben, der die beiden Halbzeilen miteinander verklammert, setzt Egil zum ersten Mal auch den Endreim ein – eine poetische Technik, die er vielleicht bei den lateinischen Hymnen der angelsächsischen Liturgie kennen gelernt haben mag, als er sich in der Umgebung König Æthelstans aufhielt. Egils Preislied auf Erik Blutaxt ist ein herausragendes Beispiel, wie sich skandinavische und angelsächsische Kultur wechselseitig befruchten konnten. Der Vortrag der *Höfuðlausn* muss elektrisierend auf die Zuhörerschaft gewirkt haben.

Erik jedenfalls hatte es tief beeindruckt. Er saß aufrecht da und starrte Egil an. Als er dieser *tour de force* genialen skaldischen Erfindungsreichtums lauschte, muss ihm aufgegangen sein, dass nunmehr – durch dieses eine Gedicht seines Feindes – seine Unsterblichkeit gesichert war. Im Gegenzug schenkte er Egil das Leben.

Eriks eigenes Leben sollte zu diesem Zeitpunkt nur noch von kurzer Dauer sein. Im Jahre 948 wurde er auf Anstiftung von König Eadred, Æthelstans Bruder, aus York vertrieben. Vier Jahre später tauchte er wieder in York auf, nur um 954 erneut verjagt zu werden. Als er das Land verlassen wollte, legte man ihm in Stainmore in Yorkshire einen Hinterhalt und tötete ihn trotz seiner erbitterten Gegenwehr. Mit seinem Tod kam die Linie der norwegischen Könige in York zu einem Ende, und damit auch die norwegisch-skandinavischen Bestrebungen nach einem Wikingerreich mit den Machtzentren York und Dublin. Es war das Ende einer Wikingerära, aber keineswegs das Ende der Wikingerzeit in England.

Nach Eriks Vertreibung wurde Northumbria von Earls als nominellen Stellvertretern der Könige von England regiert. England war nun ein geeintes Königreich, und für ein Vierteljahrhundert erfreute sich das Land unter starken Königen, wie dem jungen König Edgar, Æthelstans Neffen, einer langen Periode relativen inneren und äußeren Friedens.

Im Jahre 978 indessen kam ein Kind auf den Thron, Edgars zehnjähriger Sohn Æthelred, der als Æthelred der Unfertige (oder *unread*, der Unberatene) bekannt wurde. Zwei Jahre nach seiner Thronbesteigung kamen wiederum Wikinger über die Nordsee, und England sollte vier Jahrzehnte lang unter wachsendem skandinavischem Druck stehen und schließlich vollständig unter die Botmäßigkeit eines fremden Königs – Knuts des Großen von Dänemark – geraten.

SIEBTES KAPITEL

»EINE INSEL NAMENS THULE.«

Island und die Färöer

Insel des Feuers und des Eises

Island ist das jüngste Land der Welt. Vor nur zwanzig Millionen Jahren nach einer Serie gigantischer Vulkanausbrüche entstanden, ist die Insel geologisch gesehen noch jung. Sie war gänzlich unbewohnt, als sie im 9. Jahrhundert »entdeckt« wurde, zuerst von sporadisch eintreffenden irischen Mönchen, dann endgültig von den Wikingern. Kolonisten aus Norwegen schufen in Island einen wikingischen Mikrokosmos: die einzige wikingisch-skandinavische Nation, errichtet auf jungfräulichem Territorium, die bis heute ungebrochen fortbesteht.

Die Insel muss im wahrsten Sinne des Wortes immer ein recht instabiler Platz gewesen sein. Die ersten Siedler fühlten, dass das Land unter ihren Füßen auf beunruhigende Weise in Bewegung war, denn es befand sich noch im Erschaffungszustand und erlebte durchschnittlich alle fünf Jahre Erdbeben und Vulkanausbrüche. Island hat man mit Recht das geologische Laboratorium der Natur genannt. Die gesamte, weit ausgedehnte Insel schäumte von roher Energie: hoch aufschießende heiße Quellen, blubbernde Matschtümpel, schlafende Vulkane unter Eiskuppeln, die nur darauf warteten, ihre unbändige Kraft zu entfesseln. Island muss ein erschreckendes Chaos von Feuer und Eis geboten haben und damit recht zweifelhafte Aussichten für Siedler. Aber diese Naturerscheinungen verliehen ihrer Mythologie, ihrem Bild von der Weltschöpfung neue Unmittelbarkeit.

185

Urzeit war es,
da Ymir hauste:
nicht war Sand noch See
noch Salzwogen,
nicht Erde unten
noch oben Himmel,
Gähnung grundlos,
doch Gras nirgends.

Bis Burs Söhne
den Boden hoben,
sie, die Midgard,
den mächtigen, schufen:
von Süden schien Sonne
aufs Saalgestein;
grüne Gräser
im Grund wuchsen.

EDDA, VÖLUSPÁ, ÜBERSETZT VON FELIX GENZMER

In den Augen antiker Geografen schien Island in den nördlichen Oze-
anen umherzuschwimmen, und man identifizierte die Insel gewöhnlich
mit einem Ort namens Thule, *ultima Thule*. Der Name taucht schon
330 v. Chr. auf, als ein tüchtiger Seefahrer, Pytheas von Massilia (Mar-
seille) von seinen Stadtoberen den Auftrag erhielt, eine neue Handelsroute zu den Zinn- und Bernsteinmärkten Nordeuropas zu erkunden –
und zwar nicht übers Land, sondern übers Meer. Sein Bericht über die
Reise ist nur fragmentarisch in späteren geografischen Abhandlungen
überliefert, vor allem in der umfänglichen *Geographica* des Strabo von
Pontus, der Pytheas als »einen Mann, dem man keine Zuverlässigkeit
zuschreiben kann« bezeichnet. Nach Pytheas lag »Thule« sechs Segel-
tage nördlich von Britannien, es sei ein sonnenloser Platz im Winter,
dessen Einwohner von Hirse, Kräutern, Beeren und Wurzeln lebten.
Weiter im Norden träfe man auf Vulkane, die unter Gletschern aus-
brächen, und das Meer sei zu einer urzeitlichen Masse erstarrt.
Pytheas scheint eher die arktischen Regionen Norwegens beschrie-

ben zu haben und nicht Island, das zu dieser Zeit unbewohnt war. Aber der Name Thule haftet Island an. Es deutet alles darauf hin, dass auch die Römer Island kannten, denn vier römische Kupfermünzen aus der Periode 270–305 n. Chr. wurden an verschiedenen Stellen Südislands gefunden. In dieser Zeit befanden sich die Römer unter ihrem Flottenkommandanten Carausius auf dem Höhepunkt ihrer Seemacht in Britannien. Die wahrscheinlichste Erklärung für diese Kupfermünzen ist deshalb, dass sie von römischen Matrosen oder Seesoldaten bei einer Fernaufklärungsfahrt zurückgelassen oder verloren wurden.

Der im frühen 8. Jahrhundert in England schreibende Beda Venerabilis übertrug den Namen Thula auf Island und berichtet von zeitgenössischen Seefahrten zu dieser Insel. Ein Jahrhundert später, um 825, überliefert der irische Kleriker Dicuil in seiner geografischen Abhandlung *De mensura orbis terrae*, dass sich irische Mönche auf der Suche nach Einsamkeit auf Island/Thule aufgehalten hätten:

Es sind jetzt dreißig Jahre her, daß mir Priester, die auf der Insel von Februar bis zum August lebten, erzählten, daß sich die untergehende Sonne nicht nur an der Sommersonnwende, sondern auch an dem Tag davor und danach in den Abendstunden wie hinter einem kleinen Hügel verbirgt, so daß in dieser kurzen Zeitspanne keine Dunkelheit eintritt; aber welche Arbeit ein Mann auch verrichten möchte – und will er sich nur die Läuse von seinem Hemd klauben –, er kann es genauso tun wie im hellen Tageslicht …

Diese irischen Eremiten waren den frühen isländischen Geschichtsschreibern als *papar* – »kleine Väter« – bekannt. In seiner *Íslendingabók* (»Buch der Isländer«) berichtet Ari der Geschichtskundige (*inn fróði*) um 1130, dass die Iren das Land verlassen hätten, als die Skandinavier dort ankamen – offenkundig in einiger Hast, denn sie hinterließen »irische Bücher und Glocken und Krummstäbe«, woraus man entnehmen könne, woher sie stammten. Auch einige Ortsnamen im Süden Islands scheinen an die Anwesenheit der irischen Mönche zu erinnern, wie etwa Papey und Papós. Archäologisch indessen lassen sich keinerlei Spuren von ihnen nachweisen.

Flóki der Islandfahrer

Die Umbenennung Thules in »Island« (»Eisland«) erfolgte erst in der Wikingerzeit. Das »Buch von der Landnahme« (*Landnámabók*) erwähnt zwei frühe Entdecker: einen norwegischen Wiking namens Naddodd, der das Land *Snæland* (»Schneeland«) nannte, sowie den Schweden Garðar Svafarson, der dem neu entdeckten Land den Namen *Garðarshólm* (Gardars Insel) gab. Diese Namen blieben nicht haften, aber die Kunde von einem Land, das jedermann offen stand, verbreitete sich sich schnell im Norden.

Nach der *Landnámabók* nahm einer um das Jahr 860 die Herausforderung an: der Norweger Flóki Vilgerðarson, »ein großer Wiking«. Er nahm Vieh mit sich, denn er plante eine dauerhafte Niederlassung. Wie ein später Noah führte er drei dem Gott Odin geweihte Raben mit sich, die ihm den Weg weisen sollten, »denn in diesen Tagen hatten die Seeleute auf hoher See keinen Magnetstein«.

Zuerst fuhr Flóki auf die Shetland-Inseln, wo ein Ortsname noch an seinen Besuch erinnert: Girlsta Loch nördlich von Lerwick, der tiefste See der Inselgruppe. In den schwarzen Wassern dieses Loch ertrank Flókis Tochter; ihr Name war Geirhild, und an sie erinnert der im Laufe der Zeit veränderte Name Girlsta Loch. Von den Shetlands aus segelte Flóki zu den 300 Kilometern entfernten Färöern; für diese Fahrt brauchte Flóki weder Magnetstein noch Raben. Hier verlor er wiederum eine Tochter, freilich durch den glücklicheren Umstand einer Heirat; »von ihr stammt Thránd von Gata (das heutige Syðrugöta) ab«, bemerkt die *Landnámabók*.

Die Faröer – Inseln am Rande der Welt

Heute sind die Färöer ein selbst verwalteter Teil des Königreichs Dänemark; die Bevölkerung des Archipels stammt in direkter Linie von Flóki und Thránd von Gata und anderen skandinavischen Siedlern ab. Die kleinen Küstenfischerboote der Färinger verleugnen ihren wikingischen Ursprung nicht. Die bunten Balladentänze, Rundtänze zu gesungenen Volksballaden, halten die Erinnerung an die großen Ereignisse der Vergangenheit wach. Es gibt keinen Massentourismus; die Färinger bleiben eher unter sich.

Wir haben keine klare Vorstellung, wie die Färöer aussahen, als Flóki Vilgerðarson dort um 860 vor Anker ging. Archäologische Befunde sind dünn gesät, und schriftliche Zeugnisse sind wenig aussagekräftig. In seiner *De mensura orbis terrae* behauptet Dicuil, nach der Aussage eines »gewissen heiligen Mannes« hätten die irischen Eremiten dort bereits einhundert Jahre lang gelebt, bevor sie von der Ankunft der Wikinger vertrieben worden seien:

Aber auch wenn sie seit Anfang der Welt ständig unbewohnt waren, so sind jetzt wegen der norwegischen Seeräuber dort keine Einsiedler mehr, aber sie sind voller Schafe und aller Arten von Seevögeln.

Die Seevögel gibt es auf den Färöern immer noch zu Millionen und machen die Inselgruppe zu einem ornithologischen Paradies. Und auch die Schafe sind noch da, etwa 70.000 bei einer Bevölkerungszahl von etwa 40.000; so bedeutet der von den Wikingern verliehene Name *Færeyjar* dann auch folgerichtig »Schafsinseln«. Diese Schafe mögen von den *papar* des Dicuil eingeführt worden sein, aber sicher ist das nicht. Neuere Forschungen legen nahe, dass landwirtschaftliche Aktivitäten auf den Färöern bereits vor 700 n. Chr. in einem Ausmaß einsetzten, dass man eher von gezielter Ansiedlung als von gelegentlichen menschlichen Aufenthalten ausgehen kann. Vielleicht sind die Norweger schon viel früher über die Nordsee ausgewandert, als die schriftlichen Quellen glauben machen wollen.

Systematische archäologische Ausgrabungen begannen auf den Färöern erst im Jahre 1940, und inzwischen wurden einige Hofstätten unzweifelhaft skandinavischen Charakters ausgegraben. Die erste größere untersuchte Stätte liegt bei Kvívík auf der Westseite der Hauptinsel Streymoy. Es war ein sehr großes, einräumiges Langhaus von 22 mal 5,5 Meter mit leicht nach außen gebogenen Steinwänden, die mit Erde und Kiesel aufgefüllt waren – das klassische Beispiel eines wikingerzeitlichen Langhauses mit erhöhten Sitzpodesten an den Seitenwänden, einem gestampften Lehmboden und einer länglichen Feuerstelle in der Mitte. Daneben stand ein weiteres Gebäude in Form eines kleineren Hallenbaus von 10 mal 3,5 Meter, das als Kuhstall und Scheune diente, eine Güllerinne führte durch die Mitte des Raumes, davon gingen Boxen für insgesamt zwölf Kühe ab. Die zahlreichen Funde sind im Färöischen Ethnologischen Museum (Føroya Fornminnisavn) ausgestellt. Die Kvívík-Funde bezeugen einen bevölkerten Selbstversorgerhof: Man fand Steingewichte für Angelschnüre (die Fischerei ist immer noch die Hauptstütze der färöischen Wirtschaft), Spinnwirtel und Webgewichte für die Verarbeitung von Wolle in Textilien, Nähnadeln, Lederschuhe und Holzwerkzeug sowie einige importierte Gegenstände – Bernsteinperlen und Glasperlen mit Silberunterlage –, Hinweise auf Handel und kulturelle Kontakte mit dem Rest der wikingischen Welt.

Andere, ähnlich bedeutende Ausgrabungen folgten. 1956 wurde der erste Wikingerfriedhof auf den Färöern in Tjørnuvík gefunden. Mindestens zwölf Menschen lagen dort begraben, auch eine Frau, deren Schädel (aus dem 10. Jahrhundert) im Museum von Tórshavn als »das älteste Relikt eines Menschen auf den Färöern« ausgezeichnet ist. Andere wikingische Siedlungsplätze fand man in Fuglafjørður auf Eysturoy, in Sandur auf Sandoy, in Sandavágur und Sørvágur auf der Insel Vágar und in Syðrugøta auf Eysturoy. Ein bemerkenswertes Merkmal all dieser Siedlungen war die großzügige Verwendung von Holz für die inneren Bauelemente der Häuser, und das in einem Land ohne Baumbewuchs. Diese Einfuhr von Bauholz dokumentiert eine Wohlhabenheit, die man angesichts der unwirtlichen natürlichen Umgebung der Färöer nicht erwartet hätte.

Das beeindruckendste Monument der färöischen Vergangenheit jedoch ist aus Stein – die unvollende Bischofskirche in Kirkjubøur am Südende der Insel Streymoy. Der Baubeginn lag im 13. Jahrhundert; Auftraggeber war der bedeutendste unter den frühen färöischen Bischöfen, Bischof Erlendur (1268–1308). Es handelt sich um einen rechteckigen Kirchenbau ohne Seitenschiffe mit einem zweistöckigen Annex, der meist als Frauenkapelle gedeutet wird, aber auch ein Kapitelhaus für die Kanoniker gewesen sein könnte. Das im frühgotischen Stil aufgeführte Bauwerk repräsentiert einen hohen architektonischen Standard, passend zu einem Bischof, von dem gesagt wurde, er habe »mehr als seine Vorgänger die Färöische Kirche mit Privilegien, Land und weltlichen Gütern« ausgestattet. Allerdings war er auch ein Mann der Kontroverse und des Konflikts, stets verwickelt in Fehden, und dieselbe Quelle berichtet, Kirche und Bischofsresidenz seien durch ein »verräterisch gelegtes Feuer« zerstört worden. Vielleicht erklären all diese Fehden, warum die Bautätigkeiten an der Bischofskirche vor ihrer Vollendung zu einem abrupten Ende kamen – es finden sich keine Hinweise auf einen Altar oder einen Bodenbelag, ungewiss ist auch, ob die Kirche jemals ein Dach besaß, und obwohl sich acht Weihekreuze an der Wand befinden, ist die Kirche nicht geweiht worden. Obgleich sie niemals benutzt wurde, ist die Bischofskirche von Kirkjubøur ein prächtiges Monument der Macht und der Dynamik der mittelalterlichen Kirche auf den Färöern.

Diese materiellen Hinterlassenschaften decken sich in etwa mit dem durch die begrenzten schriftlichen Quellen entworfenen Bild. Die Hauptquelle ist die im 13. Jahrhundert geschriebene *Færeyinga saga* (»Saga von den Färingern«), die nicht so sehr eine historische Saga, sondern eher ein historischer Roman ist. Die Saga ist eigentlich die dramatisierte Geschichte eines Machtkampfes zwischen zwei mächtigen Grundbesitzern im ausgehenden 10. Jahrhundert, dem Sagahelden Sigmund Brestisson von Skúvoy und seinem durchtriebenen und rücksichtlosen Opponenten, der ihn schließlich vernichten sollte – kein Geringerer als Thránd von Gata. Der Autor scheint die Färöer nicht persönlich gekannt zu haben – seine geografischen Kenntnisse sind kümmerlich –, er verließ sich wohl gänzlich auf mündliche Überlieferungen. Eine dieser Überlieferungen besagte, dass der erste Siedler um das Jahr 825 ein Mann namens Grím Kamban gewesen sei, von dem weiter nichts bekannt ist; nach einer anderen Tradition war die wichtigste färöische Dynastie die Gata-Familie von Syðrugøta mit ihrem berühmtesten Spross Thránd von Gata, einen Nachkommen der Tochter Flóki Vilgerðarsons.

Nach der Hochzeit seiner Tochter hatte Flóki die Färöer verlassen. Er wusste, dass er in nordwestliche Richtung segeln sollte, wusste aber nicht, wie weit sein Ziel entfernt war. Jetzt war es Zeit, seine Raben einzusetzen. Bald nachdem er die Färöer verlassen hatte, ließ er den ersten Vogel frei. Dieser aber flog stracks den Weg zurück, auf dem sie gekommen waren. Etwas später ließ er den zweiten Vogel fliegen, er schwang sich hoch in die Lüfte, überblickte alles und ließ sich wieder auf dem Schiff nieder. Als Flóki nun den dritten Vogel freisetzte, flog dieser weit voraus und verschwand hinter dem Horizont. Dadurch ermutigt, nahm Flóki Kurs in dieselbe Richtung und bald sichtete er Land, 400 Kilomter von den Färöern entfernt:

Sie landeten im Vatnsfjörður an der Barðarströnd (an der Westküste). Der ganze Fjord war voll von Fischen; über dem Fischfang versäumten sie es, Heu zu machen, und im Winter starb ihnen ihr ganzes Vieh. Das Frühjahr war recht kalt. Da ging Flóki nach Norden auf die Berge und sah einen Fjord voller Treibeis. Daher nannten sie das Land Island (Eisland). LANDNÁMABÓK

So streng waren Frühjahr und Sommer, dass Flóki erst im folgenden Jahr wieder nach Norwegen zurückkehren konnte – angewidert von dem Land, in dem er sich hatte niederlassen wollen; »er konnte darüber kein gutes Wort sagen«, heißt es in der *Landnámabók*. Aber zwei seiner Gefährten rückten die Dinge zurecht: Einer von ihnen, Herjólf, meinte, das Land habe Vorteile wie Nachteile, während der andere, Thórólf, behauptete, sie hätten ein Land gefunden, »wo von jedem Grashalm Butter tropft.«

Wikinger in Island

Thórólf Butter, wie man ihn daraufhin nannte, hatte sicherlich reichlich übertrieben, um Flókis Enttäuschung etwas auszugleichen. Aber Island im 9. Jahrhundert war ein wesentlich einladenderer Ort, als er heute auf den ersten Blick zu sein scheint. Das Klima war fühlbar wärmer, und obwohl das Hochland im Inneren der Insel damals – wie auch heute noch – karg und unbewohnbar war, wuchsen auf den Küstenebenen und in den Tälern Birken und Buschwerk: »In jenen Tagen war Island zwischen Berg und Küste von Wald bewachsen«, sagt Ari der Geschichtskundige in seiner *Íslendingabók*. Nach neuen botanischen Untersuchungen waren 25 % des Landes damals mit Bäumen bewachsen, heute sind es nur noch 1 %.

Nur wenige Jahre nach Flókis gescheitertem Siedlungsversuch strömten neue Siedler über den Nordatlantik, um Land auf Island zu nehmen. Nach den frühen isländischen Historiografen gab es dafür einen politischen Grund: Es waren Emigranten, die vor der wachsenden Macht der Krone in Norwegen flohen, wo Harald Schönhaar dabei war, die lokalen Häuptlinge seiner Herrschaft zu unterwerfen. Männer mit Stolz auf ihre edle Abkunft und einem starken Freiheitswillen widersetzten sich der neuen politischen Alleinherrschaft, und anstatt sich zu unterwerfen, verkauften sie das Land ihrer Vorfahren, beluden ihre Schiffe mit Freunden und Familienangehörigen, Sklaven und Abhängigen, mit Vieh und landwirtschaftlichen Geräten und nahmen Kurs auf ein Land, wo sie wiederum ein freies und unabhängiges Leben führen konnten. Dies nun ist zweifellos ein idealisiertes Bild; die Motive der Siedler müssen bisweilen auch weniger hochgesinnt gewesen sein. Aber das war ihre Geschichte, und die Isländer von heute halten daran immer noch fest!

Die Schiffe, welche diese frühen Siedler für ihre Fahrten nach Westen, zu den Färöern und nach Island, benutzten, waren nicht die klassischen wikingischen Langschiffe des Gokstad-Typs. Trotz der Hochseefahrten mit entsprechenden Nachbauten waren diese Schiffe nicht für die offene See konstruiert, sondern allein für Küstengewässer. Das Allzweckschiff für die nördlichen Meere war vielmehr die *knörr*, ein dralles, schwanbrüstiges Frachtschiff, wesentlich massiger als die schlanken Langschiffe. Für Jahrhunderte war »knörr« lediglich ein Wort in den Wörterbüchern und eine anschauliche Metapher (in der Genitivform) für eine vollbusige Frau: *knarrar-bringa*, »knörr-brüstig«. Im Jahre 1962 jedoch erfuhr das Wörterbuchlemma hohe Aktualität, als eine fast vollständig erhaltene *knörr* der Wikingerzeit aus den Wassern des Roskildefjords in Dänemark geborgen wurde.

Diese *knörr* gehörte zu fünf Wikingerschiffen, die man um die Mitte des 11. Jahrhunderts im Roskildefjord versenkt hatte, um die Wasserstraße gegen feindliche Angriffe zu blockieren – ein wahrhaftiger Schiffsfriedhof unter Wasser. In einer glänzenden Rettungsaktion unter Leitung von Ole Crumlin-Pedersen konnten alle fünf Schiffe, oder was von ihnen übrig geblieben war, geborgen werden. In Roskilde baute man eigens ein Museum, in dem die Schiffe konserviert, rekonstruiert und ausgestellt werden. Das erste Schiff, das man dort konservierte, war die *knörr*.

Es ist nicht so ein hübsches Schiff wie Gokstad, es ist schnörkellos und funktional, überraschend kurz und dick und nur 16,5 Meter lang, im Vergleich zu den 23,3 Metern des Gokstadschiffes. Es ist aus Kiefernholz gefertigt, der Kiel ist aus Eichenholz, je ein Halbdeck befindet sich an Bug und Heck, im offenen Mittschiffsbereich steht der Mast fest eingelassen im Kielschwein. Im Wikingerschiffsmuseum zu Roskilde erscheint die *knörr* plump und schwerfällig, im Wasser hingegen dürfte das ganz anders ausgesehen haben.

Wie fanden die Wikinger ihren Weg über die unkartierten Ozeane? Darüber hat sich ein ausgedehnter wissenschaftlicher Streit entfacht. Viel Aufsehens hat man von einer so genannten »Peilscheibe« gemacht, die man 1942 in einer skandinavischen Hausruine auf Grönland gefunden hat; sie war Teil einer gekerbten eichernen Scheibe mit einem Loch in der Mitte. Der Fund wurde von dem dänischen Seemann C. V. Sølver veröffentlicht, beigefügt war eine plausibel aussehende Rekonstruktionszeichnung mit den zweiunddreißig Punkten eines Kompasses, einem Stielgriff, einer Schattennadel (wie bei einer Sonnenuhr) und einem Kursanzeiger. Die Wissenschaft hat dieses Instrument jedoch nicht als ein mögliches Beispiel für eine wikingische Navigationshilfe akzeptiert.

Auch die angenommenen Eigenschaften des isländischen »Sonnensteins« (*sólarsteinn*) haben zu Diskussionen geführt. Es handelt sich um ein durchsichtiges Stück Kordierit-Kristall, dessen kristalline Strukturen das Licht bündeln und damit theoretisch den Sonnenstand bei Bewölkung und sogar bei Nebel anzeigen können. Eine Episode in Snorri Sturlusons *Ólafs saga* (ein Teil der *Heimskringla*) nimmt deutlichen Bezug auf den Sólarsteinn: Es wird erzählt, dass König Olaf von Norwegen (1014–1030) eines Tages mit seinem Schiff in Nebel und bei dichtem Schneetreiben unterwegs war. Der Schiffsführer sagte ihm, man solle sich keine Sorgen machen, denn er könne die Sonne mit seinem Sonnenstein lokalisieren – »Und dann nahm der König den Sonnenstein in die Hand und sah die Strahlen der Sonne und daraus schloss er, dass dies der Wahrheit entspreche.« Leider bewertet die moderne Wissenschaft den so genannten Sonnenstein ebenfalls nicht als eine wikingische Navigationshilfe. So müssen wir uns an die uralten Erfahrungen der Seeleute halten: Beobachtung der Sonne und der Sterne mit bloßem Auge, Beobachtung des Vogelfluges, das Auftreten von Seetang, der Geruch des Meeres – und blinder Glaube. Sicher ist alleine, dass Fahrten übers offene Meer niemals einfach waren, in aller Regel gefährlich und manchmal tödlich.

Ingólf Arnason der erste Siedler

In den frühen 870er Jahren näherte sich nun der Mann, der in der isländischen Geschichtstradition als der erste Siedler Islands gefeiert wird, seinem gelobten Land in einer kleinen *knörr*, einer Arche Noah voll beladen mit seiner Familie, seinen Knechten und einer Ladung seekranker Schafe und Rinder, jedem war kalt, nass und ungemütlich, aber jeder war von dem Geist einer Art Mission erfüllt. Sein Name war Ingólf Arnason, und er kam aus Westnorwegen. Er und seine Familie hatten sich mit den Mächtigen in seinem Bezirk überworfen, und deshalb hatten sie entschieden, das Land zu verlassen und sich auf der jüngst entdeckten Insel niederzulassen, von der sie so viele widersprüchliche Berichte gehört hatten.

Ingólf Arnason war nicht der Mann, der ein Unternehmen dieser Art auf die leichte Schulter nahm. Er und sein Schwager Hjörleif hatten zuvor eine Erkundungsfahrt nach Island unternommen und waren zu dem Schluss gekommen, dass alles gut war, was sie gesehen hatten. Bei seiner Rückkehr nach Norwegen opferte er den Göttern, um zu erkennen, was die Zukunft für ihn bereithielte, und das Orakel eröffnete ihm, sein Schicksal läge in Island. Als er mit seiner beladenen *knörr* die Südostküste Islands sichtete, bediente er sich eines anderen umsichtigen Rituals: Er warf die geschnitzten Säulen seines Hochsitzes aus seinem Haus in Norwegen ins Wasser und gelobte, er werde dort sein Haus bauen, wo die Hochsitzsäulen an Land getrieben würden. Er entsandte sie sozusagen als Boten, damit die Schutzgeister des Landes anzeigten, wo seine Landung für sie akzeptabel wäre.

Es dauerte drei Jahre, bis Ingólf, immer der Südküste folgend, die Säulen weiter im Westen gefunden hatte. Er entdeckte sie am Ufer einer weiten, geschützten Bucht an der Südwestküste, mit Gebirge im Hintergrund und ausgedehnten Wiesen, die vom Qualm unzähliger heißer Quellen dampften. Deshalb nannte er den Platz *Reykjavík*, »Rauchende Bucht«, und dort errichtete er seinen Wohnsitz.

Dies nun war der Beginn eines im Nachhinein höchst erstaunlichen Unternehmens: die Überführung einer gesamten europäischen Gesellschaft mit ihren tief verwurzelten Traditionen, ihrer Kultur, ihrer Technologie und ihren gesellschaftlichen Gepflogenheiten über Hunderte von Kilometern eines unbekannten Ozeans auf eine menschenleere und nicht immer einladende Insel.

Eine Statue Ingólf Arnasons steht jetzt auf einem mit Gras bewachsenen Hügel und blickt über den belebten Hafen Reykjavíks. Sie wurde genau an der Stelle errichtet, an der die Hochsitzsäulen an Land gespült wurden. Aber es war keine Stadt, die Ingólf am Platz Reykjavík gründete – zu einer Stadt sollte der Ort erst tausend Jahre später werden, als durch eine Laune der Geschichte das Domänenland Reykjavík zur Hauptstadt Islands gemacht wurde.

Bei archäologischen Ausgrabungen auf unbebauten Flächen im Stadtzentrum Reykjavíks in den 1960er und 1970er Jahren stieß man auf einen sehr frühen Siedlerhof aus dem ausgehenden 9. Jahrhundert, eben aus der Zeit, als Ingólf nach Aussage der Quellen nach Island kam. Es scheint jetzt sicher, dass sich Ingólfs Hauswiese, wo er das Heu für den Winter erntete, der zentrale Stadtplatz Austurvöllur war. Seine Wohngebäude lagen unter dem Südende der Aðalstræti (»Hauptstraße«), die von Austurvöllur hinunter zum Hafen führt. Die aufgefundenen Spuren sind spärlich genug – Verfärbungen im Erdreich, ein Sieb von bröckeligen Artefakten, eine Anordung grober Steine, die schwache Spur eines alten Herdes, einige Tierknochen, die Andeutung eines gestampften Fußbodens. Bei den Überbleibseln einer Grassodenwand wurden Spuren vulkanischer Asche (Tephra) gefunden, die man mit dem Ascheregen eines Vulkanausbruchs im Törjajökullgebiet in Südisland kurz vor dem Jahr 900 n. Chr. in Verbindung bringt. Bei Vulkanologen ist diese Ascheschicht als »Tephra der Landnahmezeit« bekannt, eine waffeldünne Schicht dunkler Basaltasche unter einer helleren Rhyolitasche. So sehen die mikroskopischen Befundsplitter aus, auf der moderne Archäologen ihre Schlussfolgerungen aufbauen.

Diese Ausgrabungen sagen fast nichts über die Art der Häuser, die Ingólf errichtete, oder über das Leben, das er darin führte. Aus den Quellen geht zumindest hervor, dass Ingólf um Reykjavík herum ausgedehnte Landareale für sich absteckte und unter seine Familie und Freunde verteilte. Als erste Siedler hatten er und seine Nachkommen großes Prestige und erfreuten sich beträchtlicher politischer Macht, und seinen Hof in Reykjavík umgab auch für spätere Generationen eine Aura nationaler Bedeutung. Die rund zweihundertfünfzig Jahre später geschriebene *Landnámabók* liest sich ähnlich wie ein Reiseführer:

Er ließ sich dort nieder, wo seine Hochsitzsäulen angetrieben waren. Dort stehen die Hochsitzsäulen noch in einem Küchenhaus.

Leben unter dem Vulkan

Die Quellen erzählen, dass die frühen Siedler einen beachtlichen Lebensstil an den Tag legten. Gewiss mögen einige dieser literarischen Beschreibungen übertrieben sein, wie etwa im Falle der luxuriösen Wohnstatt des Ólaf Pfau in Hjarðarholt im Laxártal, die, nach der *Laxdæla saga*, mehr als tausend Gäste beherbergen konnte. Aber noch andere große Wohn- und Gästehallen werden erwähnt, mit getäfelten Wänden und geschnitzten Szenen aus Mythologie und Heldensage. Die ältesten erhaltenen Relikte von Holztäfelungen aus dem 10. und 11. Jahrhundert vermitteln alle den Eindruck einer großzügigen Lebensführung.

Verschiedene wikingerzeitliche Wohnplätze sind inzwischen in Island ausgegraben worden, und es lässt sich den Befunden entnehmen, dass die Häuser der frühen Siedler dem klassischen norwegischen, einräumigen Langhaustyp entsprechen. Später mag man Unterteilungen vorgenommen und neue Räume für bestimmte Zwecke hinzugefügt haben – einen Webraum für die Frauen, einen Vorratsraum etc. –, abgesehen von den Nebenhäusern im Hofbereich. Augenfällig ist die Größe, denn Langhäuser von 40 Metern Länge waren keine Seltenheit. Die Häuser der wikingerzeitlichen Isländer waren geräumig und den äußeren Bedingungen bestens angepasst. Auch wenn sie Wände aus Grassoden und Stein hatten, waren es doch im Grunde Holzbauten, deren dicke Außenwände allein der Wärmeisolierung dienten.

Das beeindruckendste wikingerzeitliche Gehöft, das jemals von den Archäologen entdeckt wurde, liegt auf Island: der Hof Stöng im Tal der Thjórsá in Südisland. Etwas zu fantasievoll hat man ihn das »Isländische Pompeji« genannt, weil die Anlage wegen eines Vulkanausbruchs so gut erhalten blieb: Im Jahre 1104 begrub Vulkanasche, die von Islands bekanntestem Vulkan, der Hekla, ausgestoßen wurde, den Hof unter sich. 1939 wurde er von einem Archäologenteam unter Leitung Aage Roussells vom Dänischen Nationalmuseum ausgegraben.

Die Hekla ist ein sehr schöner, aber auch sehr aggressiver Vulkan, der nicht weniger als sechzehnmal ausbrach, seitdem die ersten skandinavischen Siedler Island betreten hatten. Im Mittelalter galt die Hekla als Eingang zur Hölle. Für die in ihrer Nähe wohnenden Isländer war indessen der Vulkan eine größere Bedrohung für ihr diesseitiges Leben als für ihr jenseitiges.

Im Jahre 1104 hatte die Hekla einen gewaltigen Ausbruch. Zu dieser Zeit gab es zwanzig Höfe am Oberlauf des Flusses Thjórsá. Millionen Tonnen von Tephra zerstörten die grünen Weidegründe. Alle Höfe wurden vernichtet. Einer wurde von den Archäologen wieder zum Leben erweckt: Stöng. Am Beispiel von Stöng können wir erfahren, wie die Wohnbedingungen im Island der Wikingerzeit aussahen.

Stöng hat seine eigene Saga. Der erste bekannte Siedler, Gauk Trandilsson, war eine prominente Figur des 10. Jahrhunderts; es wird erzählt, er sei bei einem Zweikampf mit seinem Schwurbruder Ásgrím Elliða-Grímsson getötet worden. Ásgrím hat auch einen Auftritt in der *Njáls saga*, der bekanntesten und umfangreichsten aller isländischen Sagas. Die Volksüberlieferung gibt den Grund für den Zweikampf an: Gauk hatte eine Affäre mit der Hausfrau des Nachbarhofes Steinastaðir, die eine Verwandte Ásgríms war – und damit ging es um die Familienehre. In einem Balladenfragment heißt es:

Es war zu der Zeit
Als Gauk saß auf Stöng;
Und nur kurz der Weg
Nach Steinastaðir.

Der Hof Stöng im Tal der Thjórsá in Südisland. 1939 ausgegraben und rekonstruiert.

Auf Stöng hatte sich Gauk Trandilsson sein Leben, so gut es ging, eingerichtet. Sein Hof lag zu weit oben im Tal, zu nahe an der Grenze zwischen Vegetation und der Ödnis des isländischen Hochlandes, um wirklich wohlhabend zu sein. Die Ausgrabungen jedoch liefern ein gutes Bild über das Leben auf einem ganz normalen Hof im wikingerzeitlichen Island. Dieser Eindruck wird durch eine vollständige Rekonstruktion des Hofes Stöng noch verstärkt. Trotz mancher notwendigerweise spekulativer Details kann die Anlage als recht zuverlässig gelten.

Stöng ist nach der traditionellen isländischen Methode gebaut, mit dicken Wänden aus Grassoden, die auf einem Doppelfundament von Feldsteinen ruhen; auch das Dach besteht aus Grassoden. Es handelt sich um einen mittelgroßen Hof für insgesamt zwanzig Personen. Der einzige Eingang führt in einen Vorraum, der als Lager für getrockneten Fisch diente – die entsprechende Geruchsentwicklung lässt sich leicht vorstellen! Von diesem Vorraum ging es in den Hauptraum, die typische Langhalle (*skáli*), in der man arbeitete und schlief; sie maß 17 Meter in der Länge und 6 Meter in der Breite. Entlang der Längsseiten zogen sich Podeste, auf denen die Mitglieder des Haushaltes saßen, arbeiteten und schliefen. In der Mitte der Halle stand eine abschließbare Bettkammer für das Oberhaupt der Familie und seine

Ehefrau – reichlich eng, aber immerhin privat. Die Übrigen mussten ihr Liebesleben so einrichten, wie es bei dieser Öffentlichkeit eben ging, es scheint aber, dass dies nicht weiter als störend empfunden wurde. Am Ende der Halle führt ein Gang in eine angebaute Wohnstube (*stofa*), eigentlich der Webraum für die Frauen, mit dem Webstuhl am einen Ende und einem erhöhten Platz, unter dem die fertig gestellten Tuche gestapelt wurden. Dieser Raum diente auch als Esszimmer; Familie und Freunde saßen auf der einen Seite, die Hofleute auf der anderen. Wenn es auf Stöng Gastereien und Tanz gab, hängte man die Tische an die Dachsparren, um mehr Platz zu gewinnen.

Man scheint ein gutes Leben auf Stöng geführt zu haben – bis die Hekla im Jahre 1104 ausbrach. Die Hofbewohner waren wohl vor dem Unglück gewarnt, denn sie hatten Zeit, den Hof mit allen wertvollen Gegenständen zu evakuieren, alles was blieb, war der übliche wertlose Haushaltskram, den man bei der Flucht zurückließ. Als sich die Asche der Hekla auf ihrem Land aufzutürmen begann, flohen sie aus dem sterbenden Tal der Thjórsá – aller Wahrscheinlichkeit nach auf dem Rücken ihrer Pferde.

Das Islandpony (*equus scandinavicus*), robust, fügsam und trittsicher, war an Land ein ebenso wichtiger Faktor für die Besiedlung wie die *knörr* zu Wasser. Man hatte das Pony aus Norwegen mit herübergebracht, es meisterte Entfernungen und Schwierigkeiten, und es ermöglichte die Geburt der isländischen Nation. Es war das Pony, das dabei half, aus weit verstreuten Einzelhöfen eine kohärente Gesellschaft zu machen. Island war nur schwer zu besiedeln, es ist ein Land der Berge, der Seen, der Gletscher, der reißenden Flüsse, alles mächtige Hindernisse für die Kommunikation und die Herausbildung eines isländischen Gemeinwesens. Allein mit dem Pony ließen sich solche Naturgegebenheiten überwinden, und über tausend Jahre hin war das Pony das eigentliche Transportmittel. Wahrhaftig wurde die erste mit Wagen befahrbare Straße erst 1874 gebaut – für den König von Dänemark, der anlässlich der Tausendjahrfeier Islands auf die Insel gekommen war. Heutzutage haben überall befestigte Straßen die alten Saumpfade ersetzt, das Flugzeug hat das Pony abgelöst, aber das rassereine Wikingerpferd ist immer noch in großer Zahl vorhanden, freilich kaum mehr als Lasttier, sondern als Element der Freizeitgestaltung und als Schmuck der Landschaft. Die Isländer begegnen ihm mit Stolz und tiefer Zuneigung. Eine Herde Ponys zu besitzen, ist fast schon ein Statussymbol in Island. Das Pony repräsentiert eine instinktive Volkserinnerung an eine Zeit, als diese genügsamen und gelehrigen Tiere die kulturellen Leistungen des mittelalterlichen Island erst ermöglichten.

Die Goden und das Allthing – parlamentarisches Leben in Island

Eine der dauerhaftesten dieser Errungenschaften war die Schaffung eines parlamentarischen Gemeinwesens im Jahre 930. Die ersten Siedler hatten schon bald ihre eigenen Bezirksversammlungen (Thing) für lokale Gesetzgebung und Rechtsprechung eingerichtet. Auf dem Thing entfaltete sich politische Macht, es war eine Versammlung freier Bauern unter dem Vorsitz eines lokalen Häuptlings (*goði*, Plural *goðar*), der weltliche und kultische Verpflichtungen hatte. Diese Häuptlinge, die so genannten Goden, waren die vorherrschende politische Macht in Island, und viele von ihnen übten diese Macht ebenso rücksichtslos aus wie die Kleinkönige in Norwegen und vergrößerten ihre Einflussbereiche durch Heirat, Erbschaft, sogar durch Kauf und Erpressung.

Die erste dokumentierte Thingversammlung fand in Kjalarnes statt, auf der anderen Seite der Bucht von Reykjavík, bald nach 900. Die führende Persönlichkeit war dort, nicht ganz überraschend, Thorstein, der Sohn Ingólf Árnasons, des Begründers der ersten Siedlerdynastie. Am Anfang genügten diese lokalen Versammlungen. Die großen Landareale der frühen Siedler wurden an Verwandte, Freunde und Gefolgsleute verteilt, und es entstanden dadurch eng miteinander verknüpfte Clans, deren Oberhäupter sich durch Reichtum, persönliche Autorität und Gönnerschaft auszeichneten. Der Titel »Gode« verlieh einem solchen Oberhaupt eine temporäre Macht, die durch seine heidnisch-kultische Funktion als Wächter über das religiöse Leben seines Bezirks untermauert wurde. Seine Aufgabe als Bewahrer des öffentlichen Kultus erfüllte der Gode in seinem Hof und nicht, wie man früher dachte, in einem eigens errichteten Tempel.

Die so genannte »Landnahmezeit« in Island setzt man auf die Zeitspanne zwischen 870 und 930 an. Am Ende dieser Periode fühlte man die Notwendigkeit einer Art landesweiten Autorität, eine Art modus vivendi, um es benachbarten Thingbezirken zu ermöglichen, sich mit bezirksübergreifenden Problemen befassen zu können: Einsammlung der Schafe auf offener Weide, entlaufene Sklaven, Streitigkeiten zwischen Mitgliedern verschiedener Thingbezirke, Totschläge.

Die entsprechende politische Initiative scheint die Reykjavík-Familie ergriffen zu haben. In den 920er Jahren erhielt ein gewisser Grím Geitskór (»Geißenschuh«) den Auftrag, Island zu erkunden und im Rahmen einer Art Meinungsumfrage festzustellen, welcher Ort sich für ein allgemeines, landesweites Thing, das »Allthing« (Alþingi), am besten eigne. In der Zwischenzeit wurde sein Ziehbruder Úlfljót nach Norwegen entsandt, um ein geeignetes Gesetzbuch vorzubereiten – jedoch nicht für eine Monarchie, sondern für eine Republik.

Und so versammelte sich an einem Junitag des Jahres 930 das Volk von Island an einem Platz namens Thingvellir (»Thingebene«), 50 Kilometer östlich von Reykjavík und gerade außerhalb des von Ingólf genommenen Landes gelegen. Thingvellir ist eine große Naturarena, die sich vor Tausenden von Jahren beim Auseinanderbrechen von Erdplatten gebildet hatte; diese Spaltung hinterließ einen Einbruch von 40 Kilometern Länge und 10 Kilometern Breite mit einer Wand zerbrochener Lava auf der einen Seite, die einen ausgezeichneten Resonanzboden für die Sprecher auf dem Allthing abgab.

Thingvellir ist ein spektakulärer Platz, es war aber auch ein spektakuläres Unternehmen, das die Isländer da in Angriff nahmen. Sie hatten sich versammelt, um ein Staatswesen zu gründen, das Europa zuvor noch nicht gesehen hatte – ein Staatswesen ohne König. Eine Republik. Was sie taten, war absolut logisch und folgerichtig, denn sie hatten ja ihre Heimat verlassen, um der Macht der Könige zu entgehen. Jetzt schufen sie einen oligarchischen »Staat«, ein Territorium ohne Königsmacht in einer Zeit, als die monarchische Idee, die königliche Autorität, im Vordergrund aller politischen Bestrebungen stand.

Das neu etablierte System war nicht immer erfolgreich, denn das Allthing hatte keinerlei exekutive Machtorgane – keine Armee zur Durchsetzung seines politischen Willens, keine Polizei zur Ausführung seiner gerichtlichen und gesetzgebenden Entscheidungen. Die Macht des Allthings beruhte völlig auf der bereitwilligen Akzeptanz von Gesetz und Ordnung in einer Zeit der Gewalt, beruhte auf der bereit-

Thingvellir, die Ebene des Things. Hier fand zu Mittsommer eines jeden Jahres das Allthing statt, zugleich politische Versammlung und Treffpunkt der isländischen Bauernbevölkerung.

willigen Aufgabe der herrschenden Meinung, dass nur Gewalt das richtige und effektive Mittel sei.

Auf den Thingvellir ging man ein einzigartiges gesellschaftliches und politisches Experiment ein, noch vor der Epoche des Parlamentarismus, lange vor Simon de Montforts Parlament im England des 13. Jahrhunderts. Wenn Westminster die Mutter aller Parlamente ist, dann ist Thingvellir die Großmutter aller Parlamente.

Das Allthing trat einmal im Jahr um Mittsommer für zwei Wochen zusammen. Es hatte eine rechtsprechende und gesetzgeberische Funktion. Letztlich war es die zentrale Institution der dreizehn Thingbezirke, die sich ihrerseits auf vier Provinzial- oder Viertelthinge verteilten. Das Allthing war die landesweite legislative Autorität mit einem gesetzgebenden Gremium, das aus allen Häuptlingen des Landes und je zwei Beratern bestand. Vorsitzender dieser gesetzgebenden Kammer war der Rechtssprecher (*lögsögumaðr*). Er wurde für eine Amtsperiode von drei Jahren gewählt; seine Amtsbezeichnung bezieht sich auf seine Verpflichtung, das gesamte Recht, verteilt auf die drei Allthingversammlungen seiner Amtszeit, aus dem Gedächtnis aufzusagen und damit als gültig zu verkünden. Bis die Gesetze zum ersten Mal im Jahre 1119 schriftlich festgehalten wurden, war der Rechtssprecher der lebende Aufbewahrungsort der Landesgesetze: »Mit dem Gesetz soll man das Land bauen und nicht mit Ungesetzlichkeit veröden.«

Gerichtsverhandlungen wurden vor den vier Viertelsgerichten geführt; die Geschworenen wurden von den Häuptlingen ernannt, aber die streitenden Parteien konnten die Einbeziehung einzelner Geschworener verlangen. Vor solchen Gerichten wurden die großen Familienfehden, die ein wichtiger Gegenstand der Sagas sind, verhandelt und bisweilen beigelegt. Das System war keineswegs perfekt: Zu oft hing der Spruch des Gerichts von der Macht einzelner Häuptlinge ab, die sich selbst über das Gesetz stellten und im Laufe der Entwicklung immer mächtiger wurden, weil sich der Landbesitz immer mehr in den Händen einiger weniger konzentrierte. Die politischen Rechte der Bauern wurden dadurch nach und nach ausgehöhlt.

Heute ist Thingvellir ein Nationalpark, glücklicherweise bar jeder nationalen Weihemonumente: Die Stätte ist ein Monument für sich. Es ist ein Ort der Stille, an dem man sich heute vorstellen kann, wie es gewesen sein mag, in früheren Zeiten das Allthing zu besuchen. Das Allthing war der große jährliche Treffpunkt der Isländer aus allen Schichten und aus allen Gegenden des Landes – die Leute aus dem Ostland brauchten siebzehn Tage, um auf ihren Ponys zum Allthing zu gelangen, aber das erhöhte nur noch die Feststimmung. Die Ebene unterhalb des so genannten Gesetzesfelsens, von dem aus die Gesetze verkündet wurden, verwandelte sich in eine vorübergehende Zelt- und Hüttenstadt. Es war das große Jahresereignis für Bauern und Knechte, für Häuptlinge und einfache Leute, für Freunde und Feinde, junge Burschen und Mädchen. Thingvellir war ebenso ein Rummelplatz wie ein Parlament, ein Platz für Gerüchte und Neuigkeiten, wo Geschichten erzählt, Gedichte rezitiert wurden, wo man Komplotte schmiedete und Ehen vereinbarte – und wo man sich bisweilen auch die Köpfe einschlug.

Heiden zu Christen

Es sind nur wenige materielle Hinterlassenschaften dieser aufregenden Zeiten übrig geblieben, so etwa das Oberteil eines bronzenen Krummstabes in Form eines T, der von einem Bischof irgendwann im 11. Jahrhundert auf Thingvellir vergessen wurde. Der Bischofsstab verweist auf das wichtigste Ereignis in der Frühgeschichte des Allthings: der Übertritt zum Christentum im Jahre 1000 oder, nach einer anderen Chronologie, im Jahre 999 – und zwar nicht durch das Schwert, wie es andernorts oft geschah, sondern durch einen Beschluss des Allthings.

Aus den Quellen wissen wir, dass König Olaf Tryggvason von Norwegen (995–1000) die Isländer unter Druck gesetzt hatte, das Christentum anzunehmen, indem er Missionare auf die Insel schickte und isländische Häuptlingssöhne in Norwegen als Geiseln gefangen hielt. Für Island und Norwegen standen weit reichende Konsequenzen auf dem Spiel, freilich eher politische als religiöse. Die heidnische Religion behandelte man in Island ohne sonderliche Strenge, es kann sogar sein, dass einige Siedler der Landnahmezeit bereits – auf ihre Weise – Christen waren. Einer von ihnen, Helgi der Schlanke, soll einen gemischten Glauben gehabt haben: »Er glaubte an Christus, aber bei Seefahrten und in Notzeiten rief er Thor an.« Von Ingólf Árnasons Enkel Thorkel *máni* (Mond), einem Rechtssprecher auf dem Allthing, wird in der *Landnámabók* gesagt: »Als er auf seinem Totenbett lag, ließ er sich hinaus ins Sonnenlicht tragen und befahl sich selbst dem Gott, der die Sonne geschaffen hat. Er hat ein so makelloses Leben geführt wie der beste Christ.«

Bis zum Jahre 1000 hatte die kontrovers diskutierte Frage der Annahme des Christentums allerdings zu einer heidnischen und einer christlichen Faktion geführt, die sich in erbitterter Feindschaft gegenüberstanden. Sie trafen auf dem Allthing zusammen – die neue und militante christliche Partei, die Island zu einem Teil der Christenheit machen wollte, und die alte konservative, heidnische Partei. Beide Seiten waren bewaffnet und bereit, im Kampf gegeneinander anzutreten. Der Bürgerkrieg schien unvermeidbar – mit dem Ergebnis einer politischen Spaltung Islands. Und in dieser Situation begab sich der Anführer der christlichen Partei, Hall von Síða, zum Rechtssprecher – dieser war ein Heide – und bat ihn um einen Schiedsspruch, und jeder auf dem Allthing schwor, sich seiner Entscheidung zu beugen. Der Rechtssprecher Thorgeir Thorkelsson zog sich in seine Thingbude zurück und lag einen Tag und eine Nacht meditierend unter einer Pelzdecke. Dann rief er alle zum Gesetzesfelsen und teilte ihnen seine Entscheidung mit:

Er sagte, es sei seine Meinung, dass ihre Verhältnisse in eine unhaltbare Lage gekommen seien, wenn nicht alle ein und dasselbe Gesetz hier im Lande haben sollten. Er stellte den Männern in mannigfacher Weise vor, dass man es dahin nicht kommen lassen dürfe, und sagte, das würde zu einer solchen Zwietracht führen, dass gewiss zu erwarten sei, dass Mord und Totschlag unter den Landsleuten entstehen würde.

»Nun aber scheint es mir ratsam«, sagte er, »dass auch wir nicht die bestimmen lassen, die sich am feindlichsten gegenüberstehen, sondern lieber einen Ausgleich zwischen ihnen suchen, sodass beide Teile in etwa ihren Willen bekommen, alle aber ein Gesetz und einen Glauben haben.«

So wurde nun dies als Gesetz verkündet, dass alle, die hierzulande noch ungetauft waren, Christen werden und die Taufe annehmen sollten.   ARI DER GESCHICHTSKUNDIGE, ÍSLENDINGABÓK

Dies war eine bewegende und staatsmännische Rede – und ein Kompromiss inmitten eines drohenden Konflikts, denn bestimmte heidnische Praktiken wurden nicht verboten, solange man sie im privaten Bereich ausübte und die christlichen Nachbarn nicht provozierte. Mit der anstehenden Massentaufe ging es nicht so gut voran; viele meinten, das Wasser der Öxará (Axtfluss), die durch die Thingebene mäandriert, sei zu kalt, und die Leute aus dem Nordviertel bestanden darauf, mit der Taufe zu warten, bis sie auf ihrem Heimweg am See Laugarvatn mit seinen warmen Quellen vorbeikämen!

Für mich aber liegt der am meisten bezeichnende Moment in der historischen Konfrontation auf dem Allthing etwas früher, bevor der Rechtssprecher seine Entscheidung bekannt gab. Im Verlauf der leidenschaftlichen Auseinandersetzung auf dem Allthing eilte ein atemloser Bote in die Arena mit der Nachricht, ein Vulkan sei nahe bei dem Hof eines führenden Christen ausgebrochen. »Aha!«, sagten die Leute der heidnischen Partei, »das beweist, dass die Götter wütend sind über all die Lästerungen, die sie sich anhören müssen.« Worauf sich ein junger, kluger Häuptling, Snorri Thorgrímsson, einer der führenden Heiden, umdrehte, zu den vulkanischen Felsen hinter ihm blickte und sarkastisch bemerkte: »Und worüber waren die Götter wütend, als diese Lava da floss?« Niemand antwortete; und so gewannen Wirklichkeitssinn, politischer Pragmatismus und gesunder Menschenverstand den Tag, und Island blieb ein geeintes Land.

Die Annahme des Christentums hatte tief gehende Auswirkungen auf Island – gesellschaftlich, politisch und kulturell. Die vorher mit heidnisch-kultischen Aufgaben betrauten Häuptlinge bauten jetzt Kirchen bei ihren Höfen, und der Kirchenzehnt erhöhte ihren Reichtum und ihre Macht. Innerhalb von nur fünfzig Jahren etablierte sich die Kirche als neuer Machtfaktor und drang nicht nur in die Seelen der Menschen ein, sondern auch in ihre Besitzverhältnisse und in die althergebrachten Autoritätsstrukturen.

Im Jahre 1065 wurde der erste isländische Bischofssitz in Skálholt, einem Häuptlingshof im Südwesten Islands, eingerichtet; er gehörte Gizurr dem Weißen, einem Führer der christlichen Partei. Sein Sohn Ísleif Gizurarson, der zu dieser Zeit von einem längeren Ausbildungsaufenthalt im westfälischen Kloster Herford nach Island zurückgekehrt war, wurde der erste Bischof Islands. Die wichtigste Wirkung der Kirche indessen war die Literarisierung Islands; sie bewirkte den Eintritt Islands in den breiten Strom europäischer Kultur und Gelehrsamkeit. Natürlich kannten die Isländer das Runenalphabet, aber nur für kurze Inschriften. Das lateinische Alphabet, die Grundvoraussetzung für eine literate Kultur, kam im frühen 11. Jahrhundert über englische Missionsbischöfe nach Island. Zu dieser Zeit war Latein die *lingua franca* Europas, aber die isländische Kirche ermunterte auch zum Gebrauch des Isländischen und ließ erbauliche Bücher in die Volkssprache übersetzen, damit die Bauern auf ihren entlegenen und weit verstreuten Höfen die Frohe Botschaft lesen konnten. Und damit lernten die Isländer, auch für sich selbst zu schreiben.

Geschichtsbuch und Saga – Islands große Schriftkultur

Der erste große Gelehrte der isländischen Kirche, von dem wir wissen, war Sæmund Sigfússon »der Geschichtskundige« (1054–1133), der eine (jetzt verlorene) Geschichte der norwegischen Könige in Latein schrieb. Ihm folgte der erste in der Volkssprache schreibende Historiograph Ari Thorgilsson »der Geschichtskundige« mit seiner um 1130 verfassten kurzen isländischen Geschichte, »Das Buch von den Isländern« (*Íslendingabók*). Gleichzeitig kompilierten er und andere kundige Männer die erste Version der *Landnámabók* (»Das Buch von der Landnahme«), ein systematisch aufgebauter Bericht über die ersten vierhundert Siedler auf Island, ihre Landnahme und ihre Nachkommen. Die *Landnámabók* bedeutete den endgültigen Bruch mit dem politischen System des norwegischen Mutterlandes, der bereits mit der Option für eine Republik eingeleitet worden war: Die Geschichte Islands war danach nicht die Geschichte einer Königsdynastie, sondern die Geschichte *aller* Isländer. Damit hatte sich die latente isländische Vorliebe für das Erzählen von Geschichten Bahn gebrochen, und die isländische Saga war geboren.

Das Schreiben von Sagas entwickelte sich zu einer wichtigen Beschäftigung der Isländer. Sagas galten als »ernste Unterhaltung« und waren nicht nur ungeheuer populär, sondern hatten auch eine wichtige Funktion, denn sie enthielten genealogische Erinnerungen – ein bedeutender Faktor in einer Gesellschaft, deren Grundmuster auf dem Webstuhl von Familienbanden gewebt wurde. Man schrieb die Texte auf Kalbshäute *(vellum)* mit zugespitzten Schwungfedern von Schwänen oder Raben und benutzte eine glänzende Tinte, die aus der Berberitzenpflanze gewonnen wurde. Es war teuer, Kalbshäute zu präparieren, zumal Sagas und gelehrte Werke Tausende davon benötigten. Wichtiger aber ist, dass die Sagas niemals nur einer bestimmten gesellschaftlichen Klasse gehörten, vielmehr waren sie allen zugänglich und wurden von allen in Ehren gehalten. Selbst nachdem die Periode der Sagaliteratur im 13. Jahrhundert ihren Höhepunkt überschritten hatte, erfuhren die alten Pergamentbücher mit Sagatexten als Familienerbstücke hohe Wertschätzung.

Große Mengen solcher Manuskripte wurden von Altertumsfreunden im 17. Jahrhundert gesammelt und fanden so ihren Weg in ausländische Bibliotheken, namentlich nach Dänemark, denn Island war zu dieser Zeit eine dänische Kolonie. Dann, am 21. April 1971, kamen die ersten isländischen Manuskripte wieder nach Island zurück, nachdem das dänische Parlament in einer nie dagewesenen großmütigen Geste beschlossen hatte, die Mehrzahl von ihnen den Isländern zurückzugeben. An diesem denkwürdigen Tag legte eine dänische Fregatte am Hafen von Reykjavík an und brachte die beiden ersten Bücher nach Island, und es schien, als sei die gesamte Bevölkerung der Insel herbeigeströmt, um die Manuskripte zu begrüßen. Inzwischen sind alle ausersehenen mittelalterlichen und spätmittelalterlichen Bücher von Dänemark zurückerstattet worden.

Sie werden aus Sicherheitsgründen hinter einer Panzertür im Isländischen Handschrifteninstitut aufbewahrt, denn sie sind von unschätzbarem Wert und natürlich nicht zu ersetzen. Aber sie sind zugänglich, mehr, als sie es jemals zuvor waren, und was sie enthalten, ist immer das gemeinsame Eigentum der Isländer gewesen.

Es sind keine Prachthandschriften wie etwa das Lindisfarne Gospel im Britischen Museum oder das Book of Kells im Trinity College zu Dublin. Die Seiten sind abgenutzt und vergilbt, die Schrift ist schwer lesbar und ausgebleicht, eben weil sie ständig benutzt und gelesen, kopiert und erneut kopiert wurden. Islandreisende des 19. Jahrhunderts waren verwundert, dass sich selbst in den ärmsten Behausungen die Tradition des Sagalesens und Sagarezitierens über die Jahrhunderte gehalten hatte. Und in diesem Zusammenhang halte ich nicht so sehr die 226 Seiten des großen Codex *Flateyjarbók* für das eindrucksvollste Manuskript, sondern ein einzelnes Pergamentblatt: eine Seite aus einem Manuskript des 14. Jahrhunderts, das ein anonymer Schneider des 17. Jahrhunderts zurechtgeschnitten hatte, um es als Schnittmuster für eine Weste zu verwenden – nicht etwa, weil er keinen Respekt vor dem Inhalt des Blattes gehabt hätte, sondern weil er alles bereits auf Papier kopiert hatte und das Blatt als Lesestoff nicht mehr gebraucht wurde.

Die Sagas sind Islands größte kulturelle Leistung, vielleicht die größte Leistung der mittelalterlichen Literatur überhaupt. Man hält sie jetzt nicht mehr für rein historische Erzählungen, sondern eher für historische Romane, die sich aus den verschiedensten Quellen speisten.

Ein Grund, warum man in ihnen mündlich tradierte Historie vermutete, liegt darin, dass sie die Dinge so anschaulich und ausführlich schildern. Von besonderem Reiz ist, dass man die Orte der Handlung aufsuchen und ihre natürliche Umgebung so erfassen kann, wie sie auch der Sagaschreiber gesehen hat.

Nehmen wir beispielsweise die große Heldin der *Laxdæla saga*, die schöne und gebieterische Guðrún Ósvífrsdóttir. Ihr Grab liegt am Fuße von Helgafell (Heiliger Berg) auf der Halbinsel Snæfellsnes. Sie war eine Frau, die nicht verständig, sondern zu gut liebte, und letztlich zu oft: Sie hatte vier Ehemänner und einen Geliebten, und sie zwang einen ihrer Ehemänner, den Geliebten aus Eifersucht und Groll zu töten. Gegen Ende ihres Lebens, als sie alt und blind war und als Nonne im Konvent von Helgafell lebte, stellte ihr ihr Sohn eine direkte und drängende Frage. »Da ist etwas, was ich schon immer wissen wollte, Mutter«, sagte er. »Welchen deiner Männer hast du am meisten geliebt?« Und Gudrun antwortete in der lakonischen Art, die so charakteristisch für die Sagas ist: »Dem tat ich das Schlimmste an, den ich am meisten liebte.« Ich weiß immer noch nicht, welchen Mann sie meinte: den Geliebten, den sie töten ließ, oder den Ehemann, der den Totschlag auf ihr Geheiß ausführte und sein Leben in der unvermeidlich darauf folgenden Blutfehde verlor. Es war ihr Geheimnis – das tiefe Geheimnis menschlichen Verhaltens –, und sie nahm es mit in ihr Grab am Helgafell.

Im Lichte der Sagas spielten Frauen für mittelalterliche Verhältnisse eine ungewöhnlich positive gesellschaftliche Rolle. In ihren Handlungen und in ihrer Geisteshaltung waren sie starke Siedlerfrauen mit für die damalige Zeit weit fortgeschrittenen Rechten, wie etwa dem Recht auf Scheidung und dem Anspruch auf die Hälfte des ehelichen Besitzes. Auf dem Allthing hatten sie indessen kein Stimm- und Rederecht. Sie waren dennoch fühlbar präsent – bisweilen auch im Zusammenhang mit einem Racheakt.

Die in der zweiten Hälfte des 13. Jahrhunderts geschriebene *Njáls saga* ist die größte der isländischen Sagas. Sie erzählt die Geschichte zweier Männer und ihrer gewaltsamen Schicksale (und die ihrer starken Frauen): des Sagahelden Gunnar von Hlíðarendi und seines engen Freundes Njál von Bergthórshval. Gunnar war ein Mann, der Schwierigkeiten geradezu anzog, nicht weil er als Unruhestifter auftrat, sondern weil er für die jungen Burschen der Umgegend eine Herausforderung darstellte. Schließlich verurteilte man ihn zu einer Landesverweisung auf drei Jahre, weil seine Kühnheit so viel Missgunst hervorgerufen hatte und der Distrikt seine Ruhe haben wollte. Gunnar bereitete sich folgsam auf sein Exil in Norwegen vor, als er aber seinen Hof in Hlíðarendi verlassen wollte, strauchelte sein Pferd. Gunnar wurde abgeworfen, landete aber auf seinen Füßen und schaute den Weg zurück, den er gekommen war. Er betrachtete seinen Hof und es wurde ihm klar, dass er ihn nicht aufgeben konnte und wollte, schon gar nicht unter Zwang. Er wusste, dass ihn dies teuer zu stehen kommen würde, denn wenn er das Urteil der Landesverweisung nicht befolgte, war er vogelfrei und durfte von seinen Feinden ohne weiteres erschlagen werden. Und sie griffen ihn an. Eines Tages kamen sie in Hlíðarendi zusammen und belagerten ihn in seinem Haus. Eine ganze Weile hielt er sie mit seinem Bogen und seinen Pfeilen auf Distanz, bis die Bogensehne riss. Gunnar wandte sich an seine Frau Hallgerd und bat sie um eine Strähne ihres schönen, blonden Haares, um diese in die Bogensehne einzuflechten. Aber Hallgerd, mit ihrem Mann zerstritten, weigerte sich; einst, so meinte sie, habe ihr Gunnar eine Ohrfeige versetzt, und es sei jetzt die Zeit, ihn daran zu erinnern. »Jeder verschafft sich Ruhm auf seine Weise«, erwiderte Gunnar, »du wirst die Bitte nicht noch einmal hören.« Er wusste, dass sein Schicksal ohne seinen Bogen besiegelt war, aber er wollte seine Frau nicht noch ein zweites Mal bitten. In solchen Situationen, in solchen schlagfertigen Entgegnungen, liegt das Wesen der Sagas.

Gunnars Freund Njál konnte nicht Gunnars Tragödie verhindern und war nun dabei, sich selbst und seine Familie darin zu verwickeln. Njál war ein Mann des Friedens, seine Söhne waren es nicht. Und bald, mit schrecklicher Unvermeidbarkeit, erreichte die Gewalt sein Haus in Bergthórshval ...

Es war der 13. August 1011, ein Montagabend. Hundert Mann hatten sich mit Racheabsichten versammelt, um die Njálssöhne anzugreifen, und jetzt ritten sie über die Ebene heran. Die Njálssöhne und ihr Gesinde stellten sich bis unter die Zähne bewaffnet vor dem Tor auf, eine Furcht erregende Mannschaft, und erwarteten den Kampf. Da aber fällte ihr Vater Njál eine merkwürdige Entscheidung. Er forderte seine streitbaren Söhne auf, alles harte Männer, nicht vor dem Haus den Kampf zu erwarten, sondern ins Haus hineinzugehen. Der Sagaschreiber wusste es, Njál wusste es, seine Söhne wussten es. Das hieße, das Schicksal herauszufordern, denn drinnen im Haus wären sie verwundbar, insbesondere durch Feuer. Und dennoch folgten sie und erfüllten dem alten Mann seinen letzten Wunsch – und weil es die unerbittliche Logik der Ereignisse verlangte. So gingen sie hinein, ihre Feinde setzten Feuer auf Bergthórshval, und alle kamen in den Flammen um.

In dieser schrecklichen Szene gibt es einen Moment der Größe. Als das Haus in hellen Flammen stand, drängte der Anführer der Mordbrenner Njáls Frau Bergthóra, herauszukommen und ihr Leben zu retten, woraufhin Bergthóra mit großer Würde versetzte: »Jung wurde ich Njál zur Frau gegeben, und ich habe ihm versprochen, dass ein Schicksal uns beide treffen soll.« Und damit ging sie ins Haus zurück, um mit ihrem Mann zu sterben.

Snorri Sturluson, isländischer Dichter und Patriot

Wir wissen nicht, wer die *Njáls saga* schrieb, denn es war in jenen Tagen nicht üblich, dass Autoren ein solches Werk signierten. Einen Autor jedoch kennen wir, weil er auch im politischen Leben seiner Zeit eine bedeutende Rolle spielte: Snorri Sturluson aus Reykholt – Dichter, Historiker, Sagaschreiber, Politiker, ein wahrer *homme de lettres,* welcher der Welt die monumentale Geschichte Norwegens in der Wikingerzeit, die *Heimskringla*, hinterließ, weiterhin mit seiner *Snorra Edda* (oder *Prosa-Edda*) seine Vision vom Universum der alten Heidengötter, und vielleicht auch die *Egils saga Skallgrímssonar.*

Sein eigenes Leben liest sich wie das eines Sagahelden – vielversprechend, früh erfüllt und mit tragischem Ende. Er wurde 1179 in ein Milieu von Reichtum und Macht geboren und war Nachfahre einer der einflussreichsten Persönlichkeiten des alten Island. Sein Leben bestimmten seine ererbten Eigenschaften – Ehrgeiz, Stolz, Machtliebe, künstlerische Schöpferkraft. Die Geschichte Islands war im 13. Jahrhundert zerrissen von erbitterten Machtkämpfen zwischen kriegeri-

*Eine Seite aus Snorri Sturlusons »Heimskringla«: die Saga Harald
Schönhaars. Isländische Handschrift des 14. Jh.*

schen Häuptlingsgeschlechtern und überschattet von den Machtansprüchen der norwegischen Könige, die sich sehr zum Ärger Snorris immer wieder in die Geschicke der Inselrepublik einmischten: In der Nacht zum 23. September 1241 wurde der Dichter auf Betreiben König Hákons IV. von seinen Feinden in Reykholt angegriffen. Aus irgendwelchen Gründen lag der Hof unbewacht, und die Angreifer, siebzig an der Zahl, konnten ungehindert den Palisadenzaun überwinden, den Snorri eigens für solche Eventualitäten hatte bauen lassen. Sie trieben Snorri hinunter in den Keller und schlugen ihn zu Tode – eine hässliche Art zu sterben für Islands größten Gelehrten. Heute wird in Reykholt die Erinnerung an Snorri durch ein ungewöhnliches Monument aufrechterhalten: durch ein rundes, mit Steinen eingefasstes Bad unter freiem Himmel, das er hatte anlegen lassen; es wird von heißen Quellen gespeist, und wir wissen, dass Snorri darin zu sitzen pflegte und mit seinen Freunden politische und literarische Fragen diskutierte. Teile der Stufen und des gedeckten Ganges, der zum Bad führte, wurden ausgegraben und restauriert. Am anderen Ende des Ganges ging es in den Kellerraum, in dem Snorri erschlagen wurde.

In gewisser Weise war Island der Höhepunkt der Wikingerkultur; in ihren Büchern beschrieben die Sagaschreiber im Rückblick ein goldenes Zeitalter der Herausforderungen und Leistungen, eine Verpflanzung skandinavischer Siedler und wikingisch-skandinavischer Kultur, die sich verwurzelte und aufblühte, gerade als die Epoche der Gewalt in friedlichere und kreativere Bahnen mündete. Island aber war nicht das Ende des Wikingerzuges nach Westen. Von der Westküste Islands aus nahm eine noch erstaunlichere Conquista ihren Ausgang, eine Entdeckungs- und Kolonisationsfahrt, welche die Wikinger weit über den entferntesten Horizont hinaustragen sollten, dem sich Europäer jemals genähert hatten.

ACHTES KAPITEL

IN DEN WEITEN DES NORDMEERS

Der Aufbruch nach Grönland und Amerika

Erik der Rote – der Weg nach Grönland

An der Westküste Islands zeigt die lang gestreckte, gebirgige Halbinsel Snæfellsnes wie ein knochiger Finger nach Grönland, das sich hinter dem Horizont verbirgt. Die Halbinsel bildet den Südrand des an Fischen und Sagageschichten reichen Breiðafjörður (Breitfjord). Und von dort aus, in den 980er Jahren, rund einhundert Jahre nach der Entdeckung und Besiedlung Islands, startete der letzte große Wikingervorstoß nach Westen: zunächst nach Grönland und von dort aus zum Außenposten Nordamerikas, nach *Vínland.*

Die Geschichte dieses Unternehmens ist eng mit einem Mann namens Erik der Rote (*Eiríkur rauði*) verbunden, so wie sie in zwei separaten, aber miteinander verwandten isländischen Sagas erzählt wird, in der *Grænlendinga saga* (Saga von den Grönländern), geschrieben Ende des 12. Jahrhunderts, und in der *Eiríks saga rauða* (Saga von Erik dem Roten), geschrieben wohl um 1270 als Überarbeitung der *Grænlendinga saga.* Diese beiden Sagas und einige gelegentliche Hinweise in historiografischen Werken sind die wichtigsten schriftlichen Informationsquellen über die Wikingerfahrten nach Westen, die jedoch neuerdings durch archäologische Entdeckungen ergänzt und bestätigt werden.

Eriks Familie stammte ursprünglich aus Südwestnorwegen, aber sein Vater und er mussten eiligst das Land verlassen »wegen einiger Totschläge«, wie es die Saga lakonisch formuliert. Sie ließen sich in Island nieder, aber nirgendwo für eine längere Zeit. Island war damals (um das Jahr 960) vollständig besiedelt, und es war schwer für neue Einwanderer, gutes Land zu bekommen. Zuerst mussten sie sich mit einem abgelegenen und wenig einladenden Stück Land am Nordwestrand Islands begnügen; später machte Erik der Rote eine gute Partie und war dadurch in der Lage, auf einen besseren Besitz am Breiðafjörður umzuziehen. Er rodete Land und baute sich ein Haus im Haukadalur (Habichtstal) und nannte den Hof Eiríksstaðir (Erichstätten). Dort brachte seine Hausfrau Thjodhild einen Sohn zur Welt, Leif Eiríksson, der in die Geschichte als Leif der Glückliche eingehen sollte – der erste europäische Entdecker Nordamerikas.

Erik mit seinem schnellen Schwert geriet jedoch bald in Schwierigkeiten. Seine Sklaven verursachten einen Erdrutsch, der das Haus seines Nachbarn zerstörte; Verärgerung mündete in Fehde, und nach einigem Blutvergießen wurde Erik aus dem Habichtstal vertrieben. Er zog sich auf eine der Inseln im Breitfjord zurück und schien damit aus dem Wege zu sein, aber nach nur kurzer Zeit war er wiederum wegen der Leihe einiger Haushaltsgegenstände in eine Blutfehde mit einem reichen Bauern auf Snæfellsnes verwickelt. Als Erik erschien und sie sich mit Gewalt zurückholen wollte, kam es zum Kampf, in dessen Verlauf einige Männer getötet wurden, darunter zwei Söhne des Bauern.

Solch unsoziales Verhalten war selbst für die relativ tolerante isländische Neusiedlergesellschaft zu viel, und so wurde er vom Bezirksgericht zu einer dreijährigen Friedlosigkeit verurteilt: Das bedeutete Ausweisung aus Island für drei Jahre; leistete er dem Spruch nicht Folge, durfte er von den Verwandten und Freunden der erschlagenen Söhne getötet werden. Seine Feinde auf den Fersen, segelte Erik am 65. Längengrad entlang nach Westen direkt auf die 320 Kilometer entfernte Ostküste Grönlands zu. Von alten Seefahrern hatte er von einem Land weit im Westen gehört, und wie jeder Wiking vor und nach ihm war er darauf aus, neues Land zu erobern, sich selbst Ellenbogenfreiheit zu verschaffen, eigenes Vermögen zu erwerben und sich irgendwo sein eigenes Reich zu errichten. All das hoffte er in Grönland zu finden.

Nach der *Landnámabók* wurde Grönland um 900 von einem Isländer gesichtet, der von Norwegen kommend in unbekannte Gewässer im Westen abgetrieben worden war. Offenkundig hat man sich in den folgenden Jahren um die neue Entdeckung nicht gekümmert. Erst 978, zwei Jahre nach einer Hungersnot auf Island, hatte eine Gruppe von Leuten aus dem besonders stark betroffenen Westland versucht, sich auf Grönland niederzulassen. Sie landeten an der gänzlich unwirtlichen Ostküste, verbrachten dort einen bitterkalten Winter, und es kam sogar zu Totschlägen unter ihnen.

Eingedenk des Schicksals dieser frühen Expedition umrundete Erik im Jahre 981 oder 982 das Kap Farewell an der Südspitze Grönlands und verbrachte sein Exil damit, die weit weniger unwirtliche Westküste zu erkunden. Zwischen dem eisbedeckten Bergland stieß er auf unerwartet grüne Täler und auf geschützte Fjorde, die zwar mit Eisbergen bedeckt waren, aber von Fischen wimmelten. Südwestgrönland ist im Hochsommer ein Land scharfer Kontraste: fruchtbare, grüne Landstriche von Eis umgeben. Es ist ein exotisches, schönes, zerklüftetes Land – und gut geeignet für die Art von Landwirtschaft und Fischfang, die Erik von Island her kannte, ein Land, wo Vieh gehalten werden konnte und das in der Lage war, begehrte Produkte für den europäischen Markt zu liefern: Pelze und Häute und Elfenbein von Narwal, Robben, Walross und Polarbär. Außerdem war das Klima damals etwas wärmer als heute.

Erik der Rote, gewohnt, neue Wohnstätten auszukundschaften, erkannte, dass er ein zum Siedeln gut geeignetes Land gefunden hatte, in dem er sich der Autorität des Erstsiedlers erfreuen konnte. Er markierte ein Landareal für sich im Eiríksfjörður (heute Tunugdliarfik), und als seine dreijährige Landesverweisung verstrichen war, kehrte er nach Island zurück, um Siedler anzuwerben.

Die Schiffe der Auswanderer
Am Breitfjord gab es genügend Leute, die ihm folgen wollten. Die Zeiten waren hart, man litt schon seit Jahren Hunger, und es gab viele verzweifelte Menschen, die ein neues Leben in einem neuen Land beginnen wollten, insbesondere in einem Land, das Erik der Rote – offenbar ein Meister dessen, was man später Public Relations nennen sollte – in einem Geistesblitz »Grünland« genannt hatte, weil er glaubte, »die Leute wären begieriger dorthin zu gehen, wenn das Land einen guten Namen hätte«, wie es in der Saga heißt.

Und so kam es, dass im Jahre 985 oder 986 eine kleine Armada von fünfundzwanzig Schiffen im Breitfjord ihre Segel setzte, beladen mit dreihundert Auswanderern, ihrem Vieh und ihrem Hausgerät, um die Nebel und das Packeis der Dänemark-Straße zu überwinden. Es ist eine Viertagesreise bei gutem Wetter, aber eine Ewigkeit bei schlechtem. Die Expedition hatte einen schlechten Start: Nach der *Grænlendiga saga* erreichten nur vierzehn der fünfundzwanzig Schiffe ihr Ziel. Einige sanken, vermutlich bei einem Seebeben, andere waren gezwungen, nach Island zurückzukehren. Eine Reminiszenz an diese Unglücksreise sind Splitter eines Votivgedichts, das von einem anonymen gottesfürchtigen Dichter von den Hebriden an Bord eines dieser Schiffe gedichtet wurde. Es ist das älteste überlieferte christliche Versgebet in isländischer Sprache:

> *Meine Fahrt, Prüfer der Mönche (= Gott)*
> *Mag, allreiner, wohl gestalten.*
> *Halt' ob mir den Stand des Habichts (= die Hand)*
> *Himmels König (= Gott) nun und immer.*
> Grænlendinga saga, Kap. 2, Hafgerðingadrápa/Meerwogenlied

Das gewaltige Land, das sie besiedeln wollten, war offenbar unbewohnt, genauso wie Island, als die ersten skandinavischen Siedler dort ankamen. Aber es gab handfeste Hinweise, dass dies nicht immer so gewesen war. Ari der Geschichtskundige berichtet in seiner *Íslendingabók*, was die ersten Skandinavier dort vorfanden:

Sie fanden da menschliche Wohnungen sowohl im Osten wie im Westen, auch Reste von Fellbooten und Steinwerkzeuge, woraus man entnehmen kann, dass hierher Menschen von solcher Art gekommen waren, wie sie Vínland bewohnen, die die Grönländer Skrälinge nennen.

Diese im 12. Jahrhundert vorgenommene Gleichsetzung der grönländischen Inuit (»Eskimos«) mit den Eingeborenen, welche die Skandinavier später in Nordamerika antrafen, beruhte auf den beobachteten Ähnlichkeiten zwischen zwei Steinzeitkulturen und war für diese Zeit eine durchaus scharfsinnige Schlussfolgerung. Aber das nordische Wort für die Inuit, *skrælingar*/Skrälinge, spiegelt doch ein Gefühl kultureller Überlegenheit wider, denn es heißt wörtlich »die Hässlichen« oder »die Wilden«.

Die Siedler

Die überlebenden Kolonisten teilten sich bei ihrer Ankunft in Grönland in zwei Gruppen. Die Mehrzahl ließ sich in der Umgebung des heutigen Julianehaab nieder und gründete die »Ostsiedlung« unter der patriarchalischen Führung Eriks des Roten. Der Rest stieß, der Küste folgend, weitere 640 Kilometer nordwestlich von Julianehaab vor und gründete die »Westsiedlung«. Im nächsten Sommer gelangten weitere Einwanderer nach Grönland, bis jeder bewohnbare Flecken der beiden Siedlungen besetzt war. Die isländischen Quellen nennen 190 Höfe in der Ostsiedlung und 90 Höfe in der Westsiedlung. Dänische Archäologen konnten 330 skandinavische Siedlungsplätze in beiden Siedlungen

Brattahlíð auf Grönland mit Ruinen aus Wikingerzeit und Mittelalter. Hier stand der Überlieferung nach der Hof Eriks des Roten.

219

nachweisen, und man schätzte, dass die skandinavische Bevölkerung Grönlands zu ihrer Blütezeit etwa 3000 Menschen gezählt haben dürfte.

Offenkundig fanden diese optimistischen Siedler, dass der Name »Grünland« nicht so zynisch gewählt war, wie wir es aus unserer heutigen Sicht unterstellen. Die Ost- und Westsiedlungen waren in der Tat »grünes Land«, insbesondere während der warmen Periode des Kleinen Klimatischen Optimums, deren sich der Norden zu dieser Zeit erfreute. »Grünland« bezog sich natürlich allein auf jene beiden Siedlungskammern an der Westküste und nicht auf andere Teile der Insel. Man konnte dort sehr wohl leben, zumindest solange das Klima relativ freundlich blieb.

Das Zentrum der skandinavischen Siedlungsgebiete auf Grönland war jener Siedlungsplatz, den Erik der Rote für sich reserviert hatte. Er nannte ihn Brattahlíð: »Steilhang« oder prosaischer »Hügelhof«; heute heißt der Platz Qagssiarssuk (»Kleiner Bach«). Auf seinem Stammhof Brattahlíð genoss Erik der Rote all das Prestige und die politische Macht, die traditionell dem Erstbesiedler zugesprochen wurden, wie im Falle Ingólf Árnasons ein Jahrhundert früher. Das ebene Grasland unterhalb seines Hofes war der lokale Thingplatz, und Brattahlíð stellte den erblichen Häuptling des Thingbezirks, ähnlich wie Reykjavík in Island.

Die ersten Christen in Grönland

Die sichtbaren Hofruinen von Brattahlíð und die etwas unterhalb stehende, aus Sandstein um 1300 gebaute Kirche galten als der originale Hof Eriks des Roten, ohne dass man einen Beweis dafür anführen konnte. Ein Zufallsfund des Jahres 1961 lieferte nun dafür die Bestätigung, denn man förderte in etwa 200 Metern Entfernung einen wikingerzeitlichen Friedhof zu Tage sowie die Spuren einer kleinen U-förmigen Grassodenkirche. Das Aufregende an diesem Fund ist seine Übereinstimmung mit einer Episode in der *Eiríks saga*, der jüngeren der beiden Grönländersagas. Danach wurde der Sohn Eriks des Roten, Leif der Glückliche, in Norwegen von König Olaf Tryggvason, der den neuen Glauben in seinem Land mit Feuer und Schwert durchsetzte, zum Christentum bekehrt. Leif kehrt im Jahr 1000 mit einem Missionar nach Grönland zurück, um dort das Christentum zu verbreiten:

Leif landete in Eriksfjord und fuhr dann heim nach Brattahlíð, wo man ihn wohl empfing. Bald verbreitete er das Christentum und den neuen Glauben allgemein im Lande, indem er den Männern die Botschaft König Olaf Tryggvasons vorwies und ihnen vorstellte, wie viel Glanz und Herrlichkeit diese Lehre bringe. Erik wollte nichts von der Preisgabe des alten Glaubens wissen, seine Frau Thjodhild aber hing ihm bald an, und sie ließ nicht zu nahe an den Häusern des Hofes eine Kirche bauen. Sie hieß die Thjodhildkirche. Dort hielt sie ihre Gebete ab mit den Männern, die schon das Christentum angenommen hatten, und das waren eine ganze Menge. Thjodhild wollte nicht länger mit Erik zusammenleben, seit sie den neuen Glauben angenommen hatte, und das verdross ihn sehr.

Die 1961 gefundene kleine, »nicht zu nahe« an den Ruinen von Brattahlíð gelegene Kapelle betrachtete man nun natürlicherweise als die »Thjodhildkirche« der *Eiríks saga*. Sie hatte ein hohes Alter und ist vielleicht die älteste wikingerzeitliche Kirche, die man je gefunden hat. Ihre Entdeckung schien die Identifizierung der Brattahlíð-Ruinen als Hof Eriks der Roten zu bestätigen, vor allem deshalb, weil alle anderen grönländischen Kirchen (es wurden nicht weniger als zwanzig Kirchenbauten aus der Wikingerzeit festgestellt) unmittelbar neben den Hofgebäuden errichtet wurden und nicht in einiger Entfernung von ihnen. Im Falle der kleinen Grassodenkapelle von Brattahlíð dürften sich Archäologie und Saga aufs Beste ergänzt haben.

Jetzt aber kommt das große Aber, denn die Ausgräber von Brattahlíð machten eine andere Entdeckung, welche die Darstellung der Saga über den Haufen warf: Die »Thjodhildkirche« liegt gleich neben einem großen Stück Grasland, und darunter stieß man auf einen größeren wikingerzeitlichen Hofkomplex. Man konnte feststellen, dass die »Thjodhildkirche« nur 50 Meter, und nicht 200 Meter, vom Hof entfernt lag. Was also lief schief bei der hübschen Verbindung zwischen Eriks Brattahlíð und der »Thjodhildkirche«? Wohl nur, dass die Geschichte in der *Eiríks saga* inspirierte Fiktion ist – inspiriert davon, was für den Sagaschreiber oder seine Informanten später sichtbar war. Die ältere Quelle *Grænlendinga saga* erwähnt nämlich die »Thjodhild-kirche« nicht und stellt kategorisch fest, dass Erik der Rote starb, bevor das Christentum in Grönland eingeführt wurde.

Nach dem neuen Szenario spielten sich die Dinge wohl so ab: Erik der Rote baute seinen ersten Hof in jenem Wiesenstück. Erst nach Eriks Tod kam es zur Einführung des Christentums in Grönland (von Island aus, und nicht von Norwegen), und eine kleine Kapelle wurde in unmittelbarer Nähe des Erikshofes errichtet. Später wurde, aus welchen Gründen auch immer, der Hof 200 Meter nach Norden verlegt, dorthin, wo die Hofruinen von »Eriks Halle« noch zu sehen sind; auch eine neue Kirche stellte man daneben. Als die *Eiríks saga* im ausgehenden 13. Jahrhundert verfasst wurde, waren alle Spuren des ursprünglichen Erikshofes verschwunden, aber die kleine Kapelle war immer noch sichtbar. Deshalb stand der Sagaverfasser vor der verwirrenden Situation, dass man auf Brattahlíð – und nur dort – die Kirche »nicht zu nahe« am Hof errichtet hatte. Das verlangte nach einer Erklärung, und so entstand die fiktive Geschichte von Thjodhild und ihrer Kapelle.

Die Verwirrung über die »Thjodhildkirche« und die Einführung des Christentums in Grönland führten direkt zum Hauptproblem der beiden Grönlandsagas und des Berichts der skandinavischen Entdeckung Vínlands irgendwo in Nordamerika. Die *Eiríks saga* (die jüngere und geglättete Fassung der beiden Sagas) behauptet, Nordamerika sei zufällig von Leif dem Glücklichen auf seiner Missionsreise von Norwegen nach Grönland im Jahre 1000 entdeckt worden, als sein Schiff in einem Sturm vom Kurs abkam. Die *Grænlendinga saga* jedoch gibt einem gewissen Bjarni Herjólfsson die Ehre der ersten Sichtung neuen Landes westlich von Grönland.

Unbekanntes Land in Sicht

Nach der *Grænlendinga saga* gehörte zu den ersten Siedlern ein Isländer namens Herjólf Barðason, der wegen der Hungersnot seinen Hof hatte aufgeben müssen. Sein Sohn Bjarni Herjólfsson war ein wohlhabender Kaufmann, der die Route von Island nach Norwegen befuhr

222

und abwechselnd einen Winter im Ausland und einen Winter bei seinem Vater verbrachte. Bjarni hielt sich gerade in Norwegen auf, als sein Vater beschloss, seinen Hof zu verkaufen und mit Erik nach Grönland auszuwandern. Als Bjarni im darauf folgenden Sommer nach Island kam, erreichte ihn die Nachricht, sein Vater habe nun in Grönland ein neues Leben auf einem Hof namens Herjólfsnes am südlichsten Punkt der Ostsiedlung (heute Ikigait) begonnen. Bjarni war darüber sehr erstaunt; er entschied sogleich, seine Fracht nicht auszuladen, sondern seinem Vater nach Grönland zu folgen, damit er den Winter über bei ihm bleiben könne, wie er es gewohnt war. Trotz aller Befürchtungen, in unbekannten Gewässern zu segeln, akzeptierte seine Schiffsmannschaft diese Entscheidung:

Dennoch stachen sie, sobald sie fertig waren, in See und fuhren drei Tage, bis das Land im Meer versank. Da ließ der günstige Fahrwind nach. Sie gerieten in Nordwind und Nebel. Sie wussten nicht, wo sie sich befanden, und das währte mehrere Tage. Dann sahen sie die Sonne wieder und fanden die Himmelsrichtung. Sie hissten die Segel, fuhren noch einen Tag und eine Nacht und sahen dann Land.

GRÆNLENDINGA SAGA

Das von ihnen gesichtete Land muss die Ostküste Nordamerikas gewesen sein, aber die Saga sagt nicht, wo man genau das Land gesichtet hatte, nur so viel, dass es »flach war und mit Wald bewachsen, nur hier und da kleine Hügel«, eine vage Beschreibung, die auf viele Orte an dieser langen Küstenlinie zutreffen könnte. Von dem, was Bjarni über Grönland gehört hatte, folgerte er, dass es nicht dieses Land sein konnte, und so entschloss er sich, als von Natur aus vorsichtiger Mann oder aus seiner Sorge um seine wertvolle Ladung, nicht an Land zu gehen und das unbekannte Land zu erkunden. Er hielt wieder auf die offene See »und ließ das Land an Backbord liegen«.

Bjarni Herjólfsson hatte offenkundig erkannt, dass er zu weit nach Westen abgetrieben worden war; er wollte aber unbedingt Grönland erreichen. Zwei Tage später sichtete er erneut Land, es war flach und bewaldet, und wiederum wollte Bjarni nicht glauben, dass dies Grönland sei, denn man hatte ihm gesagt, dort gäbe es gewaltige Gletscher.

Als seine Leute an Land gehen wollten, um Feuerholz und Wasser aufzunehmen, lehnte er das ab und erregte damit den Unwillen der Besatzung. Weiter ging es nach Nordosten. Nach drei Tagen vor Südwestwind tauchte ein drittes Mal Land auf, und wieder zeigte sich Bjarni unbeeindruckt, »denn dieses Land scheint mir wertlos«. Sie fuhren die Küste entlang und bemerkten, dass es eine Insel war. Nach weiteren vier Tagen sichteten sie wiederum Land, und dieses Mal endlich war Bjarni überzeugt, es müsse Grönland sein. Am Abend gingen sie bei einem Vorgebirge an Land, das sich – glücklicher, wenn auch wenig glaubhafter Zufall – als Herjólfsnes, der neue Wohnsitz seines Vaters, herausstellte. Im Nachhinein gesehen war es eine recht unrühmliche Fahrt, wenn man bedenkt, welchen Geschichtsruhm er hätte einheimsen können, wäre er an Land gegangen. Die *Grænlendinga saga* berichtet, Bjarni sei anschließend nach Norwegen gefahren und habe von dem unbekannten Land erzählt. »Die Leute aber meinten, er müsse doch wohl wenig wissbegierig gewesen sein, da er nichts aus jenen Gegenden zu berichten habe, und man machte ihm deshalb Vorwürfe.« Die Saga erzählt weiter, er habe seine Kaufmannstätigkeit aufgegeben und den Hof auf Herjólfsnes nach seines Vaters Tod weitergeführt.

In der *Eiríks saga* ist es nicht Bjarni Herjólfsson (der im Text überhaupt nicht erwähnt wird), sondern Leif Eiríksson »der Glückliche«, dem die Ehre der ersten Sichtung Nordamerikas zuteil wird. Wie wir gesehen haben, spielt Leif in der *Eiríks saga* die herausragende Rolle eines Missionars Grönlands. Es war auf seiner frommen Missionsreise nach Grönland im Jahre 1000, als er meinte, unbekanntes, transatlantisches Land gesichtet zu haben:

Leif stach nun in See, sobald er fertig zur Fahrt war. Lange trieb er dort umher und kam zu einem Lande, von dem er vorher nicht das Geringste wußte. Dort standen ungesäte Weizenäcker, und es wuchsen Weinranken. Es waren da auch Bäume, die man »Mösur« nannte, und von all diesem nahm er Proben mit.

Die meisten Wissenschaftler halten die *Eiríks saga* für eine weniger zuverlässige historische Quelle als die *Grænlendinga saga*, die ihrerseits mit besonderer Vorsicht behandelt werden muss. Es scheint jetzt sicher, dass *Eiríks saga* als bewusste Korrektur, in Wahrheit Verbesserung, der viel älteren *Grænlendinga saga* geschrieben wurde, im Lichte dessen, was der Autor als die zuverlässigere Information erachtete, namentlich in Bezug auf Leif und König Olaf Tryggvason. Die traditionelle Ansicht war, dass die *Eiríks saga*, literarisch gesehen, die »bessere« der beiden sei. Das Problem der Beziehung zwischen beiden Sagas ist von dem isländischen Historiker Jón Jóhannesson gelöst worden (*The date of Composition of the Saga of Greenlanders*, in: Saga-Book, 1962). Auf geradezu detektivische Weise konnte er zweifelsfrei nachweisen, dass die *Grænlendinga saga* in Wahrheit die älteste aller isländischen Sagas war – und damit auch älter als die *Eiríks saga* – und rund 150 Jahre nach dem Vínland-Abenteuer entstanden ist. Der Schlüssel zur Lösung lag im rätselhaften Charakter König Olaf Tryggvasons von Norwegen. Er war die Lieblingsfigur der isländischen Dichter und Saga-Historiker und wurde als großer Verfechter des Christentums gefeiert, da er eine ausschlaggebende Rolle bei der Christianisierung Islands im Jahre 1000 gespielt habe. Er soll auch maßgebend für die Christianisierung von vier weiteren Gebieten gewesen sein: neben seinem Königreich Norwegen nämlich der Shetland- und Orkneyinseln und der Färöer. Diese übertriebene Wertschätzung König Olafs in den isländischen Quellen steht nun in starkem Gegensatz zu den bei kontinentalen Historikern wie dem Dänen Saxo Grammaticus (13. Jahrhundert) und dem deutschen Kleriker Adam von Bremen (11. Jahrhundert) geäußerten Ansichten. Nach ihrer Sicht war er ein Verdammter: kein Verbreiter des Christentums, nicht einmal ein Christ, eher der Antichrist – ein ausländischer Usurpator, der sich des norwegischen Thrones mit Gewalt bemächtigt hatte und der unermessliches Leid über sein Land brachte, bevor er in einer Schlacht des Jahres 1000, von niemandem beweint, sein Leben verlor. Adams ungnädige Einstellung gegenüber Olaf Tryggvason mag damit zusammenhängen, dass das Erzbistum Hamburg-Bremen unter dem mächtigen Erzbischof Adalbert die Ehre der Bekehrung des Nordens für sich selbst beanspruchte.

Die isländischen Historiker jedenfalls wollten einen eigenen Schutzheiligen etablieren, und wer hätte sich besser geeignet als Olaf Tryggvason, dessen rücksichtslose Machtpolitik Island dem rechten

Glauben zugeführt hatte? Und so war ihnen daran gelegen, König Olaf den Glanz des Verkünders des Christentums im Norden zu verleihen: Um das Jahr 1200 schrieb der isländische Mönch Odd Snorrason eine lateinische Biografie des Königs, in der zum ersten Mal auch Grönland in die Liste seiner missionarischen Erfolge aufgenommen wurde.

Nachdem einmal diese historische Fiktion Fuß gefasst hatte, mussten Geschichte und Saga umgeschrieben werden. Da der Autor der *Grænlendinga saga* Olafs Anteil an der Christianisierung Grönlands mit keinem Wort erwähnt, so argumentiert Jón Jóhannesson, musste sie entstanden sein, *bevor* Odd Sorrason die Geschichte um 1200 erfand. Auch musste erklärt werden, *wie* König Olaf die Christianisierung Grönlands erreichte, und deshalb durfte Leif der Glückliche in der *Eiríks saga* die Rolle als Olafs Agent bei der Christianisierung der Insel spielen – mit der glücklichen Entdeckung Vínlands als verheißungsvoller Beginn seiner Mission.

Durch Jón Jóhannessons meisterhafte Lösung des Problems der beiden Vínland-Sagas lässt sich das eigentliche Problem Vínland viel besser handhaben, auch wenn wir keine der beiden Sagas allzu wörtlich nehmen sollten. Somit erfährt der Bericht der *Eiríks saga* über Europas ersten Kontakt mit Nordamerika eine deutliche Abwertung, zumal sich auch die Geschichte von der »Thjodhildskirche« archäologisch eher als fanstasievolle Rationalisierung, denn als Realität herausgestellt hat.

Helluland – Markland – Vínland – Leif Eiríkssons Expedition

In der *Grænlendinga saga* ist Leif Eiríksson nicht der erste Entdecker, sondern der erste bewusste Erforscher Vínlands:

Damals sprach man (in Grönland) viel davon, neue Länder aufsuchen zu wollen. Leif, der Sohn Eriks des Roten von Brattahlíð, ging zu Bjarni Herjólfsson, kaufte sich ein Schiff von diesem und verschaffte sich Mannschaft dazu. Im Ganzen waren es fünfunddreißig Mann.

Das erinnert an das alte Sprichwort »Schiffe kennen den Weg zurück«: Leif plante offenkundig, Bjarnis Kurs in der umgekehrten Richtung zu folgen. Sogar Erik der Rote wurde eingeladen, die Expedition zu leiten, er lehnte aber mit Hinweis auf sein Alter ab, denn seine Pioniertage waren vorüber. Es scheint daher gerechtfertigt, ein Datum um 990 als Leifs Erkundungsfahrt nach Westen festzusetzen:

Sie rüsteten nun ihr Schiff, und sobald sie seefertig waren, fuhren sie aufs Meer und trafen zuerst auf das Land, das Bjarni und seine Leute zuletzt gesehen hatten. Sie segelten nach der Küste, ankerten, setzten ein Boot aus und fuhren an Land. Nirgends sahen sie Gras dort. Oben im Lande waren gewaltige Gletscher. Alles vom Strand bis zu diesen sah aus wie flaches Gestein, und das ganze Land erschien ihnen höchst unwirtlich.

Kurzerhand nannte er es *Helluland*, »Steinplattenland«, und segelte weiter. Es kann nur wenig Zweifel bestehen, dass es sich dabei um die Baffininsel handelte, für gewöhnlich die erste Landsicht, wenn man von Grönland kommt. Von Helluland aus folgte Leif der Küste nach Süden:

Sie fanden da ein zweites Land. Sie segelten wieder zur Küste, ankerten, setzten ein Boot aus und gingen ans Ufer. Das Land war eben und waldbestanden. So weit sie gingen, sahen sie weiße Sandflecken und das Ufer fiel nicht steil ab nach der See.

Es muss dieser Küstenstrich gewesen sein, an dem Bjarni Herjólfssons Schiffsmannschaft Holz und Wasser aufnehmen wollte; Leif nannte das Land *Markland*, »Waldland«. Man identifiziert es gewöhnlich mit der Küste Labradors. Spätere skandinavische Seefahrer waren beeindruckt von den weiten Sändflächen, die so ganz im Gegensatz zu den vulkanischen dunklen Stränden Islands standen, und nannten diese Gegend *Furðustrandir* – »Wunderstrände«.

Von Labrador/Markland aus segelte Leif weitere zwei Tage vor Nordostwind und sichtete ein drittes Mal Land:

Sie segelten nach der Küste und kamen zu einem Eiland nördlich vom Lande. Sie gingen dies hinauf, sahen sich bei gutem Wetter um und

fanden Tau auf dem Grase. Sie netzten zufällig die Hände darin, führ-
ten sie zum Munde und meinten, nie etwas so Süßes gekostet zu
haben.

Aber Leif hatte nicht das Gefühl, nun »angekommen« zu sein. Er
kreuzte durch den Sund zwischen der Insel und dem Vorgebirge des
Festlandes und umrundete das Vorgebirge. Seine Leute drängte es nun,
an Land zu gehen. Sie zogen das Schiff einen Fluss hinauf zu einem See,
wo sie vor Anker gingen, und sie beschlossen, hier zu überwintern.
Dort bauten sie einige große Hütten:

Weder am Fluss noch im See fehlte es an Lachsen, und größere
Lachse denn diese hatten sie früher nie gesehen. Das Land war so
reich, dass sie keine Winterfütterung für das Vieh nötig zu haben
glaubten. Keinen Frost gab es dort im Winter, und das Gras wurde
kaum welk. Tag und Nacht waren nicht so verschieden lang wie
auf Grönland und Island.

Und es wuchsen Weinreben
Erkundungstrupps wurden ins Hinterland ausgeschickt. Auf einer dieser Streifzüge machte ein Mann namens Tyrkir eine so aufregende Entdeckung, dass er nur stammelnd und völlig verwirrt davon berichten
konnte: Er hatte wild wachsende Weintrauben gefunden! Jeder Trop-
fen Wein musste nach Island und Grönland vom Kontinent her eingeführt werden – zu horrend hohen Preisen, wie sich denken lässt –, und
hier nun hatte sich eine neue Quelle aufgetan, die jedermann zugänglich war, und der Mann, der sie entdeckt hatte, musste es wissen, denn
er kam aus Deutschland.
    Das war wie ein Hauptgewinn! Diese Trauben sind ein zentraler
Punkt der isländischen Überlieferung. Die Abenteurer sammelten eine
Bootsladung voll Weinreben und Weinstöcken und machten genug an
Holz, um ihre Schiffe damit zu beladen. Im nächsten Frühjahr segelten
sie zurück nach Grönland, mit ihren Weinreben und allem Sonstigen
(wobei sich die Trauben zu Rosinen verwandelt haben dürften). Und
Leif benannte das Land nach seinen natürlichen Qualitäten: *Vínland,*

»Weinland«: Ganz offenkundig hatte er seines Vaters Begabung für werbeträchtige Namengebungen geerbt.

Das sind die groben Umrisse der Entdeckung Vínlands, wie sie die *Grænlendinga saga* liefert: quälend vage in den geografischen Einzelheiten, hoffnungslos flüchtig in ihren navigatorischen Angaben, verblüffend präzise in einigen topografischen Details. Spätere Expeditionen unter Leifs Brüdern und Schwägern werden weitere Informationen – und weitere Verwirrung – über Vínland hinzufügen. All diese Angaben mit ihren Inkonsequenzen und Widersprüchlichkeiten haben eine ausgedehnte und erbitterte wissenschaftliche Auseinandersetzung über die Lokalisierung des Vínlands der Sagas provoziert – durch überlegte und willkürliche Selektion einzelner Wörter und Sätze aus der einen oder aus beiden Sagas haben Lokalpatrioten Vínland von der Hudson Bay im Norden bis nach Florida im Süden und praktisch an allen möglichen Stellen dazwischen »lokalisiert«!

Meiner Meinung nach kann das Vínland der Sagas niemals mit Hilfe der Sagas allein genau lokalisiert werden, denn sie sind im Grunde literarische Werke und keine geografischen Abhandlungen. In diesen Schriftzeugnissen erscheint Vínland nicht so sehr als geografischer Ort, sondern als ein Konzept, als die Ahnung eines Paradieses mit beinahe biblisch-elysischen literarischen Überhöhungen: »Vínland das Gute«, wie es in der *Eiríks saga* heißt. Es spiegelt sich über dem Horizont der Geschichte wie eine subarktische Fata Morgana.

Kern des Konzepts sind die Berichte über wild wachsenden Wein und sich selbst aussäenden Weizen, wie die *Eiríks saga* fabuliert. Das war der in allen Nordländern im 11. Jahrhundert von Mund zu Mund fliegende sensationelle Aspekt Nordamerikas. Lange bevor die isländischen Sagaschreiber ihre Version der Entdeckung aufs Pergament brachten, hatte bereits Adam von Bremen die Geschichte von keinem Geringeren als König Svein Úlfsson von Dänemark, dem Neffen König Knuts, vernommen und um das Jahr 1075 in seine monumentale Geschichte des Erzbistums Hamburg eingefügt:

(König Svein) erzählte außerdem, viele Männer hätten in diesem Ozean noch eine weitere Insel entdeckt; sie hieße Winland, weil dort wilde Weinstöcke wachsen, die besten Wein bringen. Nicht ausma-

lende Vermutungen, sondern zuverlässigen dänischen Berichten ent-
nehme ich auch, dass dort ohne Aussaat reichlich Getreide wächst.

GESTA HAMMABURGENSIS ECCLESIAE PONTIFICUM, BUCH IV, KAP. 38

Das klingt wie ein Beweis, aber es ist ein »Beweis«, der genauer Nach-
prüfung nicht standhält. Die meisten Kommentatoren übersehen nur
allzu gerne die Tatsache, dass der sonst zuverlässige Adam von Bremen
in seiner *Descriptio insularum Aquilonis,* dem 4. Buch seiner *Gesta,*
allerlei Merkwürdigkeiten über die Inseln im Atlantik schrieb. Von
Grönland beispielsweise sagt er: »Die Salzsee gibt den Einwohnern ein
bläulich-grünes Aussehen, und von daher hat das Land seinen
Namen.« Adam von Bremen »beweist« nicht die Existenz Vínlands,
sondern lediglich die Berichte über Vínland.

Siedler in Vínland

Es gab durchaus ernsthafte Versuche, sich dauerhaft in Vínland anzu-
siedeln. Leif war sich ohne Zweifel über den potenziellen Wert Vínlands als Erweiterung seines grönländischen Besitzes in Brattahlíð im
Klaren, denn er ermunterte zu weiteren Fahrten nach Grönland und
wollte seine Verbindung zu seinem ersten Siedlungsplatz in Vínland
aufrechterhalten, indem er nach Herrenart die dort errichteten Hütten
(die so genannten »Leifhütten«) an zukünftige Siedler zu verpachten,
aber nicht zu verkaufen gedachte.

In beiden Vínlandsagas ist es der Isländer Thorfinn Karlsefni, der
den entscheidenden Ansiedlungsversuch in Vínland in Angriff nahm.
Er war ein Kaufmann aus dem nordisländischen Skagafjörður; bei
einer Handelsreise nach Grönland überwinterte er bei Leif Eiríksson
und genoss nicht nur dessen großzügige Gastfreundschaft, sondern
insbesondere die Gegenwart der verwitweten Schwiegertochter Eriks
des Roten, einer auffallend schönen und wohlhabenden Frau namens
Guðríð, die er dann auch an Weihnachten heiratete.

Die *Grænlendinga saga* beschreibt in eher groben Umrissen, wie
Thorfinn und seine Frau in Vínland in den gepachteten »Leifhütten«
ein neues Leben beginnen wollten. Seine Expedition bestand aus sechzig Männern und fünf Frauen in einem Schiff; Vieh führte er in ausrei-

chender Zahl mit sich. Sie verbrachten drei Jahre in Leifs Hütten, wo Guðríð einem Sohn, Snorri Thorfinsson, das Leben schenkte; nach den Schriftzeugnissen wäre er das erste Kind von europäischer Herkunft, das in Nordamerika das Licht der Welt erblickte. Die *Eiríks saga* ist detailreicher und entsprechend verwirrender: Hier bestand Thorfinns Expedition aus 160 Köpfen, weil aber der Autor der *Eiríks saga* Leifs geplante Erkundungsreise unterdrückte und stattdessen von einer Zufallsentdeckung im Jahre 1000 berichtet, gibt es auch keine »Leif-hütten«, die man hätte pachten und beziehen können. So lässt die *Eiríks saga* Thorfinn und seine Leute an zwei nicht zu identifizieren-den Stellen an Land gehen, in Hóp und Straumfjörður. Die Erwähnung von sich selbst aussäendem Getreide und wilden Trauben liefert jedoch den Hinweis, dass man sich in Vínland niedergelassen hat.

Feindselige Eingeborene – stolze Amerikaner

Übereinstimmend erzählen die Sagas davon, warum die Kolonisierung Vínlands bereits nach drei Jahren scheiterte: wegen der zunehmend feindlichen Haltung der Eingeborenen, der *Skrälinge*. Die *Eiríks saga* beschreibt sie als klein, hässlich, mit grobem Haupthaar, großen Augen und breiten Backenknochen; sie benutzten Boote aus Häuten und schwangen Stäbe, die ein Geräusch wie Dreschflegel oder Rasseln erzeugten. Es lässt sich aus diesen Angaben nicht erschließen, ob es sich um Indianer oder Inuit handelte. Die Forschung neigt eher dazu, in den Skrälingen Algonkin-Indianer zu sehen, die Vorfahren der Beothuk und Montaignis-Stämme in Neufundland und Labrador.

Wie auch immer die ethnische Identität der Skrälinge ausgesehen haben mag, die Sagas sind sich einig, dass sie den Versuch, Vínland an Europa anzuschließen, verhindert haben. Die ersten Kontakte zwi-schen Eingeborenen und skandinavischen Siedlern verliefen freund-lich, wenn auch argwöhnisch: Den Skrälingen gefiel es, ihre wertvollen Felle gegen Milch einzutauschen (nach der *Grænlendinga saga*) oder gegen Streifen roten Tuches (*Eiríks saga*). Bald aber entdeckten sie, dass man sie ausbeutete, und es kam zu Kämpfen. Thorfinn Karlsefni hatte zwar seinen kleinen Außenposten mit Palisaden umgeben, aber nach drei Jahren musste er sich dem Unvermeidlichen beugen. Die skandinavischen Siedler befanden sich hoffnungslos in der Minderzahl, sie waren isoliert, und ihre an sich überlegenen Waffen aus Eisen genügten nicht, die Feinde auf Distanz zu halten. Und so kehrte Thorfinn Karlsefni, sicherlich nicht ohne Bedauern, Vínland den Rücken und kehrte zurück, zuerst nach Grönland, dann nach Island, beladen mit wertvollen Waren und noch wertvolleren Erzählungen aus einem exotischen Land. Das Vínland-Unternehmen war zumindest fürs Erste vorüber.

Hat dieser vergebliche Versuch, Nordamerika in den Einzugsbereich Nordeuropas zu bringen, irgendwelche Spuren hinterlassen? Ja, indirekt – in Form eines wirren Bündels fantasievollen Wunschdenkens. Die Kanadier beanspruchen Vínland für sich, weil in den Sagas Ahornbäume und Ahornholz erwähnt werden – das Ahornblatt ist das Nationalemblem Kanadas. Die Amerikaner aus den USA wiederum hätten Vínland gerne für sich, weil sie bestrebt sind, die zeitlichen Grenzen ihres nationalen Erbes so weit wie möglich vom jungen 16. Jahrhundert hin zur weiter zurückliegenden Wikingerzeit zu verschieben. Dieses Wunschdenken hat in Nordamerika zu einer regelrechten »Jagd nach dem Wikinger« geführt und dementsprechend zu allerlei absurden »Identifikationen« und Fälschungen: eine Windmühle aus dem 17. Jahrhundert in Newport in Rhode Island; angebliche »Runensteine« in Oklahoma; »Ankerlöcher« in Küstenfelsen, behauptete wikingerzeitliche Funde am Lake Superior in Ontario, die Deutung des »weißen« Aztekengottes Quetzalcoatl als Erinnerung an einen bis nach Mexico vorgestoßenen, von den Indios als Gott verehrten Wiking und so fort. Auch außerhalb Amerikas suchte man fieberhaft nach Spuren der Amerikafahrten der Wikinger und half notfalls der Realität nach: So findet man im Kreuzgang des Schleswiger Domes auf gotischen Fresken den im mittelalterlichen Europa unbekannten Truthahn – die sinnige Zutat eines Restaurators von 1890.

Kensington-Stein und Vínland-Karte

Unter allen so genannten »Wikingerrelikten« ist der Runenstein von Kensington das kurioseste. Er prangt voller Stolz heute in der Eingangshalle des Alexandria Agricultural Museum in Douglas County,

Minnesota; beigegeben ist eine Karte über die »Wikingerroute« nach Minnesota via St. Lorenzstrom und Große Seen. Eine Wikingerskulptur in der Hauptstraße Alexandrias trägt die selbstbewusste Inschrift »Alexandria – der Geburtsort Amerikas«.

Der Stein tauchte im Jahre 1898 auf. Angeblich hatte er zwischen den Wurzeln eine Baumes nahe dem Dorf Kensington in Minnesota geruht, gerade jenes US-Bundesstaates mit der dichtesten skandinavischstämmigen Bevölkerung. Der Mann, der behauptete, den Stein gefunden zu haben, war der Bauer Olaf Ohmann, ein Einwanderer aus Schweden. Der Stein ist 76 cm hoch, 40 cm breit und 13 cm dick, er trägt eine außergewöhnlich lange und sorgfältig gearbeitete Inschrift in Runenzeichen. Der Text stellte sich als kuriose Mischung von Schwedisch, Dänisch und Englisch heraus, garniert mit einigen anachronistischen Archaismen:

Acht Goten (Schweden) und zweiundzwanzig Norweger auf Erkundungsfahrt von Vínland nach Westen. Unser Lager war auf zwei Schären eine Tagesreise nach Norden von diesem Stein. Wir waren einen Tag draußen zum Fischen. Als wir zurückkehrten, fanden wir zehn Männer in ihrem Blute und tot. AVM (Ave Maria?) erlöse uns von dem Übel. Wir ließen zehn Männer als Bewachung bei unseren Schiffen zurück, eine Reise von zwei Wochen von dieser Insel. 1362.

Die Inschrift wurde von dem größten Runenkenner der Zeit rasch als plumpe Fälschung entlarvt. Im Jahre 1907 indessen erwarb ein selbst ernannter »Runologe« namens Hjalmar Rued Holand den Stein und setzte all seine Kraft daran, die Echtheit des Kensington-Steins nachzuweisen. Mehr durch Hartnäckigkeit als durch Fachwissen erreichte er wahrhaftig, dass der Text von einigen namhaften Wissenschaftlern als echt beurteilt wurde, einschließlich der renommierten Smithonian Institution in Washington, die den Stein im Jahre 1948 der Öffentlichkeit präsentierte. An diesem Punkt beauftragte die Schwedische Akademie der Wissenschaften den Altmeister der Runenkunde, Sven B. F. Jansson, den runischen Text zu begutachten. Er kam zu dem unabweislichen Schluss, dass dem Stein runologisch gesehen auch nur der geringste Hinweis auf Echtheit fehle. 1958 versetzte der junge Wissenschaftler Eric Wahlgren von der Wisconsin University durch ein akribisches Gutachten der Legende den Todesstoß: Der Stein von Kensington erwies sich ein für allemal als eine moderne Fälschung.

Ein anderes Dokument, das die Öffentlichkeit seinerzeit beschäftigte, ist die so genannte »Vínland-Karte«, die vorgab, eine geografische Karte des Nordantlantiks aus dem 15. Jahrhundert zu sein und auf der Vínland eingezeichnet war. Sie wurde mit allem wissenschaftlichen Pomp im Jahre 1965 von der Yale University unter dem Titel *The Vinland Map and the Tartar Relations* veröffentlicht, erwies sich aber ebenfalls als moderne Fälschung. Das Sensationelle an dieser Pergamentkarte, die eine Kopie der Weltkarte des venezianischen Kartografen Andrea Bianco von 1436 zu sein vorgab, war die Einzeichnung einer Insel namens *Vinilanda Insula* in der Nordwestecke des Atlantiks, westlich der Inseln Grönland und Island. *Vinilanda* zeigt zwei tief eingeschnittene Meeresbuchten an ihrer Ostseite, die man mit der Hudsonstraße und dem St. Lorenz-Golf gleichsetzen könnte. Die Aufschrift *Vinilanda* trägt den Zusatz »*entdeckt von Bjarni und Leif und ihrer Mannschaft*«. In der oberen linken Ecke findet sich eine umfängliche lateinische Legende, die folgendermaßen beginnt:

Mit Gottes Wille, nach einer langen Fahrt von der Insel Grönland nach Süden zu den entferntesten Teilen des westlichen Ozeans, südwärts inmitten des Eises segelnd, entdeckten die Gefährten Bjarni und Leif Eiríksson neues Land, sehr fruchtbar und sogar mit Weinstöcken, welche Insel sie daraufhin Vínland nannten ...

Die Vínland-Karte, zusammengebunden mit dem Bericht des Franziskaners Johannes de Plano Carpini über eine Gesandtschaft an den mongolischen Hof im Jahre 1245–1257, hatte Yale auf verdächtig-verschlungenen Wegen erreicht und war als historisch-kartografische Sensation gefeiert worden. Massive Zweifel wurden von führenden Kartografen angemeldet, weil Grönland auf der Karte als Insel eingezeichnet war, obwohl erst im 19. Jahrhundert durch Expeditionen die Inselnatur Grönlands festgestellt wurde. Wichtiger noch: Die auf der Vínlandkarte verwendete Tinte enthielt ein anorganisches Element namens *Titaniumdioxid*, das jedoch erst nach 1917 entwickelt wurde.

Im Jahre 1974 musste die Yale University unter dem Gewicht dieser eindeutigen Untersuchungsergebnisse einräumen, dass sie einer Fälschung des 20. Jahrhunderts aufgesessen war.

Eine Wikingersiedlung in Neufundland

Der einzige archäologische Beleg für die Präsenz von Skandinaviern in Nordamerika liefern die Ausgrabungen des norwegischen Forscherehepaares Helge und Anne Stine Ingstad, die seit 1960 nahe dem kleinen Ort L'Anse aux Meadows (oder Lancy Meadows) an der Nordspitze Neufundlands durchgeführt wurden. Helge Ingstad war von einem Fischer auf merkwürdige Erhebungen und Einsenkungen in der Nähe von L'Anse aux Meadows aufmerksam gemacht worden. Nach sieben Grabungskampagnen konnten die Ingstads 1968 verkünden, sie hätten den Siedlungsplatz der Skandinavier, die »Leifhütten«, gefunden. Die Grabungsergebnisse fanden nicht überall Zustimmung, aber erneute Grabungen des schwedischen Archäologen Bengt Schönbäck zwischen 1973 und 1976 räumten alle Zweifel aus dem Wege.

In L'Anse aux Meadows stieß man auf die Überreste von acht Grassodenstrukturen ausgesprochen nordischen Typs. Die meisten Baulichkeiten lagen an einer früheren, seichten Meeresbucht, die als Landungsplatz für Schiffe eigentlich nicht gut geeignet war. Auch scheinen in dieser Gegend niemals wilde Trauben gewachsen zu sein, selbst unter den vergleichbar günstigen klimatischen Bedingungen um das Jahr 1000. Dennoch besteht kein Zweifel, dass sich an dieser Stelle für eine Zeit lang skandinavische Siedler aufgehalten haben. Die Siedlung bestand aus einer Reihe traditioneller nordskandinavischer Langhäuser mit Kochstellen und bisweilen nach außen gebogenen Wänden; sogar ein in den Boden eingelassenes Saunabad konnte man nachweisen. In Übereinstimmung mit der kurzen Aufenthaltsdauer der Siedler wurden nur wenige Artefakte gefunden: ein Spinnwirtel aus Steatit, eine Nadel mit einem Bronzekopf, eine Steinlampe (ähnlich der isländischen *kola*, einem Stein mit einer Vertiefung zur Aufnahme von Fischöl und Docht) sowie weitere Kleinfunde wie ein Nadelschärfer und einige Eisenbolzen. Alles waren eindeutig skandinavische Arbeiten, ebenso wie die verschiedenen Holzarbeiten.

Von besonderer Aussagekraft für die Anwesenheit von Skandinaviern sind indessen die Einschlüsse von Raseneisen, die sich noch heute in der unmittelbaren Umgebung des Siedlungsplatzes finden. Aus solchen Vorkommen von Raseneisen gewannen die Grönländer und Isländer ihr Eisen. Niemals hätten die Eingeborenen der Gegend mit ihrer Steinzeitkultur dieses Raseneisen genutzt. Eine Schmiede wurde dort 1962 am Ufer eines Baches ausgegraben; gleich in der Nähe entdeckte man einen Feuerplatz zur Herstellung von Holzkohle. Es konnte auch festgestellt werden, dass in der kleinen Schmiede ein, höchstens zwei Schmelzvorgänge stattgefunden hatten; nach den geringen Schlackeresten zu urteilen, wurden höchstens drei Kilogramm Eisen in L'Anse aux Meadows verarbeitet. Das ist ein weiteres Indiz, dass die Siedlung an dieser Stelle nur kurzen Bestand hatte.

Im Gegensatz zu den archäologischen Befunden repräsentieren die heutigen Hausrekonstruktionen in L'Anse aux Meadows einen etwas zu robusten Haustyp. Die ausgegrabenen Spuren weisen eher auf flüchtig erstellte Hütten mit dünnen Wänden, die nur ein leichtes Dach tragen konnten. Das führt mich zu der Auffassung, dass L'Anse aux Meadows nicht das Vínland der Sagas und des Adam von Bremen gewesen sein kann, auch wenn diese Vorstellung sehr verlockend ist. Die Häuser waren nicht für eine dauerhafte Präsenz konzipiert, die Siedlung war höchstens eine Station auf dem Weg nach Vínland. Diese Überlegung schmälert natürlich keineswegs die Bedeutung von L'Anse aux Meadows – es ist nach wie vor der einzige authentische skandinavische Siedlungsplatz, der in Nordamerika nachgewiesen wurde.

Ein anderer verwirrender Fund ist der so genannte »Maine Penny«, der von Numismatikern zweifelsfrei als eine wikingerzeitliche Münze aus der Zeit des norwegischen Königs Olaf Kyrri (1067–1093) identifiziert wurde. Die Münze wurde bei Ausgrabungen eines ausgedehnten indianischen Siedlungsplatzes zwischen Penobscot Bay und Blue Hill Bay bei Brooklyn an der Küste von Maine gefunden. Sie wird heute im Maine State Museum in Augusta aufbewahrt. Es handelt sich um eine kleine, recht mitgenommene Münze mit nur geringem Silbergehalt. Die Vorderseite zeigt einen Tierkopf mit Mähne, die Rückseite ein einfaches Kreuz in einem Kreis. Eine Umschrift ist nicht zu erkennen. Münzen können lange Wanderschaften hinter sich haben und wer-

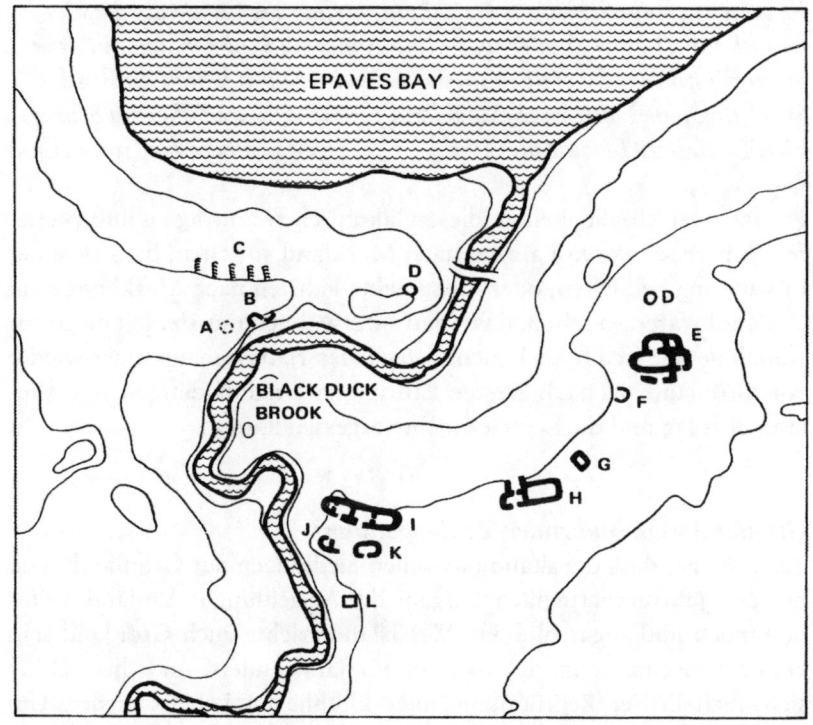

*Die seit 1960 von Helge und Anne Stine Ingstad ausgegrabene wikinger-
zeitliche Siedlung bei L'Anse aux Meadows (Neufundland).*

den an den merkwürdigsten Stellen gefunden. Dennoch könnte der
»Maine Penny« sichtbarer Hinweis auf eine nicht dokumentierte Fahrt
skandinavischer Grönländer im 11. Jahrhundert sein. Nach Thorfinn Karlsefnis Besiedlungsversuch um 1020 finden sich sporadische
schriftliche Belege für Fahrten nach Vínland von Grönland oder Island
aus. Der letzte steht in den Isländischen Annalen zum Jahr 1347 und
bezieht sich auf ein im Sturm beschädigtes Schiff, das auf einer Fahrt
nach Markland (Labrador) unterwegs war; es hatte einen geschützen
Ankerplatz an der Halbinsel Snæfellsnes angelaufen – just an einem
Ort, von dem aus das ganze nach Westen gerichtete Abenteuer vor
350 Jahren begonnen hatte:

Es kam auch ein Schiff aus Grönland, kleiner an Größe als die klei-
nen isländischen Boote; es war ohne Anker und fuhr in den äußeren
Straumfjord (auf Snæfellsnes) ein. Siebzehn Mann waren an Bord.
Sie hatten eine Fahrt nach Markland gemacht, waren aber im Sturm
hierher abgetrieben worden. Skálholtsannáll hinn forni

Es gibt zwei Möglichkeiten, diesen lakonischen Eintrag zu interpretie-
ren: Entweder waren Fahrten nach Markland so selten, dass sie einer
Erwähnung bedurften, oder missglückte Fahrten nach Markland (und
Vínland) waren so selten, dass man sie erwähnen musste. Ich neige zur
Annahme (die sich freilich nicht belegen lässt), dass man immer wieder
von Grönland aus nach Westen Fahrten unternahm, einfach weil Vínland dort lag und die Leute es nicht vergessen hatten.

Grönland – ein blühender Siedlungsraum?

Tatsache ist, dass die skandinavischen Siedlungen auf Grönland noch
mehrere Jahrhunderte nach Aufgabe der Ansiedlung in Vínland weiter
bestanden und sogar blühten. Wie Island erlebte auch Grönland sein
Goldenes Zeitalter im 11. und im 12. Jahrhundert, und dies schlug
sich auch in der Begründung eines kirchlichen Lebens nieder. Um
1125 spürte die grönländische Kirche die Notwendigkeit eines eigenen
Bischofs, und der Häuptling auf Brattahlíð begab sich nach Norwegen,
um dem König seine Bitte vorzutragen; als Geschenk brachte er einen
Eisbären mit. So kam im Jahre 1126 ein norwegischer Bischof nach
Grönland, und man baute eine prächtige Kirche für ihn in Garðar
(heute Igaliko). Sie war über 30 Meter lang und in dem hübschen
örtlichen rot-weiß-gesprenkelten Sandstein gebaut. Diese Bischofskirche von Garðar war ein beeindruckendes geistliches und weltliches
Zentrum für die Grönländer und ist ein klassisches Beispiel für die
Dynamik der mittelalterlichen Kirche.

Was aber geschah mit jenem tapferen Außenposten europäischer
Kultur? Kurz gesagt, wir wissen es nicht. Im Jahre 1261 kam Grönland
unter die Herrschaft der norwegischen Krone, wie auch Island. Es
wurde zu einer Kolonie, deren Handelskontakte gänzlich vom Willen
eines Königs im weit entfernten Norwegen abhingen. Zur selben Zeit

Ring und Stab eines Bischofs von Grönland, gefunden in einem Bischofsgrab in Garðar, um 1200.

war es mit dem Kleinen Klimatischen Optimum, das die Wikinger nach Grönland gelockt hatte, vorbei. Das Klima verschlechterte sich zusehends, und Grönland erwies sich für Europäer als immer schlechter bewohnbar. Schiffe fanden immer seltener den Weg zur Insel, weil die Küstengewässer mit Eis bedeckt waren, während die Inuit weiter nach Süden und in die skandinavischen Siedlungsgebiete vorstießen. Die Überlieferungen der Inuit wie die der Skandinavier berichten von kriegerischen Zusammenstößen. Andererseits ist archäologisch belegt, dass die skandinavischen Grönländer weite Reisen nach Norden unternahmen, um mit den Inuit Handel zu treiben und nicht, um gegen sie Krieg zu führen. Andere Legenden sprechen von enger Freundschaft zwischen beiden Ethnien. Auch gibt es keine archäologischen Hinweise darauf, dass die Ost- und Westsiedlung wegen Angriffen der Inuit aufgegeben wurden. Sicher ist, dass die skandinavischen Grönländer irgendwann im ausgehenden 15. Jahrhundert ausstarben – gerade, als Columbus daranging, die Neue Welt in Südamerika erneut zu entdecken.

Wie es sich auch immer zutrug, die verachteten Skrälinge waren dem Klima besser angepasst als die Skandinavier und konnten sich behaupten.

NEUNTES KAPITEL

HERR DER INSELN

Knut der Große und sein
Nordsee-Empire

> Our galley is the People's right,
> the Dragon of the free,
> The Right that, riding in its might,
> brings tyrants to their knee;
> The flag that flies above us
> is the Love of Liberty;
> The waves are rolling on.
>
> HALDANE BURGESS, UP-HELLY-AA SONG

*(Unser Langschiff ist das Menschenrecht,/das Drachenschiff der
Freien,/das Recht, das machtvoll schreitend,/Tyrannen niederzwingt;/
das Banner über uns,/das ist die Freiheitslieb'; die Woge rollt voran.)*

Up-Helly-Aa has come!
In jedem Januar am letzten Dienstag des Monats geraten die Menschen
auf den Shetland-Inseln aus dem Häuschen. Wenn sich die Dämmerung herniedersenkt, drängt sich, so scheint es, die gesamte Inselbevölkerung in der Inselhauptstadt Lerwick, um die ganze Nacht über ihr
alljährliches Feuerfest zu feiern, das sie Up-Helly-Aa nennen.

Es ist ein fröhliches Fest und das herausragende Spektakel im Jah-
reslauf der Shetlands, vergleichbar dem Guy-Fawkes-Day in London
oder dem Palio in Siena. Bürgerausschüsse bereiten dieses Fest das
ganze Jahr über vor, indem sie ein zehn Meter langes Modell eines
wikingischen Langschiffes verfertigen, um es mitten in der Stadt in
einer feierlichen Zeremonie zu verbrennen. Der Umzug durch die Stadt

wird von einem gewählten *Guizer Jarl* (»Vermummter Earl«) angeführt, dessen Gefolge sich als Wikinger verkleidet hat. Weitere tausend
Inselbewohner gruppieren sich zu kleineren Guizer-Gruppen. Am
Abend nehmen sie vor dem Rathaus Aufstellung. Auf einen Böller-
schuss hin entzünden alle ihre Fackeln, setzen sich in Bewegung und
ziehen das Wikingerschiff zum vorgesehenen Opferplatz, die Führer
der Guizer-Gruppen stellen sich um das Boot herum auf und setzen auf
ein Hornsignal hin das Schiff in Brand. Anschließend ziehen alle durch
die Kneipen der Stadt.

In dieser Nacht also demonstrieren die Shetlander ihren Stolz auf
ihre alte, ruhmvolle Wikingervergangenheit, als deren Erben sie sich
fühlen. Das Fest ist eigentlich erst gut hundert Jahre alt, wirkt aber
deshalb nicht aufgesetzt oder kitschig.

Up-Helly-Aa (eine Verballhornung des shetlandischen Ausdrucks
»Uphalliday«, »Ende der Weihnachtsperiode«) ist die Metamorphose
eines älteren Feuerfestes, das am Ende der Weihnachtsperiode und zur
Begrüßung der Sonne nach der Wintersonnwende (21. Dezember)
begangen wurde. Irgendwann in den 1880er Jahren kam zu den traditionellen Fackelumzügen die Verbrennung eines Langschiffs als Symbol für die Bestattung eines Wikingerhäuptlings hinzu. Inspirator dieser Veränderung war der blinde shetlandische Dichter J. J. Haldane
Burgess, der sich eingehend mit der norwegisch-skandinavischen Vergangenheit der Inseln befasst hatte, viele Gedichte im Dialekt der
Shetlands schrieb und auch eine romantische Abenteuergeschichte mit
dem Titel *The Viking Path* verfasste. Er war ein romantischer Sozialist
oder sozialistischer Romantiker. Er wirkte in einer Zeit, als das vikto-
rianische England die Wikinger und die isländischen Sagas entdeckte.
Diese romantische Begeisterung für die heroische »nordische Vorzeit«
blieb keineswegs auf England beschränkt: In Skandinavien selbst und
ebenso in Deutschland wurden altnordische Mythologie und in gewis-
sem Umfang auch das Wikingertum in literarischen Werken und His-
toriengemälden gefeiert (nur weniges ist davon heute noch bekannt
wie etwa die große Fontane-Ballade »Gorm Grimme«). In England
hatten einige Literaten lediglich ihr Vergnügen an den fantasievollen und blutrünstigen Geschichten der späten legendarischen Sagas,
andere, wie Thomas Carlyle in seinem Essay *On Heroes and Hero-*

Worship (Über Helden und Heldenverehrung), entwarfen ein Prä-Nietzsche-Konzept des Übermenschen mit Odin als Modell für einen starken Führer als Antwort auf die ihrer Meinung nach herrschende Anarchie im 19. Jahrhundert. Der Frühsozialist William Morris wiederum meinte in der altnordischen Literatur einen unbekümmerten Geist der Unabhängigkeit zu entdecken, der auf seine eigenen, universell-freiheitlichen Ideale inspirierend wirkte. Haldane Burgess verarbeitete diesen wikingischen Geist in seinem Up-Helly-Aa-Song, der bei den Umzügen in Lerwick immer noch gesungen wird. Er erzählt uns freilich mehr über die Viktorianer als über die Wikinger:

> *From grand old Viking centuries*
> *Up-Helly-Aa has come,*
> *Then light the torch, and form the march,*
> *and sound the rolling drum;*
> *And wake the mighty memories*
> *Of heroes that are dumb;*
> *The waves are rolling on.*

Refrain:
> *Grand old Vikings ruled upon the ocean vast,*
> *Their brave battle songs still thunder on the blast;*
> *Their wild war-cry comes a-ringing from the past;*
> *We answer it »A-oi!«*
> *Roll their glory down the ages,*
> *Sons of warriors and sages,*
> *Where the fight for freedom rages,*
> *Be bold and strong as they!*

(Aus der großen, alten Zeit der Wikinger/Ist Up-Helly-Aa entstanden,/ So entzündet die Fackel und formiert euch zum Zug,/lasst die Trommel ertönen;/Und erweckt die mächtigen Erinnerungen/an längst verstummte Helden;/Die Woge rollt voran!

Mächtige alte Wikinger beherrschten das weite Meer/Im Sturm erdonnern ihre Schlachtgesänge;/Ihr wildes Kriegsgeschrei ertönt noch aus vergang'ner Zeit;/Und wir rufen »Ahoi!« zur Antwort./Bewahrt ihren Ruhm über alle Zeiten,/Söhne der Krieger und der Weisen,/Wo um Freiheit wird gekämpft,/seid kühn und stark wie sie!)

Up-Helly-Aa zelebriert also die Gefühle, die die Shetlander gegenüber ihren nordischen Vorfahren vor hundert Jahren hegen; es ist eine faszinierende historische und soziale Melange aus Methodismus, Sozialismus, Heilsarmee und hämmernder Pianomusik. Alkuin von York und seine Zeitgenossen hätten dem nicht viel abgewinnen können, aber das kümmert natürlich niemanden. Und es ist aufschlussreich, dass die Pioniere des neu geschaffenen Festes nicht in die Vergangenheit, sondern in die Zukunft blicken. Für diejenigen, die ihren Blick zurückrichten, gibt es nur wenig zu sehen, einmal abgesehen von einer romantisierten literarischen Sichtweise.

Wikinger in Schottlands Inselwelt

Recht wenig lässt sich über die Frühzeit der Wikinger im Norden Schottlands sagen. Bis vor kurzem stammten alle Informationen aus den Sagas und mussten deshalb mit Vorsicht behandelt werden. Die wichtigste schriftliche Quelle ist die *Orkneyinga saga* (»Saga von den Leuten auf den Orkaden«), geschrieben auf Island Anfang des 13. Jahrhunderts; sie repräsentiert getreulich die isländische historische Tradition, nach der König Harald Schönhaar von Norwegen der Hauptgrund für die norwegische Auswanderung nach Island ab 970 gewesen sein soll. Andere Flüchtende hatten sich auf den Orkney- und Shetlandinseln niedergelassen, und nach der *Orkneyinga saga* begab sich Harald Schönhaar persönlich auf die Orkneys, um sie der norwegischen Krone zu unterwerfen:

Eines Sommers segelte König Harald Schönhaar nach Westen, um die Wikinger zu bestrafen, welche die Küste Norwegens von ihren Winterquartieren auf den Shetlands und Orkneys aus überfielen, denn er war ihrer Plünderungen müde geworden. Er unterwarf Shetland und die Orkneys und die Hebriden und segelte hinunter bis zur Insel Man und zerstörte die Ansiedlungen dort. Er kämpfte da in vielen Schlach-

ten und dehnte seine Herrschaft weiter nach Westen aus, als jeder norwegische König nach ihm.

Einer von denen, die in der Schlacht getötet wurden, war Ívar, der Sohn Jarl Rögnvalds von Møre; als dann König Harald wieder nach Norwegen zurückfuhr, gab er Jarl Rögnvald die Orkneys und Shetland als Ausgleich für den Verlust seines Sohnes. Jarl Rögnvald aber übergab beide Länder seinem Bruder Sigurd, der Haralds Vorderstevenmann war. Als der König sich auf den Rückweg nach Norwegen begab, verlieh er Sigurd den Titel eines Jarls (Earl/Herzog), und Sigurd blieb auf den Inseln zurück. ORKNEYINGA SAGA, KAPITEL 4

Keine andere Quelle bestätigt diese angebliche Expedition Harald Schönhaars, nicht einmal die Irischen Annalen, die ein solches Ereignis

Schachfiguren aus Walrosselfenbein, 12. Jh. Wohl in Norwegen (Trondheim?) hergestellt, auf der Äußeren Hebrideninsel Lewis (Schottland) gefunden.

gewiss nicht unerwähnt gelassen hätten. Es könnte sich durchaus um eine isländische Ansicht handeln, um zu erklären, warum so viele Siedler auf Island Norweger der zweiten Generation waren, die von den Nordinseln und den Hebriden nach Island gekommen waren. Es muss immer wieder daran erinnert werden, dass die isländischen Sagas nicht Historie als solche vermitteln: Sie sind Geschichte im Stile der Sagas. Die *Orkneyinga saga* ist eine Art historischer Roman, die dynastische Geschichte der norwegischen Jarle auf den Orkneyinseln, eine prächtig und anschaulich ausgestaltete Erzählung von starken Persönlichkeiten und dramatischen Ereignissen. Dass Norwegen im 13. Jahrhundert Königsherrschaft über beide Inselgruppen ausübte, ist unbestritten, aber ob Harald Schönhaar der erste König war, der dort die Macht innehatte, ist eine offene Frage. Sicher jedoch ist, dass norwegische Jarle dreihundert Jahre lang über dieses kleine nordatlantische Inselreich herrschten. Von den Orkneys aus kontrollierten sie die Shetlandinseln, die Hebriden und weite Gebiete des nördlichen und westlichen schottischen Festlandes. Man geht davon aus, dass die ersten Wikingerüberfälle auf englische Inselklöster in den 790er Jahren von diesen Inseln ihren Ausgang nahmen.

In jüngerer Zeit haben archäologische Untersuchungen dazu beigetragen, das Bild der wikingischen Frühzeit deutlicher werden zu lassen. Namentlich die Orkneys sind ein archäologisches Paradies mit mehr herausragenden Altertümern und Grabungsstätten als in anderen Regionen Britanniens vergleichbarer Größe – sie reichen von jungsteinzeitlichen Kammergräbern wie Maeshow (ca. 3000 v. Chr.) über vollständige Dorfanlagen wie Skara Brae (3100–2600 v. Chr.), über rätselhafte *brochs* aus den ersten nachchristlichen Jahrhunderten bis zum Beginn der Wikingerzeit. Die Nordinseln hatten für Tausende von Jahren eine Schlüsselposition für die westlichen Seewege inne, und es ist daher nicht überraschend, dass sie ins Blickfeld der seefahrenden Norweger gerieten.

Niemand kann mit Sicherheit sagen, wann die ersten Norweger die Nordinseln erreichten. Man nimmt an, dass es im 8. Jahrhundert, noch vor den ersten Wikingerraubzügen, zu einer friedlichen Einwanderung ackerbauender Siedler kam und dass diese Norweger zunächst in Harmonie mit der einheimischen Bevölkerung lebten.

Nicht alle Wissenschaftler akzeptieren diese Ansicht. Als frühester Nachweis wikingischer Präsenz gilt jedoch allgemein der 1958 gefundene Silberhort auf dem shetlandischen St. Ninians-Eiland, einer kleinen, baumlosen, jetzt unbewohnten Insel südwestlich der Hauptinsel, von der aus ein Damm nach St. Ninian führt. Die Insel wurde im 18. Jahrhundert von den Bewohnern verlassen, die dortige kleine mittelalterliche Kirche wurde jedoch noch vor einem Jahrhundert als Begräbniskirche genutzt.

Zwischen 1955 und 1959 fanden dort Ausgrabungen statt, weil die St. Ninianskirche nach der Überlieferung als die Mutterkirche Shetlands galt. In der Tat stammt der älteste Kirchenbau an diesem Ort aus dem 8. Jahrhundert, hundert Jahre, nachdem das Christentum auf den Shetlandinseln von Missionaren aus Iona eingeführt worden war – und nicht vom heiligen Ninian, der im 5. Jahrhundert in Galloway wirkte. Die kirchenhistorische Frage wurde jedoch durch den sensationellen Fund eines piktischen Silberhortes in den Hintergrund gerückt. Er besteht aus achtundzwanzig ornamentierten Silberobjekten in einem Kästchen aus Lärchenholz. Man fand es unter dem Schiff der Kirchenruine, darüber lag ein Stein mit einem eingeritzten Kreuz. Zu den auffallendsten Gegenständen gehören eine Sammlung Nadelbroschen, sieben Silberschalen und ein prächtiges Schalengehänge. Natürlich hat dieser Hort eine Geschichte zu erzählen, aber welche?

Zunächst dachte man, es handele sich um einen wertvollen Kirchenschatz, den man in Panik bei der Annäherung wikingischer Plünderer vergraben hätte. Nach erneuten Grabungen kam man zu dem Schluss, dass es sich um den Schatz einer einheimischen Piktenfamilie handeln müsse, den man aus Sicherheitsgründen in der Kirche deponiert hatte. Die zuerst als Kelche gedeuteten Schalen erkannte man jetzt als Trinkschalen, die Schale mit der Aufhängung dürfte eine Schale zum Händewaschen gewesen sein, die man zum Schmuck an die Wand oder an eine andere Stelle hängte, wenn man sie nicht benötigte. Kein einziges Stück des Hortes hatte eine kirchliche Funktion.

Wenn es ein weltlicher Schatz war, warum hatte man ihn dann in der Kirche vergraben? Einfach weil die Kirche ein heiliger Raum war, eine Zufluchtsstätte für Menschen und Besitztümer in Zeiten der Gefahr, ähnlich einem Banktresor; zudem war die Kirche das festeste

Gebäude der Siedlung und konnte leicht verteidigt werden. Das hatten die Wikinger nicht berücksichtigt; für sie war die Kirche lediglich ein Ort, wo leichte Beute zu machen war, und deshalb fanden sie den Hort nicht. Dass man ihn jedoch niemals mehr barg, deutet darauf hin, dass der Besitzer den Wikingerangriff nicht überlebt hat.

Das könnte ein Hinweis darauf sein, was mit den einheimischen Pikten geschah. Man weiß jedoch nicht, ob sie von den Wikingern vertrieben oder vernichtet wurden, ob sie als unterworfene Bevölkerung am Ort blieben und ihre Kultur und Identität in Vergessenheit gerieten. Es ist immerhin auffällig, dass praktisch jeder einzelne Orts- und Geländename norwegischen Ursprungs ist. Bis ins 19. Jahrhundert wurde auf den Shetlands ein norwegischer Dialekt, das Norn, gesprochen, und die Bewohner der Nordinseln haben bis heute eine starke Affinität zu Norwegen und nicht so sehr zu Schottland.

Die ehrwürdigste Wikingerstätte auf den Shetlands, Sumburgh an der Südspitze der Insel, trägt die Auszeichnung, die erste wikingische Niederlassung zu sein, die als solche auf den Britischen Inseln zweifelsfrei identifiziert wurde; das war im Jahre 1934. Der Platz ist eher bekannt unter dem Namen Jarlshof (»Jarlstempel«), ein romantischer Name, den Walter Scott in seinem Wikingerroman *The Pirate* den Ruinen gegeben hatte. Die Ausgrabungen brachten einen ausgedehnten wikingerzeitlichen Hofkomplex aus der ersten Hälfte des 9. Jahrhunderts ans Tageslicht. Man hatte ihn an einer Stelle errichtet, die zuvor schon von Menschen aus der Bronzezeit, der Eisenzeit sowie von Pikten genutzt worden war. Jede dieser Siedlergruppen war wohl wegen Versandung gezwungen worden, den Platz zu verlassen. Das gleiche Schicksal ereilte die norwegische Siedlung im 13. Jahrhundert; seitdem war alles von einer dicken Sandschicht bedeckt, bis man den Platz Ende des 19. Jahrhunderts entdeckte.

Heute ist Jarlshof eine Lesebuch für Archäologen. Die Siedlung war von Bauernfamilien bewohnt, die nur wenig Fischfang betrieben, arbeitsam und friedlich waren. Es gibt keine Anzeichen einer gewaltsamen Übernahme des Siedlungsplatzes, und aus den frühen Schichten der norwegischen Belegung hat man nur drei Waffenfragmente gefunden. Jarlshof, so scheint es, war keineswegs das Nest von Wikingerpiraten.

Dagegen ergeben die langen und mühsamen Ausgrabungen in Coileagan an Udail (»Udal«) auf der Hebrideninsel North Uist ein anderes Bild. Die erste Grabungskampagne dauerte von 1963 bis 1976 und konnte eine kontinuierliche Besiedlung des Platzes von der Eisenzeit bis ins 18. Jahrhundert nachweisen. Um das Jahr 850 n. Chr. gab es eine plötzliche Veränderung in der materiellen Kultur, die man mit dem gewaltsamen Eindringen der Wikinger in Zusammenhang brachte. Die ersten Anzeichen einer Präsenz von Wikingern zeigten sich an einer kleinen Befestigung von nur sieben Metern Durchmesser, die der Ausgräber als ersten Schritt zur endgültigen Übernahme des Ortes wertete. Udal entwickelte sich in der Folgezeit zu einem dicht belegten Siedlungsplatz mit sechs Gebäuden, vermutlich das Besitztum eines Häuptlings.

In der Zwischenzeit haben Ausgrabungen in einem Siedlungsplatz an der Bucht von Birsay auf den Orkneys weiteres Licht auf die wikingisch-piktischen Beziehungen geworfen. Es gibt mindestens neun Fundstellen im Umkreis der Bucht, und alle sind von der Küstenerosion bedroht und in Teilen bereits zerstört. Was man den schwer zu interpretierenden Hinterlassenschaften entnehmen kann, ist eine Übernahme des Platzes durch Wikinger, verbunden mit dem Neubau von Häusern auf älteren Hausstellen. Eine davon ist eine ungewöhnliche, zweiräumige Behausung in Form einer acht, die vermutlich piktischen Ursprungs ist. Etwas weiter entfernt liegt an der Küste die Fundstelle mit Namen Buckquoy, bei der sich vier Siedlungsphasen vom 7. bis zum 10. Jahrhundert feststellen lassen; die drei älteren Strukturen gelten als piktisch, der Rest als norwegisch. Aber nicht alle Wissenschaftler sind mit dieser Einteilung einverstanden.

Im Jahre 1858 fand man auf den Orkneys durch Zufall nahe des Küstenstriches Skaill Bay einen Silberhort. Er umfasste neunzig Silberobjekte und wog über sieben Kilogrammm – große Nadelfibeln, Halsringe, Armreifen und Silberbarren. Durch eine große Anzahl englischer und arabischer Münzen ließ sich die Niederlegung des Hortes auf die zweite Hälfte des 10. Jahrhunderts datieren – ein eindrücklicher Hinweis auf den Reichtum der Orkneys in der Wikingerzeit.

Dieser Höhepunkt wikingisch-skandinavischen Reichtums auf den Orkneys wurde noch einmal nachhaltig durch die Ausgrabungen auf dem Broug of Birsey gegenüber der Bucht von Birsay bestätigt. Der Brough ist eine flache Gezeiteninsel im Wattenmeer, die immer nur für wenige Stunden am Tag über einen Damm zu Fuß zugänglich ist. Mit ihren aufragenden Klippen hatte die Insel den Charakter einer natürlichen Festung. Die Insel war Standort eines frühchristlichen Klosters, bevor sie im 9. Jahrhundert von skandinavischen Ankömmlingen übernommen wurde; sie bauten dort die ersten Hofstätten auf den landseitigen Anhöhen über dem Kloster. Offenkundig hatten die norwegischen Invasoren die kleine piktische Kapelle und den Friedhof nicht angetastet. Im Laufe der Zeit entwickelten sich die urprünglichen Hofstellen zu einem Siedlungskomplex, unter anderem mit Werkstätten für die Metallverarbeitung. Die weitere Entwicklung war geprägt durch den Bau einer Klosterkirche und eines palastähnlichen Baus, den man als Sitz des mächtigsten norwegischen Orkadenjarls, Jarl Thorfinns des Mächtigen, deutet.

Bischöfe und Jarls – die Blüte der Orkney-Inseln

Die norwegische Kirche entstand in der ersten Hälfte des 11. Jahrhunderts an der Stelle der älteren piktischen. Sie ist in Stein gebaut, hat ein rechteckiges Schiff und einen quadratischen Chor mit einer runden Apsis. Unterhalb liegen Hausbauten sowie ein Hallenbau mit Fußbodenheizung. Nach der *Orkneyinga saga* war Birsay der Hauptsitz Thorfinns des Mächtigen: »Er hielt sich immer in Birsay auf und baute dort eine Christuskirche, ein prächtiges Münster.« In Birsay richtete er den ersten Bischofssitz der Orkneys ein, und es ist allgemein anerkannt, dass die Kirchenruinen jenes »prächtige Münster« und der Hallenbau seine Residenz waren. Er war ein bemerkenswerter und fähiger Mann, dieser Orkney-Jarl, und nicht umsonst nannte man ihn »den Mächtigen«. Er war ehrgeizig, rücksichtslos und sehr streitbar. Im Alter von fünf Jahren, im Jahre 1014, erbte er das Jarltum der Orkneys, und als er 1064 starb, hatte er seine Herrschaft bis weit nach Schottland hinein und über die Hebriden ausgedehnt. Nach anfänglich turbulenten Regierungsjahren regierte er sein Reich in Weisheit und Güte. Seine Herrschaft war das Goldene Zeitalter wikingischer Macht auf den Nordinseln.

Die Kathedrale von Kirkwall (Orkney-Inseln), errichtet von den wikingischen Jarls ab 1137.

In England ging die Wikingerzeit im Jahre 1066 mit der Niederlage des norwegischen Königs Harald der Harte (*harðráði*) in der Schlacht von Stamford Bridge und mit der Eroberung durch die Normannen zu Ende. Aber auf den Nordinseln dauerte sie noch ein ganzes Jahrhundert länger, lang genug, dass das eindrucksvollste und dauerhafteste Monument der Wikingerzeit auf den Britischen Inseln entstehen konnte: die St. Magnús-Kathedrale in Kirkwall, dem Hauptort der Orkneys. Mit dem Bau wurde 1137 unter Jarl Rögnvald kali begonnen; er beherbergt die Reliquien des heiligen Magnús, des Onkels Rögnvalds. Der gottesfürchtige Jarl und später heilig gesprochene Magnús war 1117 von seinem Vetter und Mitregenten Jarl Hákon erschlagen worden. Seinen abgetrennten Schädel fand man 1919 in den Mauern der Südarkade des Chors von St. Magnús.

Auch wenn die Shetland- und Orkney-Inseln heute eher abgelegene Archipele sind, so waren sie es doch keineswegs in der Wikingerzeit. Von der Westküste Norwegens aus erreichte man sie nach einer kurzen Überfahrt von einem oder zwei Tagen. Gerade die Orkneys waren eine wichtige Zwischenstation für Handels- und Raubwege in der nördlichen Nordsee. Sie spielten auch eine wichtige Rolle für wikingische Aktivitäten im Süden. Viele der ersten Raubzüge nahmen von den Inseln ihren Ausgang, und sie standen immer im Blickpunkt der norwegischen Könige. König Olaf Tryggvason (995–1000), der seinen ersten Auftritt auf der englischen Szene mit der Schlacht von Maldon (991) hatte, soll nach den isländischen Sagas die Orkneys im Jahre 994 gewaltsam christianisiert haben. Wikinger von den Orkneys kämpften in der Schlacht von Clontarf im Jahre 1014. Die Nordinseln lieferten stets Mannschaften für Raubzüge und verstärkten im Schicksalsjahr 1066 die Invasionsflotte Haralds des Harten.

England zwischen Angelsachsen und Wikingern

Das Jahrhundert vor 1066 sollte ein schwieriges Jahrhundert für England werden. Nach fünfundzwanzig Jahren relativen Friedens begünstigte die Thronbesteigung des zehnjährigen Königs Æthelred II. neue Wikingerinvasionen. Sein Vater, König Edgar, war im Jahre 975 gestorben, und die Krone ging an Æthelreds Halbbruder Eduard. Die

Thronfolge entfachte heftige Zwistigkeiten zwischen den Anhängern beider Brüder, und im März 978 wurde Eduard verräterisch und brutal bei einem Besuch bei seinem jüngeren Bruder in Corfe Castle in Dorset ermordet. Der damals zehnjährige Æthelred war noch zu jung, um in den Anschlag verwickelt zu sein; spätere Quellen jedoch beschuldigen seine Mutter, Königin Ælfthryth, den Mord angezettelt zu haben. Jedenfalls profitierte Æthelred von dem Verbrechen und kam einen Monat später auf den Thron; seine lange Regierungszeit von vierzig Jahren litt indessen immer unter dem Makel des Verrats.

Æthelred ist in die englische Geschichte als einer der glücklosesten und schwächsten Herrscher eingegangen (sein Beiname *unræd*, »der Unberatene«, wurde später durch Volksetymologie in *unready*, »der Unfertige«, verfälscht). In der Angelsächsischen Chronik hatte er immer eine schlechte »Presse«. Peter Sawyer jedoch weist in seiner Arbeit *From Roman Britain to Norman England* nach, dass man Æthelred zu Unrecht für das Versagen Englands, auf die erneuten Angriffe der Wikinger angemessen zu reagieren, verantwortlich gemacht hat. Sawyer weist darauf hin, dass die neuen Wikingerheere größer und besser organisiert waren als diejenigen im 9. Jahrhundert, dass das englische Königreich ausgedehnter, uneiniger und schwerer zu verteidigen war und dass sich vor allem der Charakter der Wikingerzüge deutlich verändert hatte. Die neuen Invasoren waren nicht mehr Leute, die sich irgendwo ansiedeln wollten und deshalb eher verwundbar waren, sondern höchst mobile Raubscharen, die in kürzester Zeit reichlich Beute machen wollten, um sich dann wieder nach Hause zurückzuziehen. Gegen eine solche Taktik erwiesen sich konventionelle Verteidigungsmaßnahmen als nutzlos. Außerdem konnte Æthelred nicht einen solchen patriotischen Geist erwecken wie einst Alfred der Große. Seine Regierungszeit war vielmehr von spektakulären Verrätereien und Treuebrüchen bestimmt, als sich die Großen des Danelaw/Danelag ihrer skandinavischen Herkunft besannen und sich auf die Seite der Invasoren schlugen, um auf der Gewinnerseite zu sein.

Die Schwierigkeiten begannen, kaum dass Æthelred den Thron bestiegen hatte. Es war, als ob die Wikinger jenseits der Nordsee den Geruch der Schwäche und Korruption im England unter dem Kindkönig in die Nase bekommen hätten. Im Jahre 980 setzten die ersten

Angriffe ein, Southampton wurde verwüstet, die Themseinsel Thanet geplündert und Cheshire überrannt. Diese ersten Züge wurden wohl von eher kleinen Mannschaften unter der strengen Führung von Harald Blauzahn von Dänemark durchgeführt.

In den 980er Jahren gestalteten sich, mit kurzen Unterbrechungen, die Überfälle nach diesem Muster: punktuell kam es zwar zu Verwüstungen, aber die Strukturen des Staates als Ganzes wurden nicht in Mitleidenschaft gezogen. London und die Südküste hatten unter den Wikingern zu leiden, nicht jedoch England selbst. Im Jahre 991 indessen erschien eine große Kriegsflotte mit dreiundneunzig Schiffen vor der Themsemündung. Einer der Anführer war ein norwegischer Wiking namens Olaf Tryggvason, der in der Ostsee Piraterie betrieben hatte und nun den norwegischen Thron beanspruchte. Ziel der Flotte war der wohlhabende Südosten Englands, aber obwohl sie besser als andere organisiert war, hätte dieser Kriegszug von 991 nur ein weiteres Kapitel in der langen Litanei der Katastrophen abgegeben, wäre es da nicht zu einer größeren Schlacht bei Maldon in Wessex gekommen:

991. In diesem Jahr kam Anlaf (Olaf) mit dreiundneunzig Schiffen nach Folkstone und heerte dort im Lande, danach segelten sie nach Ipswich, überrannten das umliegende Land und zogen weiter nach Maldon.

Ealdorman Byrhtnot stellte sich ihnen mit seinem Aufgebot entgegen und kämpfte gegen sie, aber sie erschlugen den Ealdorman dort (10. August) und behaupteten das Schlachtfeld.

Angelsächsische Chronik

Und diese kurze Notiz wäre unsere einzige Information über das Ereignis gewesen, hätte nicht ein anonymer englischer Dichter ein Heldenlied im Geiste altgermanisch-heroischer Ethik über die Schlacht verfasst. Das Lied *The Battle of Maldon* feiert die Niederlage und den Tod Byrhtnoths nicht als Fehlschlag, sondern als den höchsten Triumph von Tapferkeit und Gefolgschaftstreue.

Der blutige Tag von Maldon

Die Wikinger tauchten an der Blackwatermündung auf und lagerten auf der Insel Northey, gleich östlich des Ortes Maldon, und bereiteten sich auf die Schlacht vor. Damals wie heute war die Insel durch eine Furt von 80 Metern Länge mit dem Festland verbunden. Die Verteidiger unter Führung des Ealdorman von Essex, Byrhtnoth, rückten von Maldon her an und postierten ihre Schlachtreihen am Ende der Furt. Byrhtnoth war damals schon ein alter Mann, er war bereits 965 zum Ealdorman (höchsten Amtsträger des Gebiets) ernannt worden. Für ihn war Gefolgschaftstreue die höchste aller Tugenden, auch wenn sie ihn das Leben kostete. Er war nicht der Mann, der zurückwich, wie groß die Hindernisse auch sein mochten.

Es war Hochflut und die Furt (oder der Damm) überflutet. Von der Insel aus rief ein Wiking ein Angebot zum Waffenstillstand gegen Zahlung des Dänengeldes herüber: Sie seien bereit, sich ohne Kampf auszahlen zu lassen, das sei doch das Beste für beide Seiten. Voller Verachtung wies Byrhtnoth das Ansinnen zurück. Als die Flut wieder abfloss, griffen die Wikinger über die Furt an, aber wie Horatius und seine Gefährten an der Brücke verteidigten drei Gefolgsleute Byrhtnoths den schmalen Übergang ohne Mühe. Da machte der Anführer der Wikinger einen Vorschlag – ein perfekt kalkulierter Appell an das Ehrgefühl Byrhtnoths: »Zieht euch vom Ufer zurück«, sagte er, »und lasst meine Männer herüberkommen, damit wir offen und ehrlich kämpfen können.« Und Byrhtnoth, gefangen in seinem Ehrenkodex, stimmte zu und ließ die Wikinger aufs Festland herüberkommen.

Das war ein selbstmörderischer Akt von Heldenmut. Byrhtnoth zog sich zurück, ordnete seine Reihen neu und erwartete den Angriff der Wikinger. Eine erbitterte Schlacht begann. Die Angelsachsen waren in der Minderzahl, kämpften aber mit dem Mut der Verzweiflung. Zu früh wurde Byrhtnoth durch einen Speerwurf tödlich verwundet. Noch im Sterben trieb er seine Kämpfer an, die Schlacht fortzusetzen; einige Engländer wandten sich dennoch zur Flucht. Byrhtnoths eigene Gefolgsleute jedoch hielten stand und waren entschlossen, den Tod ihres Gefolgsherrn zu rächen und ihr eigenes Leben so teuer wie möglich zu verkaufen ... *The Battle of Maldon* zelebriert ein Kriegerethos, das bereits zu dieser Zeit anachronistisch war.

Die stolze Verweigerung des Dänengeldes durch Byrhtnoth und seine Gefolgsleute war heroisch, aber nutzlos, denn den Tribut zu zahlen, war genau das, was König Æthelred nach der verlorenen Schlacht tat. Auf Anraten Sigerics, des Erzbischofs von Canterbury, schloss er einen Friedensvertrag mit Olaf Tryggvason, nach dem Engländer ungehindert Auslandsfahrten unternehmen konnten und skandinavische Händler ihrerseits nicht angegriffen werden sollten. Entschädigungszahlungen für alle Tötungen und Plünderungen vor der Unterzeichnung des Waffenstillstands wurden nicht vereinbart, aber im letzten Paragrafen heißt es: »Zweiundzwanzigtausend Pfund in Gold und Silber wurden dem Heer für den Waffenstillstand bezahlt.« Mit dieser Regelung setzte Æthelred seinen Fuß auf den schlüpfrigen Pfad immer größerer Dänengeldzahlungen, um sich für eine Zeit lang freizukaufen – ein Geld, mit dem man lediglich Kämpfer für den *nächsten* Angriff bezahlte.

Wikingerheere und Raubflotten

Das Wikingerheer segelte davon mit einer Abschlagszahlung von 10.000 Pfund, verließ England aber nicht. Im folgenden Jahr mobilisierte Æthelred eine Flotte und versuchte, die feindlichen Schiffe auf See in eine Falle zu locken, aber der Plan wurde den Wikingern von niemand Geringerem als Ælfric, dem Ealdorman von Ostangelien, verraten, und die Wikingerflotte konnte entkommen. Verrat sollte in England endemisch werden, und auch die Grausamkeit der Rache: Im Jahre 993 ließ Æthelred den Sohn Ælfrics blenden.

Das Jahr 994 erlebte eine andere verhängnisvolle Entwicklung: die Ankunft eines gekrönten Königs von Dänemark an der Spitze einer gewaltigen Raubflotte. Es war Sven Gabelbart, der Sohn des Königs Harald Blauzahn Gormsson. Sven Gabelbart hatte sich mit seinem Vater überworfen und ihn 988 vom Thron verdrängt. Jetzt lag er in der Themsemündung mit vierundneunzig Schiffen und mit Olaf Tryggvason an seiner Seite. Sie griffen London an, wurden aber zurückgeschlagen. Daraufhin tobten sich die Wikinger an der Südküste aus und stießen ins Innere vor, wo und wann es ihnen beliebte. Schließlich sah sich Æthelred gezwungen, Bedingungen anzubieten, die Wikinger bezogen ihr Winterquartier in Southampton, ihre Verpflegung erhielten sie aus dem gesamten Wessex, und überdies wurden ihnen 16.000 Pfund ausbezahlt.

In diesem Winter trug sich ein Ereignis zu, das weit reichende Auswirkungen auf Norwegen und andere nordische Länder haben sollte: Olaf Tryggvason, jener rastlose Wikingerführer, wurde zum Christentum bekehrt. Der Legende nach soll er auf den Scillyinseln getauft worden sein, wahrscheinlicher aber ist, dass er vom Bischof von Winchester die Einweisung ins Christentum erhielt und König Æthelred selbst Pate bei seiner Taufe in Andover stand. Damit verließ Olaf Tryggvason England, denn er hatte genügend Reichtümer zusammengerafft, um seinen Thronanspruch zu finanzieren; er herrschte fünf Jahre (995–1000) über Norwegen und verbreitete dort das Christentum mit Feuer und Schwert.

Wie die Invasion Sven Gabelbarts zeigt, hatten die Wikinger inzwischen eine andere Verfahrensweise gegenüber England eingeschlagen. Die Angriffe erfolgten jetzt nicht sporadisch und je nach Gelegenheit. Die Invasionsheere hatten inzwischen einen fast professionellen Charakter angenommen und waren bestens organisiert. Sven Gabelbart musste nur Geld für seine Leute beschaffen – und das floss ihm über das Dänengeld zu.

Der Preis für den Frieden stieg beständig, und die Invasionen nahmen fortwährend zu. Im Jahre 1002 entschloss sich König Æthelred zur Flucht nach vorn. Er zahlte erneut Dänengeld, 24.000 Pfund, aber die Plünderer zogen nicht ab; er heiratete Emma, die Tochter des Herzogs der Nomandie, und versuchte mit diesem Bündnis, seine Position zu verbessern – ein Schritt, der später zu erheblichen dynastischen Problemen führen sollte. Und dann, in diesem selben Sommer, riskierte er alles in einer verzweifelten Aktion: Er versuchte die »Fünfte Kolonne« von Verräterei in seinen eigenen Grenzen auszulöschen und befahl, alle in England lebenden Dänen zu töten. Die Angelsächsische Chronik erwähnt das Ereignis nur knapp, aber im 13. Jahrhundert hatte der Chronist Johann von Wallingford mehr dazu zu sagen:

Dieser Tag war ein Samstag, an dem es bei den Dänen Brauch war, zu baden, und zur festgesetzten Zeit wurden sie erbarmungslos vernich-

tet, vom Niedersten bis zum Höchsten; sie verschonten weder Alter
noch Geschlecht und töteten auch die Frauen ihres eigenen Volkes,
die sich mit den Dänen vermischt hatten, und auch die Kinder, die aus
diesen üblen ehebrecherischen Verbindungen entsprungen waren.
Einigen Frauen wurden die Brüste abgeschnitten, andere wurden
lebendig in der Erde vergraben, und die Kinder wurden an Pfählen
und Steinen zerschmettert.

Dies war natürlich ein vergebliches Unterfangen. Einige Dänen entka-
men und brachten die Nachricht nach Dänemark, und König Sven
Gabelbart nutzte das Massaker als Begründung für noch heftigere
Angriffe auf England in den folgenden Jahren. Der Albtraum der Engländer ging also weiter. Jedes Jahr hatte die Angelsächsische Chronik
von mehr Unglück zu berichten, musste mehr Schreckenstaten beklagen. Im Jahre 1007 stieg das Dänengeld auf 36.000 Pfund an. Es
schien, dass sich jeder waffenfähige Mann in Skandinavien den Wikin-
gerheeren angeschlossen hatte. Im Jahre 1010 beispielsweise war einer
der Anführer ein weiterer zukünftiger Norwegerkönig, Olaf Haraldsson, der spätere heilige Olaf. Bei einer der vergeblichen Angriffe auf
die hartnäckigen Verteidiger Londons hatte er die Idee, die Brücke von
London durch die Muskelkraft seiner Ruderer aus ihren Verankerun-
gen reißen zu lassen. Die Brücke fiel, nicht aber London.

England am Abgrund
England befand sich im Stadium der Auflösung, und der Schreiber der
Angelsächsischen Chronik konnte nur entsetzt seinen Kopf schütteln:

1010. Dann kehrten sie (die Wikinger) zu ihren Schiffen zurück mit
ihrer Beute. Und während sie auf dem Weg zu ihren Schiffen waren,
sollte das englische Aufgebot draußen sein im Falle, sie wollten versu-
chen, wieder ins Innere des Landes zu ziehen; aber die Unseren waren
stattdessen auf dem Heimweg. Und als der Feind im Osten war, wa-
ren die Unseren im Westen, und war der Feind im Süden, waren die
Unseren im Norden ... Zu welchen Handlungen man sich auch ent-
schlossen hatte, sie wurden nicht einmal einen Monat lang befolgt ...

1011. All dieses Unglück befiel uns wegen schlechter Maßnahmen,
indem man dem Feind niemals rechtzeitig Zahlungen anbot, noch
gegen ihn kämpfte; aber erst wenn sie das Schlimmste getan hatten,
dann wurde mit ihnen Friede und Waffenstillstand geschlossen. Trotz
aller Zahlungen und Friedensverträge zogen sie in Banden umher, ver-
heerten und beraubten und erschlugen unsere unglücklichen Leute.

Das Jahr 1011 war vielleicht der Tiefpunkt der Erniedrigung Englands.
In diesem Jahr berannten die Wikinger Canterbury und nahmen Erzbischof Ælfheah gefangen, der als Bischof von Winchester Olaf Tryggvason getauft hatte, und verlangten Lösegeld für ihn. Trotz einer Zahlung von 48.000 Pfund töteten ihn die Wikinger bei einem wüsten
Gelage. Angeblich soll er mit den Knochen der von den Wikingern ver-
zehrten Tiere erschlagen worden sein. Derartige Gräueltaten waren
selbst den Hartgesottensten zu viel, und die Mannschaften von fünf-
undvierzig dänischen Schiffen unter dem Kommando Thorkels des
Hohen kündigten ihre Gefolgschaft auf, blieben eine Zeit lang in
England und fungierten als Beschützer des englischen Königtums
gegen ihre früheren Freunde.

Gewaltige Mengen angelsächsischer Silbermünzen wurden in Skandinavien als Horte vergraben, insbesondere in Schweden. Schwedische
Söldner scheinen sich in großer Zahl an den Invasionen beteiligt zu
haben. Auf schwedischen Runensteinen sind denn auch einige von
ihnen verewigt. Auf dem Stein von Orkestad in Uppland wird die
ganze Geschichte in einem knappen Epitaph berichtet:

Karsi und Gerbjörn ließen diesen Stein errichten zum Andenken an
Ulf, ihren Vater. Gott und Gottes Mutter mögen seiner Seele helfen.
Und Ulf nahm dreimal Dänengeld in England. Das erste zahlte Tosti;
dann zahlte Thorkel, dann zahlte Knut.

Die Namen der Zahlmeister fassen genau die dänische Zermürbungs-
politik zusammen, die schließlich zur Eroberung Englands führte.
»Tosti« war möglicherweise ein herausragender schwedischer Anführer, der uns aus der *Heimskringla* (Ólafs saga) unter dem Namen Skö-
glar-Tosti bekannt ist, »ein großer Kriegsmann, der lange Zeit im Aus-

land auf Raubfahrt war«; »Thorkel« war Thorkell der Hohe, Sven Gabelbarts rechte Hand, der später überall im Norden als Führer der Jomswikinger auf Jomsborg Ruhm erlangte; und »Knut« war Knut der Große selbst, der erste und einzige König eines Skandinavien und England umfassenden Nordsee-Imperiums.

Knut der Große und das Nordsee-Empire

Im Jahre 1013 muss Sven Gabelbart erkannt haben, dass ihm England nunmehr in den Schoß fallen würde. Im Juli dieses Jahres setzte er sich, begleitet von seinem achtzehnjährigen Sohn Knut, von Dänemark aus mit einer gewaltigen Invasionsflotte in Marsch. Der Autor des in etwa zeitgenössischen Berichts *Encomium Emmae* vermag kaum seine Begeisterung zu verbergen:

Als zuletzt alle Soldaten versammelt waren, gingen sie an Bord der vertäuten Schiffe, nachdem jeder Mann nach Augenschein sich seinen eigenen Anführer am ehernen Steven ausgesucht hatte. Auf der einen Seite waren da in Gold geformte Löwen auf den Schiffen zu sehen, auf der anderen Seite drehten sich Vögel auf den Mastspitzen nach der Richtung des Windes, oder Drachen verschiedenster Form stießen Feuer durch ihre Nüstern. Hier waren schimmernde Figuren aus schwerem Gold oder Silber wie wahrhaftig lebendige Menschen, dort waren Stiere mit gebeugtem Nacken und gestreckten Beinen so geschnitzt, als wären sie lebend ...

Sven nahm Kurs auf Nordengland, wo die Anglo-Skandinavier von Northumbria und aus dem ehemaligen Danelaw/Danelag sofort bereit waren, sich ihm zu unterwerfen. Er stürzte sich auf London, aber wieder einmal konnte sich die Stadt halten; Sven zog weiter; innerhalb von Wochen fielen Wessex, Mercia und Northumbria in seine Hand. London war nun hoffnungslos umzingelt. Gegen Ende des Jahres wusste Æthelred, dass er die Partie verloren hatte. Er sandte Emma und ihre Söhne in die sichere Normandie und floh später im Jahr selbst dorthin. Nun war Sven Gabelbart König von England, nur nicht dem Namen nach: Fünf Wochen später starb er am 3. Februar 1014. Wieder einmal standen die Geschicke Englands auf des Messers Schneide. Æthelred wurde gegen das Versprechen einer gerechten Regierung und Reformen zurückgerufen, und der noch unerfahrene junge Knut zog sich klugerweise mit seines Vaters Armee nach Dänemark zurück, wo sein älterer Bruder Harald die Thronfolge angetreten hatte. Im Spätsommer des Jahres 1015 fuhr Knut mit zweihundert Schiffen und mit zahlreichen kampferprobten Veteranen, darunter Thorkell der Hohe, nach England. Æthelreds Sohn Edmund Eisenseite leistete Widerstand, aber erneut taumelte England in ein Chaos von Verrat und feigem Doppelspiel.

Im April 1016 marschierte Knut gegen London zum letzten Kampf mit Æthelred. Bevor er aber dort anlagte, starb Æthelred; die Londoner schickten sich in das Unvermeidliche und erkannten Knut als ihren König an. Im Verlauf des Sommers schlug Knut mehrere Schlachten gegen Edmund Eisenseite: Im Herbst erkannten sie, dass keiner den anderen würde besiegen können, und kamen überein, sich in die Herrschaft über England zu teilen: Edmund sollte Wessex erhalten und Knut Mercia und das Danelag. Nach einem Monat aber starb Edmund Eisenseite ebenfalls, am 30. November 1016, und Knut Svensson wurde König über ganz England.

Knut brachte England einen bitter nötigen, zwanzigjährigen Frieden; auch gab er erneut die englischen Gesetze heraus, in denen Gerechtigkeit und die Eigenrechte des Individuums betont wurden. Dennoch ist er einer der am wenigsten geschätzten Könige Englands, trotz all seiner Leistungen – die Engländer haben ihm niemals wirklich verziehen, dass er Däne war!

In seiner gesamten Regierungszeit umwarb er die Kirche eifrig als die einzige Institution, welche die seit vierzig Jahren im ruinierten England herrschenden spannungsreichen Gegensätze ausgleichen konnte. Die kirchlichen Quellen sprechen in warmem Ton von seiner Großmütigkeit, seiner Bescheidenheit, seiner Hingabe an das Christentum. Er war Balsam für ein geschundenes Land; dem blutgetränkten England brachte er Sicherheit vor Angriffen von außen, indem er alle potenziellen Bedrohungen im Keim erstickte; durch geschicktes Geben und Nehmen stellte er den Respekt vor der Krone wieder her. Konzessionen auf der einen Seite wurden durch Strafbesteuerung auf der anderen Seite wieder wettgemacht. Diejenigen, denen er traute, gelangten zu Ansehen, die anderen verloren das Leben. Sein Regiment war hart, aber die Menschen akzeptierten es.

Zwischen Sachsen und Dänen mussten Vorurteile und Verdächtigungen beigelegt werden; die bitteren Grausamkeiten der letzten Jahrzehnte mussten gelindert werden. Die seit langem im Danelag siedelnden Dänen hatten ihre Güter nicht verlassen und sogar mit den dänischen Invasoren gemeinsame Sache gegen die Engländer gemacht. Knuts Größe erwies sich darin, dass er für alle offen war und die Fähigkeit hatte, diese tief sitzenden Gegensätze auszugleichen.

»Dänenhäute«

Ein Aspekt dieser ethnischen Gegensätze hat sich im nationalen Bewusstsein noch erhalten: In England ist bis heute die volkstümliche Überlieferung lebendig, dass die bei den Raubzügen gefangenen Dänen eine drakonische Strafe zu erleiden hatten. Sie wurden bei lebendigem Leib geschunden, ihre abgezogenen Häute zu ewiger Abschreckung an die Kirchentüren genagelt. Der früheste Beleg für diesen Volksglauben findet sich im *Tagebuch* (*Diary*) des berühmten Memoirenschreibers Samuel Pepys unter dem Datum 10. April 1661: »Nach Rochester, besichtigte die Kathedrale und sah die großen Kirchenportale, bedeckt, wie sie sagen, mit den Häuten der Dänen.«

Nur wenige dieser angeblichen Dänenhäute sind bis in unsere Tage bewahrt. Eine Haut von der Tür der Westminster Abbey wurde mikroskopisch untersucht und als Kuhhaut identifiziert, eine andere von der Copford Church nahe Colchester in Essex zeigte Strukturen menschlicher Haut und könnte daher von einem Menschen stammen. Das vielleicht interessanteste, in angelsächsische Zeit datierte Beispiel liefert die Hadstock Church bei Saffron Walden in Essex: Man fand ein kleines Lederstück unter den Türangeln des Nordtores; es ist fünf Zentimer lang, hellbraun und von großen Löchern durchbohrt, wo man es mit Nägeln an der Tür befestigt hatte. Alles sprach dafür, dass es sich um Menschenhaut handeln müsse, sogar blondes, fest geklebtes Haar fand man auf dem Lederstück. Und eingehende wissenschaftliche Untersuchungen im Jahre 1974 konnten nicht ausschließen, dass man es mit Menschenhaut zu tun habe. Zweifel rühren von der Tatsache her, dass viele mittelalterliche Kirchentüren mit Leder beschlagen waren; zudem beweist die Position der Haut unter der Türangel, dass sie bereits mit Leder ausgeschlagen war, bevor man sie in die Angel einhängte. Außerdem wurde nach der Tradition die Kirche von Hadstock von einem Dänen gegründet und nicht von Dänen geplündert. Das Lederstück stammt sicher nicht von einem Wiking, sondern ist dem Wikingermythos entsprungen.

Kurzlebiges Großreich

Wir kennen nur die groben Umrisse von Knuts Regierungstätigkeit. Der Schreiber der Angelsächsischen Chronik zählt zwar gewissenhaft alle Fehler König Æthelreds auf, sagt aber wenig über Knut – vielleicht wagte er es nicht. Knut setzte alles daran, sich potenzieller Thronprätendenten aus der Königsdynastie von Wessex zu entledigen, entweder durch Verbannung oder Hinrichtung. Er befahl, dass Emma, König Æthelreds Witwe, aus der Normandie herübergeholt werde, damit sie seine Frau werde. Als sein Bruder starb, eilte er 1019 nach Dänemark, um dort seine Thronfolge zu sichern. Im Jahre 1028 vertrieb er König Olaf Haraldsson (Olaf den Heiligen) von Norwegen vom Thron und gewann so die norwegische Krone. Als Knut der Große etwa vierzigjährig 1035 in Shaftsbury starb, war er, nach Heinrich von Huntingdon, »Herr über ganz Dänemark, England und Norwegen und auch über Schottland«. Für wenige kurze Jahre war Knut der Herrscher eines Nordsee-Imperiums gewesen, nach dem viele gestrebt hatten, es aber nie hatten errichten können.

Seine sterblichen Überreste sollen in einem der sechs Sarkophage in der Kathedrale von Winchester ruhen. Es ist belegt, dass er nach seinem Tod 1035 in der Klosterkirche zu Westminster beerdigt wurde, die man später abriss, um der heutigen prächtigen, normannischen Kathedrale Platz zu machen, und dass seine Gebeine in die neue Kathedrale überführt wurden, denn er stand im Rufe der Heiligkeit.

Mit seinem Tod brach sein anglo-skandinavisches Großreich auseinander. Es war doch zu sehr das persönliche Werk eines einzelnen Herrschers gewesen; übergreifende Strukturen, die Knuts Tod hätten überdauern können, waren nicht geschaffen worden. Dynastische Politik und Rivalitäten verursachten jetzt gewaltige Verwirrung, und keiner seiner Söhne hatte darüber hinaus das Format – oder ein so langes Leben –, um das Erbe zusammenzuhalten. 1042 wurde England wiederum von einem Engländer regiert: Eduard der Bekenner, der Sohn Æthelreds, war aus seinem normannischen Exil zurückgekehrt. Dänemark und Norwegen waren mit ihren eigenen politischen Angelegenheiten beschäftigt, und so teilte sich Knuts Reich, als hätte es nie existiert. Die Sturmflut wikingischer Macht hatte sich gelegt.

England jedoch blieb weiterhin das Schlüsselland im Kampf um die Macht im Nordseebereich; ein Symbol dafür ist vielleicht, dass sich Knut der Große seine letzte Ruhestätte in England gewählt hatte und nicht in seinem Heimatland Dänemark. Dieser Machtkampf sollte seinen Höhepunkt im berühmtesten Jahr der englischen Geschichte erreichen: 1066.

ZEHNTES KAPITEL

»HIER WARD KÖNIG HARALD ERSCHLAGEN.«

Hastings und das Ende der Wikingerzeit

Schicksalsjahr 1066: Kampf um England

In jeder Hinsicht markiert, oder symbolisiert, das Jahr 1066 das Ende der Wikingerzeit. Die Geschichte lässt sich freilich nie so sauber und exakt zergliedern, aber das Datum ist keineswegs willkürlich gewählt. 1066 ist ein Kulminationspunkt mit zwei alles entscheidenden Schlachten auf englischem Boden im Abstand von nur drei Wochen: Stamford Bridge im Norden und Hastings im Süden.

In den auf 1066 folgenden Jahren gab es immer noch Bedrohungen durch Wikinger, mussten immer noch Vorstöße zurückgeschlagen werden, einschließlich einer Invasion aus Dänemark im Jahre 1085, die jedoch nur angedroht und niemals durchgeführt wurde. Aber das England des Jahres 1066 erlebte den letzten großen Versuch einer Invasion durch einen Herrscher aus Skandinavien, und ironischerweise wurde dieses England dann erfolgreich von Nachkommen der Wikinger aus der Normandie erobert, die sich 150 Jahre zuvor dort niedergelassen hatten.

Einmal abgesehen von den Normannen befanden sich 1066 die meisten Skandinavier, die zu Beginn der Wikingerzeit mit so viel Dynamik aus ihren Heimatländern hervorgebrochen waren, wieder innerhalb ihrer ursprünglichen Grenzen. Von da ab schwächte sich – aus politischen, ökonomischen, militärischen, technologischen und merkantilen Gründen – die Expansion der Skandinavier ab. Die Wikinger hatten nicht mehr den Zulauf und die kriegerische Kraft, den Reichtum und die politische Erfahrung, den Zusammenhalt zu Hause und die Zuversicht in fremden Ländern, um wirksam die von ihnen attackierten älteren und reicheren Staaten jenseits des Meeres zu beherrschen. Wikingergruppen, die sich in anderen Ländern angesiedelt hatten, wurden von der einheimischen Bevölkerung absorbiert und verloren ihre Identität als skandinavische Wikinger. Allein die auf jungfräulichem Boden gegründeten Wikingerkolonien im Nordatlantik überlebten als erkennbar skandinavisch-wikingische Gemeinwesen.

Im Stile der Sagas können die entscheidenden Ereignisse von 1066 als Geschichte dreier starker, aber grundverschiedener Persönlichkeiten beschrieben werden: König Harald Sigurdsson »der Harte« von Norwegen, König Harald Godwinson von England und Herzog Wilhelm von der Normandie. Alle drei strebten nach demselben verlockenden Preis – dem Thron von England. Alle drei konnten in gewisser Weise Ansprüche auf ihn anmelden, und nur einer würde als Sieger hervorgehen. Alle drei waren tief in der Wikingerzeit verwurzelt.

Die Normandie

Die Geschichte der Normandie als wikingisch-skandinavisches Herzogtum beginnt mit einem Mann namens Hrólf, der ein »großer Wiking« war, wie Snorri Sturluson in seiner *Heimskringla* bemerkt. Er war – so heißt es – ein so großer und schwerer Mann, dass ihn kein Pferd tragen konnte und er alle Wege zu Fuß zurücklegen musste; deshalb nannte man ihn Göngu-Hrólf – Rolf der Geher. Die Geschichte kennt ihn besser als Rollo, den Gründer des Fürstentums Normandie.

Gemäß der isländischen historischen Überlieferung war er der Sohn des Jarls Rögnvald von Møre und der Bruder von Jarl Torf-Einar, einer der ersten Orkney-Jarle. Seine Karriere begann als Wiking in der Ostsee; einmal raubte er Vieh am Oslofjord in Norwegen und wurde von dem erzürnten König Harald Schönhaar für friedlos erklärt, auch wenn Hrólf der Sohn desjenigen Mannes war, der dem König seinen legendären Haarschnitt verpasst hatte.

Göngu-Hrólf begab sich ins Exil auf den Hebriden und befuhr die bekannten Wikingerrouten auf seinen Raubzügen beiderseits des Ärmelkanals. Über seine Wege wissen wir wenig, es ist aber nicht unwahrscheinlich, dass er zu dem »Großen Heidenheer« gehörte, das vom Kontinent aus zwischen 892 und 896 England heimsuchte, nur um mit leeren Händen wieder nach Frankreich zurückzukehren. Dieses Heer, oder die Reste davon, zog die Seine aufwärts. Diese Region hatte schon seit Jahren unter Wikingerüberfällen zu leiden, große Teile der Normandie sowie Rouen und andere Städte waren in ihre Hände gefallen.

Von Rollos Aktivitäten in Frankreich wissen wir nichts bis zum Jahre 911, als er eindeutig als Anführer einer Truppe auftrat, die Chartres belagerte. Bei dieser Gelegenheit erlitten die Wikinger jedoch eine schwere Niederlage und zogen sich zurück. König Karl III. von Frankreich erkannte die Chance einer diplomatischen Initiative, mit den Marodeuren nach ihrem Rückzug zu einer Übereinkunft zu kommen, und rief Rollo zu sich. Sie trafen sich in einer Kapelle in dem kleinen Ort St. Clair-sur-Epte, gelegen an einem Nebenflüsschen der Seine zwischen Paris und Rouen. Zu dieser Zeit markierte der Ort die Ostgrenze des wikingischen Einflussgebietes in der Normandie.

Bei ihrem Treffen im Jahre 911 erklärte sich Karl III. bereit, den Wikingerinvasoren das Land zu übertragen, das sie bereits besetzt hielten. Ein großer Landverlust war diese Übertragung also nicht, aber er war schlau genug, den Wikingern das Besiedlungsrecht zu gewähren und damit zu erreichen, dass diese Siedler ihr Gebiet gegen alle zukünftigen Invasoren verteidigen würden. Im Gegenzug legten sie Karl gegenüber einen Vasalleneid ab und akzeptierten ihn als ihren König.

Eine Glasmalerei in der Kirche zu St. Clair-sur-Epte zeigt die fromme Szene mit Rollo auf seinen Knien vor König Karl. In der Legende aber bewies Rollo weit weniger Respekt vor dem König: Als er den Fuß des Königs küssen sollte, beugte er sich hinunter, ergriff den Fuß, richtete sich in seiner ganzen Größe auf und zog den Königsfuß hinauf zu seinen Lippen. Natürlich fiel der König flach auf seinen Rücken, sehr zur Erheiterung der anwesenden Wikinger, die es immer schön fanden, auf der überlegenen Seite zu stehen: Und so wurde das Fürstentum Normandie geboren, das Land der Nordmannen.

Es ist der klassische Fall, wie man Stürmer zu Torhütern macht, und so etwas ist nicht zum ersten Mal passiert. Brechts zu bürgerlicher Wohlanständigkeit bekehrter Ganove Mackie Messer hat dieses uralte Prinzip souverän auf den Punkt gebracht: »Was ist der Einbruch in eine Bank gegen die Gründung einer Bank?« Die Übertragung von Städten und Territorien, die eigentlich bereits verloren waren, praktizierte man seit den frühesten Wikingereinfällen. Bereits Ludwig der Fromme verlieh dem Dänenkönig Harald Klak die Grafschaft Rüstringen in Ostfriesland, auf dass er mit seinen schlagkräftigen Gefolgsleuten die reichen Gebiete an Weser-, Ems- und Rheinmündung vor anderen Wikingern schütze; Klaks kurzlebige skandinavische Herrschaft lebt wohl in der Gestalt Hôrants von Dänemark aus der Kudrunsage fort. In der zweiten Hälfte des 9. Jahrhunderts hatten Franken und Engländer gelernt, wie man mit Wikingern nach überstandener erster Attacke umzugehen hatte. In Frankreich wurden zur Sperrung der Flüsse befestigte Brücken gebaut, in England baute König Alfred der Große befestigte *burhs* und legte Garnisonen hinein. Bemerkenswert ist, dass die Angelsächsische Chronik, die normalerweise Ereignisse außerhalb Wessex' nur am Rande berührt, sorgfältig die Aktionen der Wikingerheere jenseits des Kanals verzeichnet, wohl in der Befürchtung, sie könnten sich auch gegen England wenden. Dieser Informationsaustausch hat wohl auch zu einem Austausch von Ideen geführt.

Im Vertrag von St. Clair-sur-Epte legte König Karl Wert darauf, dass die einstigen Wikinger Garnisonen in den Städten Rouen, Lisieux, Évreux und im Land zwischen der Bresle und der Epte unterhielten. Auch stellte er sicher, dass die heidnischen Invasoren das Christentum annahmen. Diese Bestimmung scheint Rollo nicht weiter gestört zu haben, denn er scheint die »Bekehrung« ernst genommen zu haben. Er entsagte seinem alten Heidentum genauso entschieden, wie er es früher praktiziert hatte.

Ohne Zweifel glaubten die französischen Könige, sie könnten die Normandie zurückbekommen, wann immer sie es wünschten – hierin aber unterschätzten sie die neuen Normannen. Rollo scheint erkannt zu haben, dass die Stärke des älteren fränkischen Systems in einem unterschiedlichen Konzept von Königtum und Autorität lag. Während die Wikinger ein loses »demokratisches«, eher oligarchisches System favorisierten, in dem die Autorität des Königs auf der freiwillig gewährten Unterstützung seiner Leute basierte, definierten die Franken königliche Autorität von der Spitze der Gesellschaft her. Alles Land, alles Recht, alle Loyalität gehörten dem Herrscher. Dieses frühe Konzept des Feudalismus übernahm Rollo und setzte es in die Tat um. Seine

Nachfolger steigerten es zum klassischen Feudalsystem normannischer Prägung, ein unbezahlbares Instrument in den Händen der normannischen Herzöge, die während der nächsten anderthalb Jahrhunderte in harte Auseinandersetzungen mit Rivalen aus dem Herzogtum selbst verwickelt wurden und sich auch vieler Übergriffe von außen erwehren mussten. Die Normandie behauptete sich, und Rollos Dynastie überlebte. Nach der Mitte des 11. Jahrhunderts war sie stark genug, eine gewaltige Invasion in Angriff zu nehmen: die normannische Eroberung Englands unter Herzog Wilhelm.

Harald der Harte, der Blitzstrahl aus dem Norden

Der zweite Protagonist des Szenarios, König Harald Sigurdsson von Norwegen, war der letzte der großen Wikinger-Seekönige, »der Blitzstrahl aus dem Norden«, wie ihn Adam von Bremen nannte. Die isländischen Historiografen tauften ihn *harðráði*, »der hart Herrschende«, Harald der Harte (oder der Strenge). In Snorris *Heimskringla* hat er eine eigene Saga, die *Haralds saga Sigurðarsonar* (die »Saga von Harald Sigurdsson«):

König Harald übertraf alle Leute an Klugheit und kundigem Rat. Er war waffentüchtiger als irgendeiner; stets war er siegreich. Er war grausam gegen seine Feinde, und jeden Widerstand bestrafte er unerbittlich. König Harald war äußerst begierig nach Macht und nach jeder Art von Gewinn. Er war sehr freigebig gegen seine Freunde, die seine Gunst besaßen.

König Harald war ein schöner und stattlicher Mann, mit gelblichem Haar und gelblichem Bart. Sein Schnurrbart war lang, die eine Braue höher denn die andere. Er hatte lange Hände und Füße. Fünf Ellen maß seine Gestalt. HARALDS SAGA, KAP. 99

Harald war der Halbbruder des später kanonisierten Olaf Haraldsson, des Schutzheiligen Norwegens, der von 1014 bis 1030 regierte. Sie hatten dieselbe Mutter, Königin Ásta, und Harald wurde geboren, als sich Olaf seinen Weg zum Thron freikämpfte.

Olaf der Heilige, der Bekehrer Norwegens

Olaf Haraldsson, auch Olaf der Dicke genannt, betätigte sich seit seinem zwölften Lebensjahr als Wiking; er war auf Wikingfahrt in der Ostsee und überall in Nordeuropa. Er kämpfte in England, wechselte wie jeder Söldner die Seiten, wenn es Bezahlung und Umstände nahe legten. Er stand auch in der Normandie in Diensten und nahm um das Jahr 1013 in Rouen das Christentum an.

Als er 1014 auf den Thron kam, war Norwegen nach der kurzen »Bekehrung« durch Olaf Tryggvason fünfzehn Jahre zuvor wieder ins Heidentum zurückgefallen. Ohne Zweifel in der vorteilhaften Gewissheit einer ihn stützenden institutionalisierten Staatskirche setzte er alles daran, Norwegen mit missionarischem Eifer und mit Gewalt wieder zum Christentum zurückzuführen. Er zog kreuz und quer durchs Land, insbesondere durch die widerspenstigen nördlichen Regionen um Trondheim, um das Heidentum auszumerzen, Kirchen zu bauen und heidnische Heiligtümer zu zerstören. Wer sich ihm beugte, wurde mit Taufe und königlicher Gunst belohnt, wer ihm Widerstand leistete, wurde auf der Stelle getötet, verstümmelt, geblendet. Andere vertrieb man von ihren Höfen, der Besitz fiel an den König, die Familien wurden als Geiseln genommen. Die meisten Leute unterwarfen sich den Schmeichelreden der neuen Religion. Norwegen entwickelte sich, wenn auch zögerlich, zu einem christlichen Land und erhielt so Anschluss an die allgemeinen politischen und kulturellen Verhältnisse in Europa.

Stabkirchen für den Gott der Christen

Die herrlichen norwegischen Stabkirchen (so genannt, weil ihre Wände aus aufrecht stehenden, einmal gespaltenen Stämmen bestehen) – einige von ihnen datieren ins erste Jahrhundert des norwegischen Christentums – sind eine faszinierende Verbindung christlicher und heidnischer Elemente. Die hoch ragende Stabkirche von Borgund kontrapunktiert auf ihren dicht geschlossenen Dachspitzen christliche Kreuze mit Furcht erregenden Drachenhäuptern, um auf diese doppelte Weise die alten Götter und den biblischen Satan fern zu halten. Die prächtige kleine Stabkirche von Urnes in Sogn ist namengebend

Die Stabkirche von Borglund (Norwegen), 12. Jh.

für einen ganzen Kunststil, dessen Merkmal in einem Geschling von dünnlinigen Fadenstrukturen und darin verwobenen, bis zum Äußersten verschlankten, grazilen Tierfiguren besteht, die sich wie in einem ewigen Kreislauf ineinander verbeißen. Zum großen Glück wurden einige geschnitzte Wandteile für die neue Kirche des 12. Jahrhunderts wiederverwendet. Eine der Paneelen zeigt ein zentrales Motiv der heidnisch-nordischen Mythologie – die Esche Yggdrasill, den Weltenbaum, der das Universum zusammenhält.

König Olaf führte eine neue Gesetzgebung ein und verschaffte Gerechtigkeit und Gesetzestreue neuen Respekt. Bei den Bauern war er beliebt, die zu oft unter ihren habgierigen Häuptlingen und Jarlen zu leiden hatten, und entsprechend unbeliebt war er bei den Mächtigen. Einer nach dem anderen begannen sich die Großen seines Reiches gegen ihn zu wenden, und gleichzeitig sah sich Olaf in die politischen Auseinandersetzungen zwischen den skandinavischen Ländern verwickelt. Um seine immer schwächer werdende Position in Norwegen zu stützen, heiratete er die Tochter des schwedischen Königs Olaf Schoßkönig und ging mit Schweden ein Bündnis ein.

In England muss König Knut diese Entwicklung mit Sorge beobachtet haben. Er hatte seinen Schwager, Jarl Ulf Sveinsson, als Regenten in Dänemark eingesetzt, der dort in seinem Namen die Regierungsgeschäfte übernahm, damit Knut seine Aufmerksamkeit auf England richten konnte. Heimlich nutzte Knut seinen englischen Reichtum, um die unzufriedenen Großen in Norwegen zu bestechen und zum Verrat anzustiften. Eine norwegisch-schwedische Allianz stellte ohne Zweifel eine Bedrohung für den Handel und die Stabilität eines anglo-skandinavischen Reiches dar, das er auf beiden Seiten der Nordsee errichtet hatte.

Als Olaf mit einer vereinigten norwegisch-schwedischen Flotte an der dänischen Küste zu heeren begann, fuhr Knut mit seiner Flotte über die Nordsee und besiegte die Invasoren in einer Seeschlacht vor der Küste des damals noch dänischen Schonen. Zwei Jahre später, 1028, erschien er mit einer großen Flotte vor der norwegischen Küste. In dieser Situation erkannte König Olaf, dass er plötzlich keine Freunde mehr unter den norwegischen Großen hatte. Während sich die Norweger unter Knuts Banner versammelten und ihn als Befreier von der Tyrannei feierten, floh Olaf ins russische Exil zu seinem Schwager Jaroslav dem Weisen, Fürst von Kiev. König Knut konnte nun zu seiner Zufriedenheit Norwegen seinem skandinavischen Reich einverleiben und setzte den norwegischen Jarl Hákon zu seinem Regenten in Norwegen ein.

Im folgenden Jahr starb Jarl Hákon, und Knut entschloss sich, seinen Sohn Svein auf den norwegischen Thron zu setzen. In seinem russischen Exil sah Olaf in diesen politischen Veränderungen eine Chance, sein Reich zurückzugewinnen. Anfang des Jahres 1030 brach er mit einer kleinen Truppe von 250 Mann auf, in Schweden stießen weitere 480 zu ihm, und mit dieser kleinen Streitmacht begab er sich von Schweden aus nach Nordnorwegen und erhoffte sich die Unterstützung der Bevölkerung. Nur wenige stellten sich auf seine Seite, sogar die von ihm einst rechtlich begünstigten Bauern wandten sich von ihm ab.

Nur einer ließ ihn nicht im Stich, sein fünfzehnjähriger Halbbruder Harald Sigurdsson, der seinen Part in der bevorstehenden Entscheidungsschlacht spielen wollte. Olaf war nicht damit einverstanden: »Ich denke, es ist besser, wenn mein Bruder nicht an der Schlacht teilnimmt, denn er ist noch ein Kind.« »Ich werde auf jeden Fall in der Schlacht dabei sein«, erwiderte Harald, »und wenn ich zu schwach bin, das Schwert zu halten, dann weiß ich, was zu tun ist – ich werde meine Hand an den Schwertgriff binden. Niemand ist begieriger, es diesen Bauern heimzuzahlen. Ich beabsichtige, bei meinen Gefährten zu bleiben.«

Die entscheidende Schlacht fand an einem Hochsommertag bei Stiklestad (*Stiklastaðir* in den Sagas), siebzig Kilometer nordöstlich von Trondheim, statt. Das traditionelle Datum ist der 29. Juli 1030; in den Sagas ist jedoch eine Sonnenfinsternis während der Schlacht erwähnt, und eine Sonnenfinsternis gab es am 31. August. Mündliche Tradition und Frömmigkeit mögen beide Ereignisse zusammengelegt haben, denn die spätere Heiligsprechung König Olafs dürfte den Glanz des Märtyrertums über alle Schlachtberichte verbreitet haben.

Das Ergebnis war vorauszusehen. Olafs Heer zählte weniger als 4000 Mann, und ihm gegenüber stand vielleicht das größte Heeresaufgebot, das sich jemals in Norwegen versammelt hatte. Das Kräfteverhältnis betrug vier zu eins. Die Schlacht war vorüber, ehe sie richtig begonnen hatte; nach den Quellen dauerte der Hauptkampf gerade einmal anderthalb Stunden. Olafs Kämpfer gingen mit dem Mut der Verzweiflung und mit dem Schlachtruf *Fram, fram, Kristsmenn, krossmenn, konungsmenn!* (»Vorwärts, vorwärts, Christusleute, Kreuzleute, Königsleute!«) vor, aber ihre Reihen brachen sofort zusammen, und sie wurden in die Flucht geschlagen. Der König focht mit wildem Mut, aber als sich der Tag neigte, lag er von drei furchtbaren Axthieben niedergestreckt tot am Boden. Um ihn herum kämpften die Männer seines Schildwalls bis zum letzten Mann.

Sein Halbbruder Harald Sigurdsson wurde schwer verwundet, konnte aber in die Wälder fliehen und wurde in einem abgelegenen Bauernhaus aufgenommen, bis seine Wunden geheilt waren.

Noch auf dem Schlachtfeld setzten die Wunder ein. Ein verwundeter Gefolgsmann wischte das Blut von Gesicht und Körper des toten Königs und sofort heilten seine eigenen Wunden. Ein Blinder wurde sehend, nachdem er sich zufällig seine Augen mit dem Wasser ausgerieben hatte, mit dem man den Leichnam des Königs gewaschen hatte. Die überlebenden Anhänger des Königs waren entschlossen, seinen Leichnam nicht in die Hände der Sieger fallen zu lassen, und diese wiederum waren entschlossen, ihn aus dem Wege zu räumen, damit er nicht zum Mittelpunkt eines Heiligenkults und einer politischen Sammlungsbewegung würde. Den Freunden gelang es, Olafs sterbliche Überreste nach Trondheim zu schmuggeln und den Siegern einen mit Steinen gefüllten Sarg zu präsentieren, den diese sofort und unbesehen im Meer versenkten.

Olafs Leichnam wurde an einem geheimen Ort am Ufer des Flusses Nid in Trondheim begraben, und was seine Feinde befürchtet hatten, trat nun ein: Es entstand ein Heiligenkult um den Leichnam des getöteten Königs.

Svein Knutssons Regierung war unsicher, nicht erfolgreich und kurz. Neben ihm auf dem Thron saß seine englische Mutter Ælfgifu (*Álfífa* in den Sagas) als Graue Eminenz. Nach den Sagas war Svein ein harscher und despotischer Herrscher, dessen Popularität sich nicht dadurch erhöhte, dass er ein Fremder war, ein Anglo-Däne, die Marionette eines dänischen Königs im fernen England. In einer verspäteten patriotischen Aufwallung blickten die Norweger nun sehnsuchtsvoll auf die Tage Olaf Haraldssons zurück. Als immer mehr Wundergeschichten im Zusammenhang mit dem toten König zirkulierten, begann unter Führung seines alten Freundes und geistlichen Mentors Bischof Grimkel eine Kampagne zur Kanonisierung des Königs. Sie erfuhr zunehmende Unterstützung durch die Großen des Landes, die inwischen bereuten, einem machtgierigen Fremden auf den norwegischen Thron verholfen zu haben: Hatten sie einen guten norwegischen König getötet, nur damit ihnen ein schlechter dänischer aufgehalst wird?

Und so suchte Bischof Grimkel – kaum ein Jahr nach Olafs Tod – König Svein um die Erlaubnis der Exhumierung Olafs an, und überraschenderweise wurde die Erlaubnis gewährt. Der Sarg wurde feierlich ausgegraben, und als man ihn öffnete, zeigte der Körper alle Anzeichen der Heiligkeit – er war vollständig erhalten, frisch und wohl riechend und von gesunder Farbe, seine Haare, sein Bart und seine Nägel waren weitergewachsen, als habe er die ganze Zeit gelebt. Königin Ælfgifu erkannte die Zeichen der Gefahr. Als man ihr die abgeschnittenen nachgewachsenen Haare Olafs zeigte, wollte sie dies erst als Zeichen der Heiligkeit akzeptieren, wenn die Haare nicht vom Feuer verzehrt würden. Bischof Grimkel segnete die Flamme, und siehe, das Haar verbrannte nicht. Ælfgifu protestierte: Das Feuer hätte nicht gesegnet werden dürfen und verlangte eine weitere Demonstration mit ungesegnetem Feuer, aber die Jarle erkannten, woher der Wind wehte, und protestierten.

Olafs Heiligkeit erschien nun über jeden Zweifel erhaben: Innerhalb eines kurzen Jahres hatte sich der Wikingerkönig zu einem christlichen Heiligen verwandelt. Seinen Leichnam überführte man in die von Olaf selbst gegründete St. Clemenskirche in Trondheim, und im Jahre 1032 setzten die Wallfahrten ein. Olafs Popularität als Landesheiliger war unmittelbar und überwältigend.

Ælfgifus Ahnungen erwiesen sich als nur zu richtig, denn jetzt waren König Sveins Tage gezählt: 1035 wurde er von einer nationalnorwegischen Partei vertrieben, und Nachfolger wurde Olafs zwölfjähriger Sohn Magnus Olafsson (Magnus der Gute), der bei Jaroslav in Kiev zurückgeblieben war. Das illegitime und nach Karl dem Großen, Carolus Magnus, benannte Kind wurde von Russland nach Norwegen gebracht, und mit ihm kam die Ynglingen-Dynastie wieder auf den Thron Norwegens.

Harald als Waräger in Kiev und Byzanz

Nun aber zurück zu Harald Sigurdsson, der sich nach der Schlacht von Stiklestad im Hause eines Bauern verborgen hielt, bis seine Wunden verheilt waren. Kaum genesen, begab er sich auf verschlungenen Wegen ins freundlich gesinnte Schweden und ging von da aus sozusagen auf »grand tour«: Zunächst zog er nach Kiev und fand politisches Asyl bei dem stets gastfreundlichen Jaroslav.

Jaroslav der Weise, Fürst von Novgorod und Kiev, war einer der größten Herrscher des 11. Jahrhunderts und zeichnete sich in seiner dreißigjährigen Regierungszeit als Mäzen von Bildung und Literatur in Russland aus. Als kluger und energischer Staatsmann pflegte er die traditionellen Beziehungen zu Skandinavien und den »Warägern«. Er hatte eine Tochter des Schwedenkönigs geheiratet, und seine Kontakte zu den Wikingerreichen im Westen waren offenkundig eng und wohl berechnet.

In Kiev nahm er den jungen Harald als seinen Ziehsohn auf. Am Hofe Jaroslavs traf er auch Magnus Olafsson, den norwegischen Thronerben – zwei zukünftige Herrscher von Norwegen, die das Königshandwerk am russischen Hof erlernten. Harald blieb drei Jahre lang bei Jaroslav, wurde in die Kriegskunst eingewiesen und nahm als Offizier an verschiedenen Kriegsunternehmen teil. Jaroslav muss bei ihm die Härte und den Ehrgeiz entdeckt haben, die ihm später den Beinamen »der Harte« einbrachten, und versprach ihm eine seiner Töchter, Elisabeth, zur Frau. Aber zunächst sandte er ihn zur Vervollkommnung seiner Erziehung mit einer Abteilung von 500 ausgesuchten Männern nach Konstantinopel zur Elitetruppe des byzantinischen Kaisers, der gefürchteten und berühmten Warägergarde:

> Vorwärts Steven, schwarze,
> Stieß urkale Brise:
> Segel schmuck lüftend liefen
> Längstrands die gepanzert.
> Griechenlands König konnte
> Kiel schau'n, glanzumspielte.
> Da schwamm manch brust-schimmernd
> Schiff hin nah Burgs Zinnen.
> HARALDS SAGA, KAP. 2, ÜBERSETZT V. FELIX NIEDNER

Die Warägergarde war die glänzendste Einheit des byzantinischen Heeres, eine Art wikingische Fremdenlegion. In der isländischen Überlieferung wurde ihr Glanz gewiss übertrieben, denn die Sagaautoren waren unendlich stolz auf jeden jungen Isländer oder Skandinavier, der in dieser ruhmreichen Truppe diente. Dennoch galt sie allgemein als ein Eliteregiment, für das nur die Besten ausgewählt wurden.

Während des gesamten 10. Jahrhunderts hatten schwedische Wikinger in Diensten des byzantinischen Kaisers in Konstantinopel gestanden. Ihre Bezeichnung »Waräger« (*Væringjar*) scheint von dem altnordischen Wort *vár* in der Bedeutung »Gelöbnis, feste Zusage, Verpflichtung« abgeleitet zu sein: Es waren Männer, die sich im Rahmen einer gegenseitigen Verpflichtung beizustehen und in Loyalität zu unterstützen hatten; es waren Genossen, *comitatus*. Ende des 10. Jahrhunderts machte der byzantinische Kaiser aus diesen Söldnern eine Hof- und Leibgarde. Bis 1066 waren ihre Mitglieder ausschließlich Skandinavier, nach der normannischen Eroberung Englands erhielt sie Zuzug auch von Angelsachsen und Dänen, die sich der normannischen Herrschaft entziehen wollten. Zu dieser Zeit aber hatte die Warägergarde, wie die Wikingerzeit überhaupt, ihren Zenit überschritten und hörte nach der Einnahme Konstantinopels durch die Kreuzfahrer im Jahre 1204 auf zu existieren.

Als Waräger in Konstantinopel erlangte Harald Sigurdsson seinen letzten Schliff als wikingischer Heerführer und legte damit die Grundlage für seinen Kampf um die norwegische Krone.

Zehn Jahre etwa verbrachte er in der kaiserlichen Armee, meist inkognito, und diente unter drei Kaisern. Er beteiligte sich an zahlreichen Feldzügen im östlichen Mittelmeerraum und kämpfte erfolgreich gegen die Araber an den Ufern des Euphrat, gegen Normannen und Muslime auf Sizilien, gegen Bulgaren bei Thessalonike und könnte auch Jerusalem als Hauptmann einer Eskorte für Pilger oder Handwerker besucht haben, deren Ziel die Grabeskirche war. Mit seiner Karriere ging es gut voran, und er erreichte nach Kekaumenos (um 1080) Kommandeursrang unter dem Titel *spatharokandidates*, die dritte Hierarchie-Ebene am Kaiserhof.

Auch wenn Snorrris Bericht über Haralds militärische Laufbahn bunt ausgeschmückt sein mag, so gibt es doch eine unabhängige und zeitgenössische Bestätigung in dem griechischen Werk *Ratschläge an einen Kaiser*, geschrieben von einem Mann, der angibt, 1040–1041 mit Harald in Bulgarien gekämpft zu haben. Es ist eine trockene und kurze, aber gut informierte Schilderung und eine höchst wichtige historische Quelle, die jedoch nicht über die Lebhaftigkeit des Erzählstils und die Charakterisierungen bei Snorri verfügt – seine Ruhmsucht, seine Findigkeit, seine Schlauheit, seine Habgier, sein Egoismus und seine Fähigkeit zum falschen Spiel.

Gewiss hat er sich auch an Hofintrigen beteiligt. Als der grausame und unbeliebte Kaiser Michael V. abgesetzt und von dem rasenden Mob aus einer Kirche gezerrt wurde, war Harald Kommandant der Warägerabteilung, der die Aufgabe zufiel, den Kaiser zu blenden; nach den Sagas soll ihm Harald eigenhändig die Augen ausgestochen haben. Insgesamt aber scheint er Distanz gewahrt zu haben und war wohl sorgfältig darauf bedacht, seine eigene Gefolgschaftstruppe zusammenzuhalten und sie zu befehligen. Und immer sein Hauptziel vor Augen, die Herrschaft über Norwegen zu gewinnen, hortete er seine immense Beute bei Jaroslav in Kiev: »Auf diese Weise«, schreibt Snorri, »häufte Harald gewaltigen Reichtum an.«

Als für ihn die Zeit gekommen schien, Konstantinopel zu verlassen, um seine Aufgabe in Norwegen zu erfüllen, musste er sich wohl regelrecht davonstehlen, auch wenn unterschiedliche Versionen darüber vorliegen. Nach Snorri begann Kaiserin Zoe (sicher zu Recht) Verdacht zu schöpfen, Harald habe sich einen Teil des kaiserlichen Beuteanteils unberechtigt angeeignet. Nach der griechischen Quelle soll ihm Kaiser Konstantin Monomachos (1042–1045), Zoes vierter Ehemann, bei seiner Bitte um Urlaub »Hindernisse« in den Weg gelegt haben, und auch nach dieser Darstellung musste er sich heimlich davonmachen. Eines dieser Hindernisse war eine quer über den Bosporus gespannte Eisenkette. Harald löste das Problem, indem er im wahrsten Sinne des Wortes das Langschiff über die Kette schaukelte: Er belastete das Achterschiff mit der gesamten Schiffsausrüstung und seiner Mannschaft und ließ mit aller Kraft das Schiff auf die Kette rudern; als das Schiff auf der Kette zum Stillstand kam, rannten alle nach vorne und so kippte das Schiff auf die andere Seite. Bei seinem zweiten Schiff brach bei diesem Manöver der Rumpf und zahlreiche Männer kamen zu Tode.

Nachdem er das sichere Schwarze Meer erreicht hatte, eilte er nach Kiev zu Jaroslav und forderte von ihm die Hand seiner Tochter Elisabeth und seine gesammelte Beute, dann ging es weiter nach Norwegen, und dort forderte er von seinem Neffen Magnus zumindest einen Anteil an der Macht – wenn nötig mit Gewalt.

Machtwechsel im Norden

Wieder einmal boten politische Umwälzungen in Skandinavien die Gelegenheit zur Ergreifung der Macht. Der große König Knut, Herrscher über England und Dänemark und kurzfristig auch über Norwegen, war Ende 1035 gestorben, ebenso sein Sohn, der vom Thron verjagte König Svein Knutsson von Norwegen. Ein anderer seiner Söhne, Hardeknut, legitimer Erbe der dänischen Krone, erbte nun auch die englische Herrschaft, wagte aber nicht, Dänemark zu verlassen, weil er einen norwegischen Angriff fürchtete. In der Zwischenzeit war Knuts illegitimer Sohn mit Ælfgifu, Harald Hasenfuß, zum Regenten von England erklärt worden und usurpierte 1037 den Thron. Angestachelt von der Niedertracht seines Halbbruders schloss Hardeknut einen Friedensvertrag mit Magnus von Norwegen, der ihm für eine Strafexpedition nach England den Rücken frei machte.

Als er 1040 in England ankam, war Harald Hasenfuß gestorben, und Hardeknut bestieg den Thron. Zwei Jahre später war auch er tot: So waren im Jahre 1042 der dänische wie auch der englische Thron verwaist. Die Engländer wählten sogleich einen englischen Herrscher: Eduard, den Sohn Æthelreds, dessen Witwe Emma König Knut aus rein politischen Erwägungen geheiratet hatte. Eduard war damit der Stiefbruder Hardeknuts. Er ist besser bekannt unter dem Namen Eduard der Bekenner.

Die Thronfolge in Dänemark war bereits mit dem Friedensvertrag zwischen Hardeknut und Magnus dem Guten entschieden: Jeder hatte sich verpflichtet, des anderen Nachfolge anzutreten, wenn kein männlicher Erbe vorhanden wäre. Es gab nur einen legitimen Thronkandidaten: Svein Ulfsson, Sohn des früheren Regenten Ulf und Knuts Schwester Estrid (Ástríð). Als Knuts Neffe war er der eigentliche Geblütserbe Dänemarks, aber Magnus der Gute ließ ihm keine Zeit, seinen Anspruch in die Tat umzusetzen. Mit einer großen Flotte fiel er von Norwegen aus über Dänemark her und riss es an sich, dann ernannte er großmütig Svein Ulfsson zum Regenten, jedoch nicht für lange: Als Svein Bestrebungen zeigte, selbst nach der Krone zu greifen, erschien Magnus erneut mit seiner Flotte und trieb Svein ins Exil.

So sah die wirre und verschlungene dynastische Situation in Skandinavien aus, als Harald der Harte im Jahre 1045 von Konstantinopel kommend auf dem skandinavischen Schauplatz erschien. Da sein Neffe Magnus nun über zwei Königreiche herrschte, erschien es ihm angemessen, zumindest seinen Anteil in einem der Reiche zu fordern. Als offene Einleitung verbündete er sich mit dem exilierten Svein Ulfsson und hauste in Seeland, allein, um Magnus auf seine Ansprüche aufmerksam zu machen. Magnus willigte ein, Harald die Hälfte Norwegens gegen die Hälfte des Warägergoldes zu überlassen, während er weiterhin die Herrschaft in Dänemark ausüben wollte. Zwei schwierige Jahre lang herrschten sie gemeinsam über Norwegen, bis Magnus' Tod im Jahre 1047 die Situation von selbst bereinigte. Sofort erschien Svein Ulfsson in Dänemark, wo man ihm als neuem König huldigte.

Als norwegischer Alleinkönig lenkte Harald nun seine rachsüchtige Aufmerksamkeit auf Dänemark. In den nächsten zwei Jahrzehnten führte er einen verlustreichen, erbitterten und letztlich vergeblichen Zermürbungskrieg gegen seinen Erzfeind Svein Ulfsson. Immer wieder fiel er über Dänemark her und verwüstete weite Teile des Landes. König Svein erlitt Niederlagen, und trotz aller Unbilden weigerten sich die Dänen hartnäckig, in eine aufgezwungene Union der beiden Länder unter Oberherrschaft der norwegischen Krone einzuwilligen. Ihre Loyalität gegenüber König Svein stand niemals in Frage.

Der einzige Vorteil dieser zerstörerischen Jahre liegt in zwei herausragenden Hinterlassenschaften für die Nachwelt. Vom Kattegat aus schneidet ein Fjord tief in die dänische Insel Seeland, und an seinem Ende liegt die alte Hauptstadt des mittelalterlichen Dänemark: Roskilde. Die Wasser des Fjords sind stellenweise recht seicht, und der Roskildefjord war deshalb immer ein schwieriger Schifffahrtsweg. Aus diesem Grunde auch wurde Kopenhagen mit seinen besseren Hafenbedingungen gegründet. An der flachsten Stelle des Fjords bei Skuldelev nun war die Fahrrinne seit früher Zeit blockiert und jahrhundertelang unpassierbar.

Nachdem man dort Holzteile von Wikingerschiffen gefunden

hatte, wurde 1962 die Stelle mit Hilfe eines Senkkastens trockengelegt, und zu Tage trat ein regelrechter wikingerzeitlicher Schiffsfriedhof von fünf Fahrzeugen, die man absichtlich im Fjord zu Blockadezwecken versenkt hatte. Die Fundstelle enthielt ein Langschiff, ein leichtes Kriegsschiff, ein Fährboot, ein kleines Handelsschiff sowie »Skuldelev I«, eine hochseetaugliche *knörr* (vgl. Kapitel 7). Die Schiffe wurden Stück für Stück geborgen, konserviert und wieder in ihre originale Lage gebracht (mit Ausnahme des nur äußerst fragmentarisch erhaltenen Langschiffes) und sind heute im Wikingerschiffsmuseum zu Roskilde zu besichtigen. Der Leiter der Ausgrabungen, Ole Crumlin-Pedersen, und sein Wissenschaftlerteam kamen zu dem Schluss, dass man die Schiffe wohl in der Periode 1040–1050 versenkt hatte, und es kann mit Recht angenommen werden, dass sich die Blockade gegen die Einfälle Haralds des Harten gerichtet hatten. Sie muss recht wirksam gewesen sein, denn Roskilde wurde niemals zerstört.

Sturm auf Haithabu

Ole Crumlin-Pedersen hatte später erneut Gelegenheit, sich mit Haralds Angriffen auf Dänemark zu befassen. 1049 führte Harald einen Überraschungsangriff auf Haithabu/Hedeby und brannte den Ort nieder:

> Von einem End' zum andern,
> Ausbrannt' Hed'by grause
> Wut des Streiters. Stattlich
> Schein' die Großtat, mein ich.
> Arg Svend sollt' sich ärgern.
> Ich fasst' vor dem Zwielicht
> Fuß schon auf der Feste:
> Flamm', hoh', vom Dach lohte.

HARALDS SAGA, KAP. 34; ÜBERSETZT V. FELIX NIEDNER

Die Zerstörung Haithabus war ein sinnloser Racheakt eines von Ehrgeiz und Wut zerfressenen Königs, der den wichtigsten Handelsort seines künftigen Königreichs vernichtete. Haithabu jedenfalls erholte sich noch einmal, und König Svein behielt seinen unsicheren Thron.

Zu dieser Zeit jedoch war Haithabu, langfristig gesehen, bereits im Niedergang begriffen, weil sich die Rahmenbedingungen des europäischen Handels geändert hatten. Der klassische wikingerzeitliche Handel mit exotischen Luxusgütern wie Fellen, Elfenbein, Schmuck und Juwelen, Waffen, Bernstein, Sklaven wurde vom zunehmenden Handel mit Massengütern wie Steinen, Bauholz, Lebensmitteln (Trockenfisch) und Textilien abgelöst. Dazu brauchte man größere Schiffe und tiefere Häfen; das Zeitalter der Hanse mit seinen anderen Handelsbräuchen und -techniken kündigte sich allmählich an.

Spektakuläre Ausgrabungen im Hafenareal von Haithabu ergaben Hinweise auf den Todeskampf der Stadt. 1953 stieß man auf eine Palisadenbefestigung im alten Hafen sowie, drei Meter unter der Wasseroberfläche und vierzig Meter vom Ufer entfernt, auf die Überreste eines Wikinger-Kriegsschiffes unweit der Einfahrt durch die Palisade. Alles deutete darauf hin, dass das Schiff bis zur Wasserlinie heruntergebrannt war, bevor es sank.

1979 wurde das Schiff mit Hilfe der Senkkastentechnik gehoben. Nur ein Drittel des schlanken, nur zweieinhalb Meter breiten Schiffskörpers war erhalten. Die Datierung legte nahe, dass man dieses Schiff bei dem Überfall Haralds im Jahre 1049 brennend gegen die Palisadenbefestigen hatte auflaufen lassen.

Noch weitere fünfzehn Jahre gingen die Verwüstungen weiter, bis wohl auch der »Blitzstrahl aus dem Norden« des Spiels müde wurde. Bei einem Friedenstreffen 1064 vereinbarten Harald und Svein, dass die alten Grenzen dort liegen sollten, wo sie schon immer gelegen hatten. Kriegsreparationen sollten nicht gezahlt werden, Harald sollte Norwegen, Svein Dänemark behalten. Der Mann, der die Schlachten verloren hatte, hatte den Krieg gewonnen, und Svein sollte Harald noch acht Jahre überleben.

Poker um England: Wilhelm der Bastard
Harald war fast fünfzig Jahre alt, als Eduard der Bekenner, König von England, im Januar 1066 starb. Haralds Wikingergeist erwachte von neuem: Hier galt es, eine neue Krone zu gewinnen, genauer gesagt seine eigene auf Grund des alten Vertrages zwischen seinem Neffen

Magnus dem Guten und König Hardeknut von Dänemark und England, denn jeder hatte den anderen als Thronerben nominiert. Magnus war viel zu sehr mit inneren Angelegenheiten beschäftigt, um seinen Thronanspruch für England zur Zeit der Thronbesteigung Eduards anzumelden, und Harald war mit Dänemark beschäftigt gewesen. Jetzt aber zeigt sich Harald bereit für das Unternehmen England.

Harald der Harte dürfte gewusst haben, dass es da noch einen anderen und wohl gleich starken Thronprätendenten gab: Herzog Wilhelm von der Normandie, der direkte Nachfahre des wikingischen Gründervaters der normannischen Dynastie, Rollo. Genauso wie Harald hatte Wilhelm die meiste Zeit seines Lebens mit Schlachten und Kriegen zugebracht. Er war der illegitime Sohn Herzog Roberts I. (Robert der Teufel) mit Herleve (auch Arletta), einer Nichtadligen, die angeblich Tochter eines Gerbers war. Seine in der Wortwahl recht unbekümmerten Zeitgenossen nannten ihn »Guillaume le Bâtard«, Wilhelm den Bastard.

Er wurde in der kleinen Stadt Falaise geboren und wuchs dort auf. Als sein Vater starb, war er erst sieben Jahre alt und erbte das Herzogtum im Jahre 1035. Seine Minderjährigkeit war ein Albtraum von Gefahr und Verrat; rivalisierende Verwandte versuchten, die Herzogsmacht an sich zu reißen. Das war an sich nichts Ungewöhnliches, denn mehrere Generationen lang hatten die normannischen Herzöge alle Hände voll zu tun, ihre rebellischen Barone in Schach zu halten und Angriffe von außen abzuwehren. Schrittweise hatte der alte wikingische Überlebensgeist feudale Herrschaftsformen mobilisiert und weiterentwickelt, die geeignet waren, die Macht des obersten Feudalherren zu stärken. Die Nachfahren der Nordleute hatten die Realitäten der Machtpolitik erlernt – wie man zentralisiert, wie man Lehen zum Nutzen des Herzogs und seiner herzoglichen Gewalt organisiert.

Wilhelm überlebte alle Intrigen. Auch als er volljährig wurde, sah er sich zwischen 1047 und 1054 mit beständigen Fehden und Revolten konfrontiert, bevor er seine Machtstellung in der Normandie unangefochten etablieren konnte. Mit dreißig Jahren war er zu einem fähigen Kriegsmann und Fürsten gereift. Auch hatte er ein flinkes politisches Auge für den rechten Augenblick entwickelt, und die große Chance, für die er sich entschied, war England. Er war sorgfältig um gute Beziehungen zu Eduard dem Bekenner bemüht, der ja fünfundzwanzig Jahre seines Jugendlebens als Exilant in der Normandie verbracht hatte, bevor man ihn 1042 auf den englischen Thron berief. Eduard hat niemals seine tiefe Zuneigung zu allem Normannischen verloren, und später sollte Wilhelm behaupten, Eduard habe ihm den Thron Englands versprochen, ihn bei seinem Besuch in England 1051 zu seinem Erben ernannt.

Die mächtigste und ehrgeizigste Familie außerhalb der Königsdynastie war die des Königsmachers Earl Godwin von Wessex und seiner fünf Söhne. Es war eine Familie von Parvenüs: Godwins Vater war ein ungebundener dänischer Wiking, der in der Zeit König Æthelreds nach England gekommen war und sich in Sussex niedergelassen hatte. Schon nach einer Generation kontrollierte Godwin ganz Südengland; sein Earltum erstreckte sich von Cornwall bis Kent, und obendrein war der König sein Schwiegersohn. Er hatte Eduard dem Bekenner 1042 zum Thron verholfen, aber stets bestanden Spannungen zwischen ihnen. Vielleicht war Eduard neidisch auf die Macht Godwins, und zweifellos war Godwin über Eduards Bevorzugung seiner normannischen Freunde verärgert. Jedenfalls brachen die Spannungen im Jahre 1051 in offene Feindschaft aus, als Eduard Godwin befahl, die Bewohner von Dover zu bestrafen, weil sie eine Gruppe normannischer Höflinge auf ihrem Heimweg in die Normandie überfallen hatten. Godwin lehnte ab, denn schließlich lag Dover in seinem Earltum. Von anderen, Godwin feindlich gesinnten Earls unterstützt, fühlte sich Eduard stark genug, Godwin und seine Söhne wegen Ungehorsams ins Exil zu schicken.

Innerhalb eines Jahres waren Godwin und seine Söhne wieder nach England zurückgekehrt – mit genügend Macht, um Eduard zu zwingen, sie erneut in ihre Positionen einzusetzen und seinen Hof von normannischen Elementen zu säubern.

Kurz darauf starb Godwin, und sein Sohn Harald Godwinson folgte ihm als Earl und mächtigster Mann Englands. Er stellte seine militärischen Fähigkeiten bei der Niederschlagung von Aufständen in Wales unter Beweis und setzte seinen Bruder Tostig im vakanten Earldom Northumbria ein. In den letzten zehn Herrschaftsjahren des kinderlosen Eduard war Harald der eigentliche Herrscher über England.

Um 1064 soll ein weiterer Besuch über den Kanal stattgefunden haben, diesmal von der entgegengesetzten Seite. Aus bis heute unbekannten Gründen scheint sich Godwin in die Normandie begeben zu haben, entweder auf Geheiß des Königs oder weil er im Sturm zufällig an die normannische Küste getrieben wurde oder wegen einer eigenen, privaten Mission. Nach den normannischen Quellen war er von König Eduard gesandt worden, der seine fortgeschrittenen Jahre spürte – er war jetzt in den Sechzigern –, und Wilhelms Nominierung als sein Erbe bestätigen wollte. Wilhelm trat gegenüber Harald wie ein Feudalherr auf, nahm ihn mit auf einen Feldzug in die Bretagne, gürtete ihn zum Ritter und nahm seinen Treueid entgegen. Zeitgenössische englische Chronisten wissen nichts von diesem angeblichen Besuch, wohl aber ein unschätzbares Zeitdokument: der Bildteppich von Bayeux.

Der Bildteppich von Bayeux

Dieser Wandbehang gehört sicher zu den bemerkenswertesten historischen Dokumenten überhaupt. Er ist kein Webteppich (Tapisserie), sondern eine Stickarbeit (Broderie), ein unendlich langer Streifen bestickten Leinentuches von 40 Metern Länge und 50 Zentimetern Höhe. Er war von Herzog Wilhelms Halbbruder, Bischof Odo von Bayeux, bald nach 1066 in Auftrag gegeben worden, um den Sieg des Eroberers zu feiern. Hergestellt wurde der Teppich von Bayeux wohl in der berühmten Nadelarbeitsschule zu Canterbury. Es ist nicht bekannt, für welchen Anlass er gedacht war, ob für Wilhelms Krönung oder für die Weihe von Bischof Odos neuer Kathedrale in Bayeux im Jahre 1077 oder für irgendeine unbekannte Burg. Jedenfalls ist er ein prächtiges Politcartoon, ein Meisterstück normannischer Propaganda und ein großartiges Kunstwerk: eine epische Chanson de Geste in grafischer Form. Er wird jetzt in einem eigenen Museum im alten bischöflichen Palais von Bayeux aufbewahrt.

Der Wandteppich erzählt in Bildern – und aus normannischer Perspektive – die Abfolge der Ereignisse, die zur Invasion Englands durch Herzog Wilhelm und zum Sieg in der Schlacht bei Hastings geführt haben. So stark ausgeprägt ist die normannische Tendenz, dass ihn

Harald leistet Herzog Wilhelm von Normandie den Lehnseid. Szene des Bildteppichs von Bayeux, um 1070/80.

englische Historiker nicht als historisch »solide« ansehen. Er ist aber in jedem Fall die spektakulärste Informationsquelle für die Technologie, die Kleidung, die Schiffe, die militärischen Methoden der Zeit.

Die Darstellung beginnt damit, wie »Edwardus Rex« zwei aufmerksamen Gefolgsleuten Instruktionen erteilt, dann sieht man, wie Harald zu seinem Schiff nach Bosham reitet. Das Schiff landet auf dem Territorium von Wilhelms Vasall, dem tückischen Grafen von Ponthieu, der Harald ergreift und gefangen setzt. Wilhelm entsendet Boten zu Guy und verlangt mit aller Bestimmtheit die Auslieferung Haralds in seinen Schutz. Wir verfolgen die Kämpfe in der Bretagne, die »Verleihung der Waffen« an Harald (womit er für immer Wilhelms Lehensmann wird) und dann den rätselhaften, mit heiligen Reliquien bekräftigten Eid, den Harald Wilhelm gegenüber ablegt. Als Nächstes sehen wir König Eduard auf seinem Totenbett und wie Harald seine Königswürde mit Zepter und Reichsapfel erhält. Wilhelm lässt Harald an seinen Eid erinnern, aber Harald entgegnet: »Es ist wahr, dass ich Wilhelm einen Eid schwor, aber ich tat es unter Zwang.« Daraufhin ließ Wilhelm eine Invasionsflotte bauen: ein weiteres Unternehmen England.

Den Wandteppich zu betrachten heißt, Geschichte wie durch ein Teleskop zu erfahren; das Gesichtsfeld ist durch die Linse verkürzt und begrenzt. Der Teppich ignoriert vollständig die dritte Seite des Dreiecks in den schicksalhaften Ereignissen von 1066: Harald den Harten von Norwegen. Und dennoch war es die unmittelbare wikingische Herausforderung von Norwegen her, welche die militärische Stärke des Wikingerenkels Harald von England so sehr schwächte, dass die Tore Englands weit offen standen für den normannischen Nachfahren eines Wikings: Wilhelm der Eroberer.

Zweifrontenkrieg

Eduard der Bekenner starb am 5. Januar 1066 und wurde in der Abtei Westminster (dem Vorläuferbau der heutigen Abtei) begraben. Schon am nächsten Tag ließ sich Harald Godwinson zum König von England ausrufen. Seine Regierungszeit sollte genau neun Monate und acht Tage währen.

Als die Nachricht von Haralds Thronbesteigung Norwegen erreichte, muss Harald der Harte schnell entschieden haben, dass er sowohl Harald wie auch Wilhelm schlagen könne, und rüstete eine Invasionsflotte von zweihundert Schiffen aus. Er wusste, dass er Unterstützung aus Schottland und von den Orkneys erhalten werde. Ohne Zweifel wird es ihn ermuntert haben, Unterstützungsangebote von einem unerwarteten Verbündeten zu bekommen: von Tostig, Earl von Northumbria und Haralds Bruder. Nachdem das Volk von Northumbria zehn Jahre lang Tostigs Tyrannei ertragen hatte, war es zu einem Aufstand gekommen, und Tostig wurde verjagt. Sein Bruder Harald hatte nichts zu seiner Hilfe unternommen – und jetzt dürstete Tostig nach Rache und lieh sein Schwert jedem, der ihm zu dieser Rache verhelfen würde.

Und während Wilhelms Schiffbauer dabei waren, eine Flotte von Landungsbooten zu bauen und Wilhelm alle Glücksritter Europas aufrief, ihm ins reiche Beuteland England zu folgen, versammelte Harald

hIC EXEVNT:C

Das Heer Wilhelms des Eroberers überquert den Kan

von Norwegen seine eigene Flotte und sein eigenes Heer – ganz im Verborgenen, so scheint es, denn kein Wort von seinen Vorbereitungen erreichte England. Die Engländer waren stattdessen auf die Bedrohung aus dem Süden, aus der Normandie, fixiert. Hoch oben zog am 24. April der Halleysche Komet über den Himmel: »Zu dieser Zeit war überall in England am Himmel eine solche Erscheinung zu sehen, welche die Menschen niemals zuvor erblickt hatten.« (*Angelsächsische Chronik*) Im Mai tauchte Tostig vor der Isle of Wight auf, vielleicht ein Ablenkungsangriff, aber zu wessen Gunsten? Haralds oder Wilhelms? Harald von England eilte mit seiner Armee nach Süden; Tostig zog sich zurück. Für den Rest des Sommers waren die Augen Englands voller Besorgnis auf die andere Seite des Kanals gerichtet, aber keine normannischen Schiffe ließen sich blicken, und in der zweiten Woche des September, als Verpflegung und Moral nachließen, hob Harald den

...ene des Bildteppichs von Bayeux, um 1070/80.

Alarm auf. Die Aufgebote wurden aufgelöst, die versammelte Flotte von der Isle of Wight nach London zurückbeordert; auf ihrer Rückfahrt geriet sie in einen schweren Sturm.

Und plötzlich war der Feind da, aber nicht im Süden, sondern im Nordosten: Harald der Harte war gekommen, mit Tostig an seiner Seite und Verstärkung aus Schottland, die seine Flotte auf dreihundert Schiffe und sein Heer auf neuntausend Mann vergrößerte. Er fuhr die Küste von Yorkshire hinunter, ließ seine Armada in den Humber einlaufen, folgte der Ouse bis Riccall und ging dort an Land. Jetzt war der Würfel gefallen.

Das Ziel war York, der Schlüssel zum Norden. Es stellte sich ihm ein Heeresaufgebot aus Mercia und Northumbria bei Gate Fulford an der Ouse entgegen. Am Mittwoch, dem 20. September, schlug Harald dort seine erste offene Feldschlacht auf englischem Boden. Der Kampf war unerwartet erbittert; erst am Abend wandten sich die Engländer zur Flucht; der Blutzoll der Norweger war verhängnisvoll hoch.

York kapitulierte klugerweise kampflos, und Harald der Harte widmete sich den üblichen Geschäften, nahm Geiseln und rekrutierte Freiwillige für den Marsch nach Süden. Alles ging ohne Hast und mit großer Siegeszuversicht vonstatten. Er ließ nicht einmal eine Garnison in York zurück. Die Hauptmacht seines Heeres rückte nach Stamford Bridge am Derwent vor, zwölf Kilomter nordöstlich von York, ein strategischer Kreuzungspunkt von Überlandwegen, aber fatalerweise neunzehn Kilometer von seiner in Ricall ankernden Flotte entfernt. Wie sich herausstellen sollte, war das ein schwerwiegender taktischer Fehler.

Harald gegen Harald

Kaum hatte die Nachricht von der Schlacht bei Gate Fulford König Harald erreicht, rief er sein Heer zusammen und marschierte in atemberaubenden Eilmärschen nach Norden. Am Abend des 24. September war er in Tadcaster, nur achtundzwanzig Kilomter von Haralds Heer entfernt, früh am nächsten Morgen passierte er York, und um die Mittagsstunde stand er vor Stamford Bridge.

Fürs Erste war Harald der Harte überrumpelt. Es war ein warmer, sonniger Herbsttag, die meisten seiner Kämpfer ruhten sich – ohne Waffen und Rüstung – am Ufer des Derwent aus; die Brücke selbst lag unbewacht. Harald schaute überrascht auf, als die Staubwolke eines heranrückenden Heeres in der Ferne auftauchte: »Und das Heer erschien größer, je näher es kam, und ihre schimmernden Waffen funkelten wie gebrochenes Eis.« (*Haralds saga*, Kap. 87) Und damit war die Szene bereitet für eine Schlacht, die Englands Geschicke entscheiden sollte, denn der Gewinner würde sich schon bald mit der unausweichlichen normannischen Herausforderung auseinander setzen müssen.

Während dieses ganzen sonnigen Nachmittags wogte die Schlacht hin und her. An einem kritischen Punkt wurde König Harald »nun so wütend, dass er weit aus der Schlachtreihe vorlief und mit beiden Händen hieb. Weder Helm noch Brünne hielten da vor ihm stand. Da wichen alle, die ihm zunächst standen, vor ihm zurück, und es war nahe daran, dass die Engländer sich in Flucht auflösten. Aber König Harald Sigurdsson wurde durch einen Pfeil in die Kehle getroffen, und diese Wunde gab ihm den Tod.« (*Haralds saga*, Kap. 92)

Die hastig von den neunzehn Kilometern entfernten Schiffen in Ricall herbeigerufene Verstärkung erreichte zwar noch das Schlachtfeld, aber es war zu spät: Harald der Harte, der letzte Wiking, war tot. Alle fochten erbittert, aber schließlich gewannen Harald Godwinsons Truppen den Tag. Als das Gemetzel vorüber war und Harald den Überlebenden Pardon gewährt hatte, waren es nur noch vierundzwanzig Schiffe, welche die Rückfahrt nach Norwegen antraten.

The Conquest

Zwei Tage später hisste die Flotte Wilhelms des Eroberers Segel und setzte von St. Valéry aus nach England über. Das nun war nicht die Folge genauer Zeitabstimmung und Taktik angesichts der Ereignisse von Stamford Bridge – er konnte ja nicht wissen, was sich abgespielt hatte. Wenn sich nämlich seine Pläne wunschgemäß hätten realisieren lassen, dann hätte er Mitte August, als ihn König Harald erwartete, eine Landung an der Südküste Englands versucht.

Die gewaltige normannische Invasionsflotte – 700 Fahrzeuge jeden Typs und jeder Größe und ein auf 10.000 Mann geschätztes Heer – hatte sich verabredungsgemäß an der Mündung des Flusses Dives versammelt, aber ungünstiger Wind verhinderte die Überfahrt: Nur bei günstigsten Bedingungen konnte diese vielgestaltige Armada den Kanal überqueren. Erst Anfang September drehte sich der Wind, gerade als Harald seine Verteidigungsarmee aufgelöst hatte. Wilhelm ließ Segel setzen, aber am 8. September trieb der plötzlich aufkommende Sturm, der schon die Flotte Haralds auf dem Weg nach London zerstreut hatte, Wilhelms Schiffe wieder zurück in den Hafen von St. Valéry. Als der Wind sich am 27. September geändert hatte, hatte sich auch alles andere geändert: Der Kanal lag offen da, das englische Heer pflegte seine Wunden 400 Kilometer weiter im Norden nach der Schlacht von Stamford Bridge, und die Südküste Englands war den Normannen schutzlos preisgegeben.

Am Morgen des 28. September, weniger als vierundzwanzig Stunden, nachdem er St. Valéry verlassen hatte, landete Wilhelms Flotte am Strand von Pevensey, sechzehn Kilometer westlich von Hastings. Die damals weit geschwungene Küstenlinie von Pevensey war ideal für die Landung einer Invasionsflotte. Es gab keinen Widerstand gegen die Landung, Verteidiger waren nirgendwo zu entdecken. Bei Einbruch der Nacht war alles an Land, Männer, Pferde und Ausrüstung.

Die Nachricht muss Harald innerhalb weniger Stunden erreicht haben, vielleicht durch eine Kette von Signalstationen. Und wiederum brach er mit seinem erschöpften Heer zu einer Serie von Gewaltmärschen auf. Und jetzt bewegten sich die Ereignisse in hoher Geschwindigkeit auf den Höhepunkt der Wikingerzeit zu: Die norwegisch-normannische Zange um England schloss sich – und schloss sich sehr schnell.

Harald erreichte London am 5. Oktober – eine erstaunliche Marschleistung unter den gegebenen Bedingungen. Er blieb fünf Tage dort, nicht mehr, mobilisierte weitere Truppen und zog dann den neuen Invasoren entgegen. Man hat ihm übertriebene Hast vorgeworfen: Kritiker meinten, er hätte warten und ein größeres Heer sammeln müssen, um seinen erschöpften Soldaten eine Pause zu gönnen. Seine Strategie war jedoch einwandfrei: Er wusste, dass Pevensey eine von einem Berggrat abgeschlossene Halbinsel war, der nur an einer Stelle passierbar war. Er wollte einen normannischen Ausbruch verhindern und Wilhelm dort den Winter über einschließen.

Wilhelm jedoch durchkreuzte Haralds Strategie durch schnelle Reaktion. Bevor Haralds Truppen noch Gelegenheit hatten, sich entlang des Senlac-Grates aufzustellen, erwartete sie das normannische Heer bereits in voller Schlachtaufstellung und rückte ihnen den Abhang hinan entgegen. Es war am Morgen des 14. Oktober.

Hastings

Die normannische Armee war in drei Abteilungen gegliedert: Fußsoldaten, Reiterei und Bogenschützen. Die Infanterie sollte Welle um Welle auf den angelsächsischen Schildwall einhämmern und die Kämpfer durch reine Zermürbung schwächen. Die schweren Reiter hatten

Harald stirbt in der Schlacht von Hastings. Szene des Bildteppichs von Bayeux, um 1070/80.

die Aufgabe, die vordersten gegnerischen Schlachtreihen zu durchbrechen und Chaos und Verwirrung in den hinteren Reihen zu verursachen. Die Bogenschützen entsprachen der modernen Artillerie; sie belegten den Gegner mit einem Pfeilhagel (12 Pfeile pro Minute von jedem Bogen bei einer Reichweite von bis zu zweihundert Metern), um die dicht geschlossenen Schlachtreihen aufzuweichen und der anstürmenden Infanterie und Reiterei den Durchbruch zu erleichtern.

Als sich die Dämmerung am späten Nachmittag dieses Oktobertages niedersenkte, ging ein weiterer »Pfeilsturm« auf die erschöpften und dezimierten Engländer nieder und erzielte eine verheerende Wirkung … »*Hic Haroldus rex interfectus est*«: »Hier ward König Harald getötet«, heißt es auf dem Teppich von Bayeux. Fälschlich wird meist angenommen, dass Harald bei einem dieser Pfeilhagel an seinem rechten Auge tödlich verwundet wurde. Aber so trug es sich wahrscheinlich nicht zu; das Missverständnis hängt wohl damit zusammen, dass sich unter dem Anfang des Schriftbandes ein Krieger einen Pfeil aus dem Auge zieht. Das Schriftband zieht sich indessen über zwei Schlachtszenen, und in der zweiten Szene, unmittelbar unter *interfectus est*, wird Harald erschlagen – durch den Schwerthieb eines normannischen Ritters.

Wie Harald wirklich zu Tode kam, ist bei alledem eine akademische Frage. Sein Fall besiegelte das Ende der Schlacht von Hastings und die Niederlage der Engländer.

Und welche historische Ironie liegt darin: Was den Wikingern aus ihren skandinavischen Herkunftsländern nicht gelang, erreichten die direkten Nachkommen wikingischer Auswanderer. Die Bedrohung Englands durch die Wikinger wurde endgültig bei Stamford Bridge durch den Enkel eines Wikings abgewehrt – durch Harald Godwinson. Das aber war ein Pyrrhussieg, der England auf Gnade und Verderb jenen anderen Nachkommen der Wikinger auslieferte – den Normannen, und deren traditionelle Kampfweise war durch einhundertfünfzig Jahre feudaler Erfahrungen in Frankreich geschliffen und diszipliniert worden. Sie waren es, welche die letzte und dauerhafteste Leistung der Wikingerzeit markierten: die militärische Eroberung und dauerhafte Einverleibung eines der größten europäischen Länder.

Am 14. Oktober 1066, einem Samstag, um sechs Uhr nachmittags, sollte sich die damalige Welt verändern. Die Zeit der Wikinger war endgültig vorüber.

ANHANG

AUSGEWÄHLTE LITERATUR

B. Almgren (Hg.), The Vikings, 1966
D. Bates, William the Conqueror, 2001
R. Boyer, Die Piraten des Nordens. Leben und Sterben als Wikinger, 1996,
    2001
R. Boyer, Die Wikinger, 1995
R. A. Brown, Die Normannen, 2000
J. Byock, Medieval Iceland. Society, Sagas and Power, 1988
Cultural Atlas of the Viking World, hg. J. Graham-Campbell, 1994
J. Graham-Campbell (Hg.), Das Leben der Wikinger. Krieger, Händler und
    Entdecker, 1980
M. Grant, Morgen des Mittelalters, Neuausg. 2003 (in Vorbereitung)
F. Haldon, Das Byzantinische Reich, 2002
P. Harbison, The Archaeology of Ireland, 1976
J. Herrmann (Hg.), Die Slawen in Deutschland. Ein Handbuch, 1985
J. Herrmann, Zwischen Hradschin und Vineta, 1971
H. Ingstad, The Norse Discovery of America, 1985
H. Jankuhn, Haithabu, ein Handelsplatz der Wikingerzeit, 1986
H. Kuhn, Das alte Island, 1971
Lexikon des Mittelalters, 9 Bände, 1977–1999, mit Artikeln zu allen Bereichen,
    Ländern, Orten und Persönlichkeiten der wikingischen und skandinavi-
    schen Archäologie, Geschichte, Kunst und Kultur; vgl. z. B. die Beiträge
    Wikinger (Archäologie: E. Roesdahl, Geschichte: N. Lund), Wikinger-
    kunst (D. M. Wilson), Wikingerschiffe (O. Crumlin-Pedersen) u. v. a.
K. Lindh, Wikinger. Die Entdecker Amerikas, 2002
M. Magnusson, Viking Expansion Westwards, 1973
M. Magnusson, Hammer of the North, 1976
M. Magnusson – H. Pálsson, Njáls Saga, 1960; The Vínland Saga, 1965; King
    Harald's Saga, 1966; Laxdoela Saga, 1969 (engl. Übers.)
K. Maurer, Island. Von seiner ersten Entdeckung bis zum Untergang des Frei-
    staates, 1874, Neudr. 1969
The Oxford Illustrated History of the Vikings, hg. P. H. Sawyer, 1997

295

E. Peterich und P. Grimal, Götter und Helden, 2000

M. Richter, Irland im Mittelalter, 2002

E. Roesdahl, The Vikings, 1992

B. und P. Sawyer, Die Welt der Wikinger, 2002

P. Sawyer, The Age of the Vikings, 1962, 1971

P. Sawyer, Die Wikinger. Geschichte und Kultur eines Seefahrervolkes, 2001

K. Schier, Sagaliteratur, 1971

R. Simek, Altnordische Kosmographie, 1990

R. Simek, Lexikon der germanischen Mythologie, 1995

R. Simek, Die Wikinger, 1997, 2002

R. Simek – H. Pálsson, Lexikon der altnordischen Literatur, 1987

F. M. Stenton, Anglo-Saxon England, 1971

Wikinger – Waräger – Normannen. Die Skandinavier und Europa 800–1200. Katalog der XX. Kunstausstellung des Europarates, 1992

K. von See, Skaldendichtung, 1980

D. M. Wilson (Hg.), Kulturen im Norden. Die Welt der Germanen, Kelten und Slawen, 1980

D. M. Wilson – O. Klindt-Jensen, Viking Art, 1966

MUSEEN
(in Auswahl)

Deutschland
Haithabu/Schleswig, Wikinger-Museum (seit 1985)
Schleswig, Schleswig-Holsteinisches Landesmuseum

Dänemark
Kopenhagen, Danmarks Nationalmuseum
Moesgård/Århus, Forhistorisk Museum
Roskilde, Vikingeskibshallen

Norwegen
Bergen, Historisk Museum, Universitet i Bergen
Oslo, Universitetes Oldsaksamling
Oslo-Bygdøy, Vikingskipshuset
Trondheim, Vitenskapsmuseet, Universitet i Trondheim

Island
National Museum of Iceland, Reykjavík

Schweden
Göteborg, Göteborgs arkeologiska museum
Lund, Universitets historiska museum
Sigtuna, Museer
Stockholm, Statens historiska museum
Uppsala, Universitets museum
Visby, Gotlands fornsal

Finnland
Helsinki, Suomen kansallismuseum (Finnisches Nationalmuseum)

Russland
Moskau, Gosudarstvennij Istoričeskij Muzej (Staatliches Historisches Museum)
Novgorod, Gosudarstvennij Muzej (Staatliches Museum)
St. Petersburg, Gosudarstvennij Ermitaz (Staatliches Museum Eremitage)

England und Schottland
  London, British Museum
  London, Museum of London
  Douglas (Isle of Man), Manx Museum and National Trust
  Edinburgh, National Museum of Antiquities
  York, The Yorkshire Museum

Irland
  Dublin, National Museum of Ireland

Frankreich
  Paris, Musée du Louvre
  Bayeux, Centre Guillaume le Conquérant
  Rouen, Musée départemental des Antiquités de Seine-Maritime

REGISTER DER PERSONEN, ORTE UND LITERARISCHEN WERKE

John Haldon
Das Byzantinische Reich
Geschichte und Kultur eines Jahrtausends
250 Seiten und 8 Tafelseiten
Gebunden mit Schutzumschlag
ISBN 3-538-07140-3

Monumentale Bauwerke, Mosaiken und Fresken zeugen
noch heute von der Ausstrahlungskraft der byzantinischen
Kultur, die an der Schnittstelle von islamischer Welt und
christlichem Okzident Europa geprägt hat.
Der englische Byzantinist John Haldon präsentiert in seinem
Buch die bewegte Geschichte der Byzantiner und führt
die Kräfte vor Augen, die ihren Kosmos bestimmt haben:
antike Tradition, orthodoxe Kirche, Kaisertum.

André Clot
Al Andalus
Das maurische Spanien
328 Seiten mit zahlreichen s/w- und 16 farbigen Abb.
Gebunden mit Schutzumschlag
ISBN 3-538-07132-2

Die acht maurischen Jahrhunderte in Spanien sind eine
der glanzvollsten und fruchtbarsten Epochen unserer
Geschichte. Die Blüte von Al Andalus beruht auf dem
friedlichen Zusammenleben von Muslimen, Juden
und Christen, ihre Ausstrahlung auf die europäische Kultur
ist unermesslich. Erst das Vordringen christlicher Herrscher
hat diese weltoffene Gesellschaft zerstört. André Clot
zeichnet in seinem umfassenden Werk ein faszinierendes
Bild der unendlich reichen Kultur von Al Andalus.